本书受资助项目及编号

国家自然科学基金面上项目（72173037）

教育部人文社会科学研究规划基金项目（21YJA790039）

河南省哲学社会科学规划一般项目（2021BJJ046）

2024年度河南省高等教育教学改革研究与实践重点项目（2024SJGLX0060）

2023年度河南省高校人文社会科学研究一般项目(2023ZDJH368)

河南省教育科学规划2022年度一般课题（2022YB0052）

2023年度中原文化青年拔尖人才资助项目（24XM0180）

信息价值感知、追溯行为 与农产品质量安全追溯

刘瑞峰 梁飞◎著

中国财经出版传媒集团

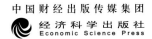

经济科学出版社

Economic Science Press

·北 京·

图书在版编目（CIP）数据

信息价值感知、追溯行为与农产品质量安全追溯／
刘瑞峰，梁飞著． -- 北京：经济科学出版社，2024．6.
ISBN 978 - 7 - 5218 - 5961 - 4

Ⅰ．F326.5

中国国家版本馆 CIP 数据核字第 2024HV8457 号

责任编辑：汪武静
责任校对：靳玉环
责任印制：邱　天

信息价值感知、追溯行为与农产品质量安全追溯

XINXI JIAZHI GANZHI, ZHUISU XINGWEI YU NONGCHANPIN
ZHILIANG ANQUAN ZHUISU

刘瑞峰　梁　飞　著

经济科学出版社出版、发行　新华书店经销
社址：北京市海淀区阜成路甲 28 号　邮编：100142
总编部电话：010 - 88191217　发行部电话：010 - 88191522
网址：www. esp. com. cn
电子邮箱：esp@ esp. com. cn
天猫网店：经济科学出版社旗舰店
网址：http://jjkxcbs. tmall. com
固安华明印业有限公司印装
710×1000　16 开　17 印张　250000 字
2024 年 6 月第 1 版　2024 年 6 月第 1 次印刷
ISBN 978 - 7 - 5218 - 5961 - 4　定价：68. 00 元

农产品质量安全追溯通过采集传递农产品质量安全信息，实现信息可查询、责任可追溯，是保障农产品质量安全的重要途径。在实现农产品质量安全社会共治的同时，提升农产品价值。农产品质量安全问题不仅直接威胁公众的生命健康，也影响了农业产业安全。保障农产品质量安全是当前我国农业发展的基础，引起政府高度重视。2019年中央一号文件《中共中央 国务院关于坚持农业农村优先发展做好"三农"工作的若干意见》提出，"推进农业由增产导向转向提质导向"，"实施农产品质量安全保障工程，健全监管体系、监测体系、追溯体系"。2021年农业农村部办公厅关于印发《农产品质量安全信息化追溯管理办法（试行）》及若干配套制度。2022年中央一号文件《中共中央 国务院关于做好2022年全面推进乡村振兴重点工作的意见》中提到"完善全产业链质量安全追溯体系""健全农产品全产业链监测预警体系"等。2023年中央一号文件《中共中央 国务院关于做好2023年全面推进乡村振兴重点工作的意见》再次提出，"加大食品安全、农产品质量安全监管力度，健全追溯管理制度"。根据信号传递理论，采取农产品质量安全追溯，信息透明可查询，责任可追溯，不仅能够降低消费者信息搜寻成本，缓解农产品质量安全信息不对称问题，而且有助于提高违规发现概率，分担政府监管压力，解决政府质量安全监管困境，实现社会共治。与此同时，随着不同农产品品质差异增加，农产品质量安全信息成为满足消费者多样性和差异化需求，实现农产品价值增值的重要来源。

在农产品质量安全追溯体系大力建设发展的同时，虽然消费者对农产品质量安全需求强烈，但对可追溯农产品的需求不足，其市场价值难以实现。那么，对于消费者而言，农产品质量安全追溯的信息可查询和责任可追溯功能是否有价值成为本研究关注的问题，一方面，农产品供应链各环节透明信息能否起到质量安全信息传递的作用，带给消费者额外价值。哪些环节和类型的质量安全信息更受消费者偏好，这些偏好是否存在差异。另一方面，消费者为什么不采取查询信息和对问题农产品进行投诉索赔的追溯行为。根据现有针对可追溯农产品信息偏好和支付意愿的研究，农产品追溯的信息价值还存在争议，而且主要以可追溯肉类产品的信息偏好为研究对象，缺少对农产品质量安全追溯的系统分析，以及对其他类别农产品质量安全追溯的探讨。因此，以对社会经济有重要影响的试点追溯农产品苹果为例，从消费者视角系统分析实施农产品质量安全追溯存在的问题，将有助于扩展农产品质量安全追溯的研究与应用领域。

本书在综述农产品质量安全追溯相关研究成果的基础上，以试点追溯农产品苹果为例，从农产品质量安全追溯系统和体系建设发展的现状出发，根据信息经济学理论和消费者理论，深入系统地分析我国消费者对农产品质量安全追溯信息的价值感知、价值评估和追溯行为，及其与消费者认知、信任、基本特征和农产品消费特征等影响因素之间的关系，并对农产品质量安全追溯中的信任机制构建进行探讨。研究分别以农产品质量安全追溯系统建设和体系发展相关的政策资料以及六个追溯体系试点建设省会城市的消费者实验调查为数据来源，首先，在宏观层面上，从系统建设的目标、原则、构成要素、结构和功能方面，分析我国农产品质量安全追溯系统构建的特点和要求。基于农产品质量安全追溯体系建设的相关文件及资料，从法律法规体系、管理制度体系、组织和监管机构体系、标准体系和追溯平台五个方面，分析我国农产品质量安全追溯体系建设和发展现状。并从追溯系统和体系角度，对我国苹果质量安全追溯现状和存在问题进行分析，了解信息可查询和责任可追溯功能发挥的宏观体系结构基础。其次，利用消费者实地问卷调查数据，构建信息价值感知模型，考察认知水平和信息信任程度，以及购买经历对可追溯农产品信息价值感知的影响。进一步构建追溯信息选择模型，利用选择实验数据，运用潜类别模型和随机参数 logit 模型，实证检验信息价值感知和购买经历对信息偏好差异和价值评估差异的影响。并进一步考察信息价值之间的相互关系。最后，以消费者行为理论为基础，探讨消费者查询信息行为和投诉索赔行为及其影响因素，在此基础上，利用消费者调查数据进行实证检验，并分析了追溯经历对可追溯信息价值评估的影响。

本书研究表明，首先，为了实现防范农产品质量安全风险，保障农产品安全和增值农产品质量的目标，我国农产品质量安全追溯系统构建需遵循科学系统性、兼容共享性、安全可靠性、开放延展性和操作方便性，具备信息查询、信息管理和信息服务等功能。我国农产品质量安全追溯体系结构仍存在不足，尤其是法律法规体系和管理制度体系不完善，会导致信息内容和质量无法保证，以及责任主体的违规责任不明确，信息可查询和责任可追溯功能无法充分发挥。我国已建设一批能够进行苹果质量安全追溯的系统和平台，但仍存在追溯系统参与主体覆盖不全，追溯信息缺乏完整性、准确性和时效性，以及追溯标准不统一，跨地区追溯平台建设发展不均衡等问题。其次，消费者对可追溯农产品的认知水平和信息信任程度普遍较低，是导致信息价值感知较低的主要原因。较低的信息价值感知进一步解释了对信息使用没有信心的消费者更可能对价格比较敏感，对信息的支付意愿不高，而怀疑信息具有预测农产品质量安全功能的消费者对追溯信息组合的农产品没有购买意愿。最后，消费者对政府监管的认可程度普遍较低抑制了消费者的追溯行为。对政府监管认可度较低，既降低了消费者查询信息的可能性，也抑制了消费者在发现问题农产品后，采取投诉索赔的行为。较低的追溯可能性也是导致可追溯信息价值评估不高的原因。

　　基于以上研究，本书提出如下政策建议：为了实现农产品质量安全追溯信息价值和责任追溯功能，通过完善追溯相关法律法规制度，保障可追溯农产品的可获得性。明确规制目标，采取相应措施，实现追溯政策的有效性。进一步提出建立与之配套的运行机制，发挥追溯效能。构建农产品质量安全追溯的法律体系，把追溯纳入法律调整范围，实现追溯管理法治化，在基本法的指导下形成对不同种类农产品和不同供应链环节的具体实施措施和要求；完善信息追溯管理制度，从信息采集、上传、传递到查询，结合先进的信息技术和信息管理制度，提高各环节信息准确性和追溯效率；不同品种农产品质量安全风险程度和追溯建设实施阶段，确立市场准入还是价值增值手段的追溯规制目标，并采用相应制度措施；通过媒体宣传，开发利用追溯平台加强生产经营者、监管者和消费者以及消费者之间的互动交流，有助于解决农产品质量安全追溯信息的复杂性问题，提高消费者反馈问题的解决效率，建立信息共享机制；农产品质量安全问题涉及多环节多主体，其治理是一项系统工程，所以除了追溯体系自身建设，其他农产品质量安全规制的配合和协同，才能弥补各自劣势，发挥共同治理优势。将农产品质量安全认证纳入追溯体系，第三方专业机构认证能够提高信息准确性和可靠性，而且利用已建立的认证资源有助于追溯体系的实施和推行；推进农产品生产经营者信用体系和追溯体系的建设和协同，信用程度信息一方面能够降低消费者对大量产品追溯信息的处理成本，提高信任程度，另一方面有利于提高监管者发现生产经营者机会主义行为的概率，增加责任追溯的威慑效力。

目 录 Contents

第1章

引　言

▶ 1.1　研究背景与研究意义

1.1.1　研究背景

　　食品质量安全问题一直是各国关注的焦点，其中农产品质量安全问题尤其突出，而我国的农产品质量安全问题更为严峻。长期以来，食用农产品约占我国居民食品消费量的70%。① 但由于农产品必需品的特性，以及我国农业小规模分散生产和流通渠道复杂多样等特点，导致农产品质量安全问题频发，成为安全事件发生量最多的食品种类。② 微生物病原体、人畜共生疾病、寄生组织、天然毒素及过敏原、农药和兽药残留、由动物到人的病变与传染、持续性组织污染、重金属超标、物理污染与掺杂使假、转基因组织十大对人体不利的危害，造成农产品的质量安全问题（陈锡文

_____

　　① 《农业农村部权威解读｜农产品质量安全追溯实现四"挂钩"》，http：//www. aqsc. agri. cn/xwzx/201812/t20181206_328317. htm。

　　② 《中国食品安全发展报告（2018）》，http：//society. people. com. cn/n1/2018/1225/c1008 -30487284. html。

和邓楠，2004；钟真和陈淑芬，2014）。农产品质量安全问题不仅直接威胁人们的生命安全和身体健康，也导致消费者对农产品的集体信任危机，制约了我国农业产业的发展，降低了国内农产品的市场竞争力（周洁红等，2020）。

为了解决农产品质量安全问题，政府部门不断加大监管力度、改善监管模式，取得了一定成效，但消费者对我国农产品质量安全的满意度依然较低。2006 年通过并实施专门针对农业初级产品质量安全的《农产品质量安全法》。2012 年农业部制定并施行《农产品质量安全监测管理办法》，对生产中或市场上销售的农产品实行持续的风险监测和监督抽查。2015 年出台的新《食品安全法》，加大了对农产品市场销售环节的违法行为以及监管部门渎职行为的处罚力度。2015 年国务院办公厅发布《关于推广随机抽查规范事中事后监管的通知》，推行"双随机、一公开"的监管模式规范监管方式和市场执行。要求在监管过程中随机抽取检查对象、随机选派执法检查人员，抽查情况及查处结果及时向社会公开。因此，近年来没有发生重大农产品质量安全事件。2017～2019 年全国农产品质量安全例行监测合格率都在 97% 以上。① 农产品质量安全状况趋势向好。然而，根据《2020 年上半年我国农产品质量安全舆情监测报告》，我国农产品质量安全的负面舆情占比仍近 30%。② 而且根据本书调查发现，对我国食品质量安全状况比较满意的消费者不足 50%。43.79% 的消费者认为政府在食品质量安全方面的监管不到位，77.39% 的消费者认为政府应该对我国的食品质量安全问题负主要责任。

建立农产品质量安全追溯体系，强化多元主体参与的社会共治，成为我国农产品质量安全治理的制度选择。从经济学理论角度分析，农产品质量安全问题产生的根本原因是消费者与生产者之间信息不对称、责任不可

---

① 《2017 年主要农产品监测合格率达到 97.8%》，http：//www. moa. gov. cn/xw/shipin/xwzx/201801/t20180131_6136030. htm；《2018 年主要农产品监测合格率达到 97.5%》，http：//www. jgs. moa. gov. cn/jyjc/201904/t20190418_6186108. htm；《2019 年主要农产品监测合格率达到 97.4%》，http：//www. moa. gov. cn/xw/zwdt/201912/t20191223_6333790. htm。

② 《2020 年上半年我国农产品质量安全舆情监测报告》，http：//www. jgs. moa. gov. cn/gzjb/202007/t20200720_6348960. htm。

追溯造成的市场失灵（Caswell & Mojduszka，1996；Antle，2001；Hobbs，2004；周应恒等，2008）。导致农产品质量安全问题的原因多且复杂，涉及供应链各环节（费威，2013；于亢亢，2020）。农产品可追溯体系通过在供应链上形成可靠且连续的信息流，为消费者提供农产品质量安全信息，有助于生产经营者和政府识别质量安全问题源头和实施问题产品召回（Hobbs et al.，2005）。因此，贯穿供应链全程、增加质量安全信息透明度的农产品追溯体系被认为是从根本上预防农产品安全风险的主要工具之一（Verbeke，2001；Hobbs，2004）。欧盟最早建立农产品质量安全追溯系统，尤其是活牛和牛肉制品的可追溯系统，并把农产品质量可追溯系统纳入法律框架下。为防止农产品质量安全问题，世界各国相继建立质量安全可追溯体系，对农产品的生产全过程实行严格的监控与跟踪。中国也从 2004 年开始在有条件的城市进行试点建立农产品追溯体系。①

为了防范农产品质量安全风险，政府大力推动农产品质量安全追溯建设。国务院于 2004 年发布《关于进一步加强食品安全工作的决定》，明确表示开始建立农产品质量安全追溯制度。2010 年以来，商务部开始分批选择试点城市建设肉菜流通追溯体系。2016 年农业部提出《关于加快推进农产品质量安全追溯体系建设的意见》，选择苹果、茶叶、猪肉、生鲜乳、大菱鲆等几类农产品统一开展追溯试点。可追溯农产品种类进一步扩大。2017 年 7 月，建成国家追溯平台并上线试运行。为顺利推进农产品质量安全追溯体系建设，国家相继出台了一系列相关政策文件，政府主导建立起一批农产品质量安全追溯平台，其中包括国家农产品质量安全追溯管理信息平台、国家重要产品追溯体系、国家食品（产品）安全追溯平台和农垦全面质量管理平台等。此外，各地方结合本地实际情况建设追溯体系和追溯平台，截至 2022 年 6 月，全国 31 个省都已建立省级农产品追溯平台。②

---

① 《国家蔬菜安全质量追溯系统在山东潍坊率先实施》，http：//www. ancc. org. cn/news/article. aspx?id＝1627；《进京蔬菜产品质量追溯制启动 河北菜携身份证进京》，http：//news. sina. com. cn/c/2004－10－18/02393950101s. shtml。

② 《对十三届全国人大五次会议第 8331 号建议的答复》，https：//www. moa. gov. cn/govpublic/FZJHS/202206/t20220628_6403559. htm。

苹果是我国生产和消费的主要水果，其质量安全问题对市场需求和产业发展具有重要影响。2022 年我国苹果种植面积和产量分别占国内水果产业的 23.06% 和 15.20%[①]，是仅次于南方柑橘的第二大水果产业。2022 年水果人均消费量为 54.7 千克，仅次于粮食和蔬菜的人均消费量[②]。其中，苹果人均消费量大约占水果人均消费量的 2/3[③]。因此，苹果出现质量安全问题，将产生大规模影响。事实上，受到果品质量安全问题影响，近年来国内苹果销售已面临滞缓压力（孙佳佳和霍学喜，2013；张强强等，2016）。而且根据国家市场监督管理总局公布的 2019～2020 年的食品安全抽检结果，敌敌畏、毒死蜱、丙溴磷、久效磷、苯醚甲环唑等农药残留问题是导致苹果质量安全监测不合格的主要原因，一些不合格苹果的农药残留检测值甚至高于质量标准值 30 倍[④]。为了增强消费者信心，2016 年苹果成为中国市场上最早实行可追溯的农产品之一。因此，提高消费者对可追溯苹果质量安全信息的辨识度和认可度，是提高苹果消费信心、增强苹果市场竞争力的关键。

消费者对可追溯农产品质量安全信息的偏好与追溯行为是影响追溯系统有效解决农产品质量安全问题和实现价值增值的重要因素。在农产品追溯体系大力建设的同时，近年来消费者对国内农产品安全状况依然信心不足、满意度较低（应瑞瑶等，2016；聂文静等，2016；Wu et al.，2017），消费者对于农产品可追溯信息的认知、查询和利用率较低（郑凤田等，2015；康莹莹，2016）。根据信息经济学，信息不对称问题是导致农产品质量安全问题的根本原因，实施农产品质量安全追溯是缓解信息不对称问题的重要途径。处于信息劣势的消费者需要信息透明、安全有保障的高质量农产品（李丹等，2021）。而且，现代信息技术为可追溯体系运行提供了技术保障，降低了消费者搜寻信息和使用信息的成本。但市场需求不

---

① 《中国农村统计年鉴 2022》，中国统计出版社。
② 《中国统计年鉴 2022》，中国统计出版社。
③ 《13 亿中国人每年能吃掉多少苹果　产销平衡点在哪？》，http://finance.sina.com.cn/money/future/agri/2018－11－19/doc-ihmutuec1603058.shtml。
④ 食品安全抽检公布结果查询系统，https://spcjsac.gsxt.gov.cn/。

足、市场价值难以实现却成为制约农产品可追溯体系进一步发展亟待解决的问题。以上问题的解决，需要从消费者角度，研究其对追溯农产品的质量安全信息偏好和采取追溯行为的逻辑，分析影响其行为的主要因素，采用何种方法和措施促进农产品质量安全追溯发挥解决农产品质量安全问题的作用。

1.1.2 研究意义

现有大量文献围绕消费者对可追溯农产品的偏好、支付意愿及影响因素展开研究。但从消费者视角，基于可追溯农产品的质量安全信息透明和责任可追溯特点，系统探讨农产品质量安全追溯系统建设和体系发展问题的研究较少。而且与关注可追溯畜禽产品的大量已有研究不同，本书以水果（富士苹果）为例，考察我国农产品质量安全追溯的现状及存在问题。理论上，不同农产品的风险特点不同，信息属性的效用不同。而且水果在农产品生产和消费中所占的比重逐渐增大。因此，研究可追溯水果将有助于扩展农产品质量安全追溯的研究与应用领域。

1.1.2.1 理论意义

一方面，由于信息属性满足消费者质量安全需求的程度决定了可追溯农产品效用，本书引入信息属性价值感知这一消费者心理特征，并基于质量感知理论分析可追溯农产品信息属性异质性偏好。根据质量感知理论和消费者行为理论，信息属性价值分为预测价值和信心价值，构建消费者对农产品追溯信息的价值感知模型，探讨信息属性价值感知的影响因素，然后再进一步研究信息属性价值感知对可追溯农产品质量安全信息异质性偏好的影响。另一方面，根据消费者行为理论，分别建立信息查询行为和投诉索赔行为模型，分析消费者对农产品追溯行为的影响因素。

1.1.2.2 现实意义

分析农产品质量安全追溯体系建设的现状，从消费者角度分析农产品质量安全追溯存在的问题及影响因素，对于进一步完善和推广农产品质量安全追溯体系，制定有效的溯源监管政策，根据追溯目标采取相应实现方式，形成农产品质量安全追溯的长效运行机制，具有重要的现实意义。采取何种质量信息，关系到消费者能否利用质量信息，降低感知风险，提高消费信心，实现效用最大化。研究消费者对农产品质量安全信息的需求，引导生产者生产与供应丰富多彩的可追溯农产品。分析农产品质量安全追溯与信任机制的关系，有助于解决农产品质量安全追溯体系建设中的核心问题。研究成果以苹果为案例，探究质量安全追溯农产品的消费者行为，不仅能为中国农产品追溯体系建设发展提供及时有效的信息，而且有助于农产品生产经营者提高可追溯农产品信息属性的传递效果，利用差异化战略赢得竞争优势。对我国农产品市场发展和政府农产品质量安全政策制定具有重要的参考价值。

1.2 研究目标与研究内容

本书以苹果为例，在分析我国农产品质量安全追溯系统建设和体系发展现状的基础上，从消费者视角出发，根据质量感知和消费者行为理论，构建信息属性价值感知模型和农产品追溯行为模型，实证分析认知和信息信任对农产品质量安全信息价值感知的影响及其对信息属性异质性偏好的作用，以及政府监管认可度对农产品追溯行为的影响，提出实现农产品质量安全追溯的政策建议。在建设和发展我国农产品质量安全追溯过程中，为可追溯农产品市场发展和农产品质量安全追溯政策制定提供重要依据。

为了实现以上研究目标，研究以北京、上海、广州、西安、济南和哈尔滨六个国家级或省级农产品追溯试点城市的消费者为对象，运用调查问卷和实验经济学的方法，对以下具体内容进行深入研究。

第一，从原则目标、构成要素、结构和功能方面，分析我国农产品质量安全追溯系统建设的特点和要求。并以大量现有的研究和政策法规为基础，从整体上分析我国农产品质量安全追溯体系发展现状。进而从追溯系统和体系建设角度，分析了目前我国苹果质量安全追溯的现状和存在的问题。

第二，从消费者视角，检验追溯农产品质量安全信息透明功能的有效性。通过构建信息价值感知模型，利用消费者实地问卷调查数据，考察认知水平和信息信任程度对可追溯农产品质量安全信息属性价值感知的影响。进一步利用选择实验数据，分析消费者对农产品质量安全信息属性偏好和支付意愿群体差异性特点，并检验信息属性价值感知对群体异质性偏好的影响。

第三，从消费者视角，检验可追溯农产品的责任可追溯功能的有效性。通过构建农产品追溯行为模型，利用消费者实地问卷调查数据，考察政府监管认可度对消费者查询信息和对问题农产品进行索赔的农产品追溯行为影响。

1.3 研究方法与数据来源

1.3.1 研究方法

为了基于消费者视角探究我国农产品质量安全追溯存在的问题并提出解决对策，本书综合运用以下研究方法进行分析论证。

第一，宏观分析与微观分析。在宏观层面以苹果为例，根据农产品质量安全追溯系统构成要素和体系结构，分析我国农产品质量安全追溯建设的现状和存在的问题。从微观层面，基于消费者视角，分析农产品质量安全信息支付意愿和农产品追溯行为及其影响因素。

第二，理论模型与计量模型。在对信息不对称理论、消费者质量感知理论和行为理论以及现有农产品质量安全追溯文献进行梳理的基础上，首先构建农产品质量安全信息价值感知模型和农产品追溯行为模型，然后运用二元 logit、有序 logit、随机参数 logit 和潜类别模型等计量模型进行实证检验。

第三，调查问卷和选择实验相结合的数据采集方法。为了考察影响消费者选择农产品质量安全信息属性的因素，首先测度消费者对农产品质量安全信息属性的支付意愿，通过选择实验获得消费者对信息属性的估值。分析消费者对信息属性价值感知和追溯行为及其影响因素，则需要通过结构化问卷调查，进一步收集样本消费者对农产品追溯认知水平和信任程度关键变量，以及个人基本特征和苹果消费特征等控制变量的相关数据。

1.3.2　资料来源

本书所采用的数据和其他相关资料的主要来源包括：

第一，政府部门关于农产品质量安全追溯的政策性和规范性文件；第二，农业农村部和中国市场监督管理局网站提供的农产品质量安全认证和管理体系认证的统计数据；第三，消费者实验调查数据。2017 年 7 月至 10 月在北京、上海、广州、西安、济南和哈尔滨六个城市进行消费者实验调查，六个城市是我国不同地理区域的典型城市，经济社会发展水平存在差异，但都是国家级或省级追溯体系建设城市。共收回 2092 份有效问卷（北京 408 份，上海 413 份，广州 383 份，西安 324 份，济南 295 份，哈尔滨 269 份）。

▶ 1.4　研究框架与技术路线

1.4.1　研究框架

根据本书的研究目标，第 1 章为引言，第 2 章为理论基础与文献综述，

第3章为宏观层面分析，第4章至第6章为微观层面的实证分析，第7章为可行解决方案，第8章为结论、政策建议和研究展望。各章具体研究内容如下：

第1章，引言。主要介绍农产品质量安全追溯的研究背景和意义，提出研究问题。明确研究目标，构建研究框架，并进一步阐述本书的研究内容、研究方法和研究创新。

第2章，理论基础与文献综述。首先，明确相关概念，包括农产品、农产品质量安全和农产品质量安全追溯。其次，介绍农产品质量安全追溯建立的理论依据：信息不对称理论，以及基于消费者视角研究农产品质量安全追溯的理论依据：兰开斯特（Lancaster）消费者理论、消费者质量感知理论和消费者行为理论。最后，对农产品质量安全追溯的基础研究、理论依据研究、应用研究，以及农产品质量安全追溯和消费者行为研究进行回顾和述评。

第3章，农产品质量安全追溯发展现状与存在问题。以苹果为例，基于农产品质量安全追溯系统建设的特点和要求，以及农产品质量安全追溯体系发展的要素，分析我国农产品质量安全追溯体系建设的现状及其存在问题。

第4章，消费者对农产品质量安全追溯信息价值感知。首先，根据消费者质量感知理论，构建信息属性价值感知模型来阐释认知水平、信息信任程度和购买经历对信息属性预测价值和信心价值的影响，再结合消费者调查数据，分别运用有序logit和二元logit模型进行验证。

第5章，消费者对农产品质量安全追溯信息价值评估。首先，根据选择模型和质量感知模型，构建农产品追溯信息属性选择模型，分析信息价值感知对质量安全信息属性异质性偏好和支付意愿群体差异的影响。然后利用消费者实验数据，采用潜类别模型进行分析验证。最后，进一步分析检验消费者对质量安全信息属性的偏好关系和价值评估关系。

第6章，消费者对农产品质量安全追溯行为。本章根据消费者行为理论，构建农产品追溯行为模型，包括信息查询行为和投诉索赔行为模型，阐释政府监管认可程度和可追溯信息价值感知对信息查询行为的影响，以及政府监管信任程度对投诉索赔行为的影响，利用消费者调查数据和 logit 模型进行实证检验。本章还利用 GMNL-Ⅱ logit 模型进一步实证分析了追溯经历对可追溯信息支付意愿的影响，对可追溯信息属性支付意愿不高给出合理解释。

第 7 章，农产品质量安全追溯中的信任机制构建。在以上章节研究基础上，为了解决信任导致消费者对追溯农产品质量安全信息的感知价值、支付意愿和追溯意愿不高的问题，本章通过对农产品生产经营者质量决策行为分析，研究农产品质量安全追溯中信任机制建立所需条件和存在的问题，进一步探讨信任生成机制和保障机制的构建，由此保证农产品质量安全追溯的有效运行。

第 8 章，研究结论、政策启示与研究展望。本章概括了主要研究结果，并据此提出相关政策建议。最后分析本书的研究局限，并对未来研究进行展望。

1.4.2 技术路线

基于本书的研究目标、研究内容和研究框架，本书总体研究结构技术路线如图 1-1 所示。面对不断提高的农产品质量安全需求与可追溯农产品市场价值难以实现的现象，围绕如何有效发挥农产品质量安全追溯功能，实现农产品安全问题共治和质量价值共创，本书基于消费者视角研究农产品质量安全追溯。考虑到农产品安全的准公共物品属性，政府相关制度规范的制定情况决定了可追溯农产品的消费者可获得性水平，所以基于已出台的针对农产品追溯的政策文件。首先，研究我国农产品质量安全追溯系统和体系构建的现状和问题。其次，基于消费者视角，从信息价值评估和追溯行为两个方面，分析我国农产品质量安全追溯实施有效性。最后，根据理论分析和实证研究，从法律制度制定、追溯实现方式和运行机制等方面提出政策建议，由此保障农产品质量安全追溯有效运行。

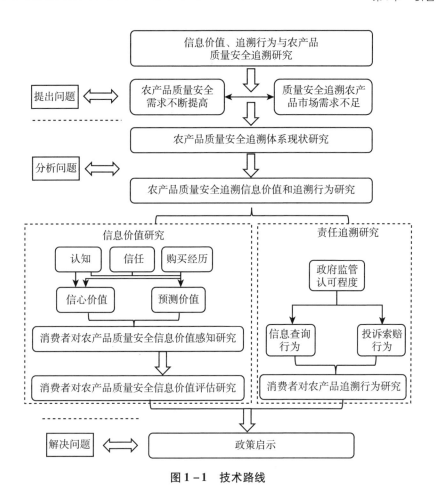

图 1-1 技术路线

1.5 可能的创新与不足

1.5.1 可能的创新

第一，研究对象。由于大部分国家的农产品可追溯体系建设首先从畜牧产品开始，国内外关于农产品质量安全追溯的研究主要集中于畜牧产品。与关注可追溯畜禽产品的大量已有研究不同，本书从消费者角度，研究新鲜水果（富士苹果）的质量安全追溯。理论上，不同农产品的风险特点不同，质量安全信息属性的效用不同。而且水果在农产品生产和消费中所占的比重逐渐增大。因此，研究可追溯水果将有助于扩展农产品质量安全追溯的研究与应用领域，不仅能够为政策制定者提供决策参考，而且相关生产经营者可以利用消费者对苹果质量安全信息属性偏好的差异，进行市场差异化经营。

第二，行为分析框架。农产品质量安全追溯的消费行为受到国内外学者广泛关注。但早期研究将可追溯农产品整体作为消费者的决策对象，没有考虑其差异化问题。然而，可追溯农产品效用判断的主要依据是信息属性满足消费者质量安全需要的程度，因此由多种质量安全信息属性组合构成的可追溯农产品，不仅因为属性不同而具有水平差异，还因为各属性的具体层次不同而具有垂直差异，已有研究在肯定可追溯农产品差异性的同时，也对可追溯农产品的消费者偏好异质性及其原因作了大量有益的探讨。但大部分研究主要经验性地分析了消费者基本特征和认知、态度、信任等心理特征对消费者行为意愿的影响，并未从理论上解释这些因素的作用机理。因此，本书引入信息属性价值感知变量，分析认知水平和信任程度对信息属性价值感知的影响，及其对农产品质量安全信息属性偏好异质性的作用。

第三，研究内容。已有从消费者视角对农产品质量安全追溯的研究，研究内容主要集中在消费者认知、偏好、支付意愿和购买行为等。我国农产品质量安全追溯体系在不断建设和完善的过程中，其建设和完善程度决定了消费者能否获得信息透明、责任可追溯和质量安全有保障的可追溯农产品。本书以苹果为例，首先从宏观层面，分析我国农产品质量安全追溯系统建立的特点和要求，并基于农产品质量安全追溯实施的相关政策，从法律法规体系、管理制度体系、组织和监管机构体系、标准体系和追溯平台五个方面，分析我国农产品质量安全追溯体系发展状况，进而根据追溯系统和追溯体系的构成要素，研究我国苹果质量安全追溯的现状和存在问题。其次从微观层面，除了分析消费者对质量安全信息属性支付意愿及其影响因素，本书进一步对消费者追溯经历对可追溯信息偏好的影响进行分析。因此，本书从消费者视角对我国农产品质量安全追溯进行了更加系统全面的分析。

1.5.2　不足之处

第一，质量安全信息属性的选择和具体层次的设定可以拓展。根据可追溯农产品信息属性的现有研究和可追溯农产品的特点，同时为了防止属性过多或过少会造成的实验数据偏差，本书选择可追溯信息、认证信息、原产地信息和价格四个质量安全信息属性，每个属性设定四个具体层次。除了本书选择的四个信息属性，还有许多影响消费者对可追溯农产品偏好的属性，例如，质量检测、环境影响和动物福利等信息。虽然已有研究发现目前环境影响和动物福利等信息并未受到我国消费者普遍关注，但随着消费者收入水平和生态环境意识提高，未来研究可以考虑这些属性对可追溯农产品偏好和支付意愿的影响。此外，农产品追溯信息包括追溯深度、宽度和精确性三个维度，而为了了解消费者对信息追溯环节的需求，考虑到过多属性可能造成实验偏差，本书仅从追溯深度这一维度设定可追溯信息属性层次，如果能够同时研究追溯宽度信息的消费者偏好，例如，种植环节中农药残留、化肥施用、重金属污染等信息偏好，对可追溯信息的研究将更加全面系统。

第二，消费者价值评估数据搜集方法可以进一步改进。选择实验方法具有经济学理论基础，能够提供更多消费者偏好信息，而且该方法主要是用于本书中质量安全信息属性消费者偏好的影响因素分析，并未用于模拟市场份额，所以本书运用选择实验方法获取消费者对可追溯农产品质量安全信息属性偏好和支付意愿的数据。为了降低选择性偏差，尽管我们采用了广泛认可的"廉价磋商"（cheap talk）法，并设置更接近真实的产品轮廓和选择情景，但与其他陈述性偏好一样，估计结果依然会存在选择性偏差。为了解决这一问题，未来研究在经费和人力许可的情况下，可以考虑运用显示性偏好方法，例如，拍卖实验法或真实选择实验法进行研究。

第三，样本来源可以更加多样化。本书实证分析消费者对可追溯农产品质量安全信息属性价值评估和追溯行为及其影响因素。为了提高调查和实验的有效性，样本消费者需要对可追溯农产品具有一定了解和认知。由于目前可追溯农产品主要在流通基础设施和运行维护费用保障等方面条件较好的试点城市销售，因此，本书在保证样本差异性的基础上，选择了在经济社会发展水平和地理位置上存在差异的六个国家级或省级农产品追溯试点省会城市。本书获取的样本数据主要来自中国省会城市，导致实验参与者年龄偏年轻化且具有较高的学历水平。因此，未来研究可以扩大样本来源的城市范围，获取更多样化的数据。

第2章

理论基础与文献综述

2.1 农产品质量安全追溯相关概念

2.1.1 农产品

在质量安全管理领域，关于农产品的概念和范围的表述很多。按照2002年农业部、国家质检总局联合颁发的《无公害农产品管理办法》，农产品是指未经加工或者只经过初加工的可供食用的农产品。2006年颁布的《中华人民共和国农产品质量安全法》中，农产品是指来源于农业的初级产品，即在农业活动中获得的植物、动物、微生物及其产品。2017年6月23日开始在试运行地区试行的《农产品质量安全追溯管理办法》，虽没有对农产品概念进行界定，但表明该办法适用于从种植养殖环节到进入批发市场、零售市场或生产加工企业前的食用农产品质量安全追溯。根据农产品质量安全管理的研究和实践的不同需要，国际组织和世界各国对农产品的定义有所差异，但总体来说农产品一般按照以下两种方法进行界定，按照其用途，农产品分为食用农产品和非食用农产品。从供应链角度，农产品包括未加工或初加工的农业产品，以及以农业初级产品为原料加工、制作的产品。

根据以上表述，结合我国频发食品安全问题多表现为食用农产品安全问题的实际，本书中农产品界定为食用农产品，是指未经加工的或经过简单处理（分拣、清洗、分级、冷冻、包装、去皮、切分）的可供食用的农业初级产品。

2.1.2 农产品质量安全

2.1.2.1 质量概念

由于质量本身的特殊性，目前还没有一个公认的学术界定义。许多学者试图通过区分质量的客观维度和主观维度来定义质量（Feigenbaum，1951；Jacoby et al.，1971；Dodds & Monroe，1985；Zeithaml et al.，1990）。质量的客观维度指的是产品的物理化学特性，质量的主观维度指的是满足消费者预期的质量属性。两者之间的关系就是质量核心的经济学意义。只有当生产者能够提供满足消费者感知的质量属性的产品，以及消费者能够感知到生产者提供产品的质量属性，质量差异化才能成为食品生产者赢得竞争的方式（Grunert，2005）。综合了质量的客观维度和主观维度，国际标准组织（international organization for standardization）将质量的概念定义为"某一产品或服务所具有的能够满足既定需要的全部特征"。质量的概念同样适用于对农产品质量的界定。

由于产品质量的多维性和复杂性，进一步将质量细分，才能明确质量的经济学意义。学者们根据研究需要，对抽象的质量概念进行分类。根据质量信息获取难易程度，可以分为搜寻品属性、体验品属性和信任品属性（Nelson，1970；Darby & Karni，1973）。食品质量则可以细分为安全属性、营养属性、感官属性、价值属性和过程属性（Hooker & Caswell，1995）。考虑到农产品生产特性，其质量属性至少应包含功能性、可信性、安全性、适应性、经济性和时间性六个方面（樊红平，2007）。

2.1.2.2　安全概念

农产品安全是一个综合概念体系，包含数量安全、质量安全和营养安全三个层次（文晓巍等，2018）。随着经济社会发展，质量安全是农产品安全概念变迁的一个阶段。1974 年，为了应对发展中国家出现的粮食危机，联合国粮农组织（FAO）在世界粮食大会上首次提出粮食安全（food security）概念。各国通过发展农业生产、增加粮食储备、保障粮食供给，在数量上满足人们基本的食物需求。进入 20 世纪 90 年代以后，各国人均粮食占有量不断增长的同时，食品安全事件频发。鉴于食物安全领域供需矛盾转变的现实背景，1996 年联合国粮农组织将食物安全和营养等内容加入食物安全条款，并提出质量安全的概念，要求食物供给在满足人们基本数量需求的基础上，更应该在质量上达到营养全面、安全卫生、无毒无害的要求（安凡所，2005）。从品质、特性要求上的农产品安全主要是指农产品对人体健康不造成危害，即农产品不含有某种可能对健康有不良影响的生物的、化学的或物理的危害物。

2.1.2.3　质量安全

农产品质量安全研究和应用中质量安全的概念具有不同的内涵。第一种是指质量概念中的安全属性（safety），是农产品质量多种属性之一。质量的内涵和外延大于安全，二者具有属种的关系（韩永红，2010）。第二种是指安全概念体系中的质量安全，质量安全问题是农产品安全问题变迁的一个阶段问题。第三种是指质量和安全的并列组合，即质量和安全是两个独立的词组，将农产品的安全属性同农产品的非安全属性或者品质属性区分开来。这个概念界定基于经济学理论，二者具有不同的经济学特征，安全属性具有（准）公共品的性质，属于消费者基本需求，安全供给出现市场机制失灵的情况下，需要政府规制。品质属性则具有私人品特性，消费者对品质属性需求表现为主观性、多样性的特点，可以通过市场机制获得满足（钟真等，2013）。

因此，本书基于消费者视角分析农产品质量安全追溯时，采用质量安全概念的第三种观点，农产品质量和安全是两个并列的概念。这更符合消费者决策真实情境，消费者既考虑食用农产品与人类生存和健康相关的安全特点，同时也考虑安全以外的质量特征。在不断推进农产品质量安全追溯体系建设的背景下，不仅衡量消费者对农产品安全追溯信息的认知和信任，也考虑消费者对农产品质量信息的异质性需求，通过研究消费者对农产品质量安全信息的价值感知、偏好与支付意愿，反映消费者行为特征，并为农产品质量安全管理和市场差异化竞争提供相应的决策参考。

2.1.3　农产品质量安全追溯

从 20 世纪 90 年代英国最早应用活牛和牛肉制品的追溯系统以来，追溯系统成为各国实施农产品质量安全管理的重要措施。农产品追溯制度受到学者和政策制定者共同广泛关注。然而，关于农产品质量安全追溯的表述和概念很多，至今并没有统一的定义。这些表述包括农产品追溯、农产品追溯体系、农产品追溯系统、农产品质量安全追溯体系等。

不同国家或组织对农产品质量安全追溯概念作了界定，一般由可追溯性延伸而来。1994 年国际标准化组织（ISO）对可追溯性的定义为：通过身份记录对商品或行为的历史、应用和位置进行追踪的能力。ISO 22005：2007 中可追溯性被重新定义为：追踪饲料或食品在生产、加工和分销的特定阶段流向的能力。对国际食品标准委员会（Codex）定义食品可追溯性为，能够追溯食品在生产、加工和流通过程中任何指定阶段的能力，定义"食品可追溯体系"为食品供应各个阶段信息流的连续性保障系统。欧盟委员会在《通用食品法》EC178/2002 条例中定义可追溯性为：在生产、加工及销售的各个环节中，对食品、饲料、食用性动物及有可能成为食品或饲料组成成分的所有物质的追踪或回溯能力，定义"农产品可追溯系统"为追踪农产品（包括食品、饲料等）进入市场各个阶段（从生产到流通的全过程）的系统，有助于质量控制和在必要时召回产品。美国农业部将追溯体系定义为在生产过程或供应链中追溯产品的流向或产品属性的档案储存体系。我国农业部对农产品质量安全追溯体系构建的要求为，实现农产品源头可追溯、流向可跟踪、信息可查询、责任可追究，保障公众消费安全。2017 年农业部制定的《农产品质量安全追溯管理办法（试运行地区试行）》中，农产品质量安全追溯是指运用信息化的方式，跟踪记录生产经营责任主体、生产过程和产品流向等农产品质量安全信息，满足政府监管和公众查询需要的管理措施。

国内外学者在研究食品追溯相关问题的过程中，也对农产品质量安全追溯的概念作了界定。戈兰等（Golan et al.，2004）认为可追溯制度是指在整个加工过程或供应链体系中记录产品或产品特性的跟踪制度，并根据可追溯制度自身特性的差异设定了衡量可追溯体系的 3 个指标：宽度、深度和精确度。国内学者修文彦和任爱胜（2008）定义农产品可追溯系统为：追踪农产品（包括食品、饲料等）进入市场各个阶段（从生产到流通的全过程）的系统，有助于质量控制和在必要时召回产品。根据可追溯食品质量安全信息属性在消费者选择决策时的功能，霍布斯等（Hobbs et al.，2005）进一步提出完整的食品可追溯体系不仅提供有助于对问题食品进行事后追溯的安全信息，还应该以标签形式提供质量检测、安全认证、原产地、环境影响等事前质量保证信息，兼具事前质量保证与事后追溯的基本功能的可追溯体系，其全称应该为追溯、透明和保证体系（traceability，transparency and assurance system，TTA）。

各个国家农产品质量安全追溯涵盖内容不同。一些国家为了最小化食源性疾病风险，农产品质量安全追溯仅包括回溯系统。除了降低安全风险的回溯系统，还有一些国家的农产品质量安全追溯还包括质量保证，有助于具体质量属性的验证（Hobbs et al.，2005）。尽管农产品质量安全追溯的定义和内容存在差异，但这些定义具有两个共同点。一方面，形成质量安全信息流，以保证农产品从农场到最终消费者各环节信息可查询。通过在供应链上形成可靠连续的信息流使食品具备可追溯性，以监控食品的生产过程及流向，必要时通过追溯或追踪来识别问题和实施召回。另一方面，明确责任主体并进行追溯或召回，提高质量安全监管效率。各国对农产品质量安全追溯的定义都强调其通过标识信息进行追溯产品历史或追踪产品生产与流向的能力。

　　基于已有研究对农产品质量安全追溯的不同表述和定义，本书分别对农产品质量安全追溯、农产品质量安全追溯系统和农产品质量安全追溯体系进行界定。农产品质量安全追溯是指利用现代信息手段，记录、存储并传递农产品供应链各环节的质量安全信息，并通过追溯或追踪来识别问题农产品并实施召回。农产品质量安全追溯的实现既需要宏观层面上农产品质量安全追溯体系的构建，也需要微观层面上狭义的农产品质量安全追溯系统的形成。农产品质量安全追溯系统主要是指利用现代信息技术，基于供应链环节质量安全风险特点，通过信息采集、录入、传递和管理，保障农产品质量安全的管理系统。农产品质量安全追溯体系是指政府负责构建包括管理运行制度、法律法规体系、搭建追溯平台、制定技术标准和监督管理机构等在内的规制环境。

2.2　理论基础

2.2.1　信息不对称理论

　　信息不对称理论是农产品质量安全追溯研究的理论基础。古典经济学是以市场交易主体同质和信息完全为前提的。然而现实中，市场交易各主体拥有的信息是不完全、不对称的。随着古典经济学的发展，学者们开始质疑该前提假设，以不完全信息和不对称信息为前提展开分析研究，形成的相关理论研究被称为信息经济学。阿克洛夫（Akerlof，1970）以二手车市场为例提出了柠檬市场理论，为信息不对称问题的研究奠定了理论基础。该理论认为，在异质产品市场上，信息不对称事实上是一种普遍现象：初始市场上某种产品有各种不同的质量，不同质量水平的产品由不同的卖方提供。卖方比买方拥有更多的产品质量信息，买者在购买产品之前很难识别产品的质量高低，即双方之间存在信息不对称。消费者大致知道产品的平均质量且只愿意按照产品平均质量支付。质量不同的产品以同一价格销售，结果是高于平均质量的产品首先被迫退出市场，平均质量下降，然后质量次好的产品退出市场，结果可能导致最差的产品退出市场，造成整个市场消失，或萎缩成只有劣等产品充斥其中。这就是信息不对称带来的影响，这种现象类似于劣币驱逐良币的格莱欣法则（Gresham's Law）。为了解决普遍存在的信息不对称问题，市场主体可以采取保证书、品牌经营、连锁经营和许可等一些行为。

阿克洛夫（Akerlof，1970）提出著名的柠檬市场理论，即市场上的不对称信息会导致"逆向选择"问题。根据不对称信息发生的时间，不对称信息分为两种类型：不对称性可能发生在交易双方进行交易之前，也可能发生在交易之后，分别称为事前不对称信息和事后不对称信息。事前的不对称统称为逆向选择模型，事后的不对称定义为道德风险模型。我们将不对称信息理论中拥有信息优势的一方称为"代理人"，不具有信息优势的一方称为"委托人"。市场由于信息不对称而产生劣质品驱除优质品，优质品逐步退出市场，整体市场平均质量下降的现象，被称为"逆向"，是因为市场选择的方向是劣质产品而非优质产品，与常规的市场选择规律不同。信息不对称通过产生逆向选择而影响市场效率，甚至导致市场彻底失灵。

信号传递模型（Signaling）被认为是缓解信息不对称问题的重要方法之一，并被用于分析产品消费领域中买家和卖家信息不对称问题。斯宾塞（Spence，1973）以劳动力市场为例最早提出了信号传递模型（Signaling Model）。斯宾塞论证了如何用"信号"来调整市场参与者之间的信息分布。即信息优势的一方通过某些行动向信息劣势的一方传递他们的私人信息以证明他们的市场能力，也就是显示或制造市场信号，以避免逆向选择。信号是信号传递模型的核心，是质量信息的载体和传递信息的工具。信号传递通过降低信息获取成本解决信息不对称问题，是指市场中的信息优势方（代理人）采取的有成本的可被信息劣势方（委托人）观察到的行动。能够有效区分不同信息优势方的信号需要具有以下两个特征。第一，信号需要具有一定的成本。质量不同的市场主体传递信号的成本存在差异，高质量供给方的信号传递成本小于低质量供给方为此付出的成本，而且低质量供给方进行模仿的成本太高。因此，需求方可以借助信号区分不同质量的产品，高质量的供给方也能够从信号传递中受益。一定的信号传递成本是质量分离的前提。第二，信号是可观察到的。如果供给者发送的信号无法为需求者接收，也无法达到质量分离的目的。

2.2.2　兰开斯特（Lancaster）消费者理论

产品质量选择是消费者决策的一个重要方面，质量维度的细化促进了消费者效用函数的发展。在传统经济学中，消费者效用主要受产品数量影响，对产品质量的处理存在缺陷。传统经济学将质量差异直接表示为产品差异，或者作为吉芬产品处理，因此，传统效用函数无法揭示质量选择的内在机制（尹敬东，1999）。沃夫（Waugh，1928）首次引入质量维度，研究波士顿批发市场上芦笋、西红柿和温室黄瓜的质量属性对价格的作用。霍特林（Hotelling，1929）运用地点区分商品的特征差异，构建了产品水平差异的理论模型，由于消费者选择受到产品价格和运输费用的共同影响，结果表明地点差异的产品的均衡价格不同。考特（Court，1939）将质量具体化为产品特征（Characteristics），分析产品特征的消费者需求和价格，首次提出特征价格（Hedonic price）。产品特征决定了产品的异质性，是消费者效用的来源。霍撒克（Houthakker，1952）和泰尔（Theil，1952）采用一般均衡方法，构建包括单一维度质量变量的效用模型。产品的质量差异只表现为不同产品种类质量的水平差异，而未能就质量特性有差别的同种产品组合的消费决策提供适当的分析基础，是此模型最大的局限性（Houthakker，1952）。

兰开斯特（Lancaster，1966）开创性地构建了产品多特性模型，探索了新的消费者理论。该理论假定满足消费者需要的不是产品本身，而是包含在产品中的特性。产品特性构成了 n 维特性向量 z，预算约束条件由 r 维产品向量 x 和商品价格 p 的乘积表示。产品被视为消费过程（消费技术）的投入品，而特性则被认为是消费过程（消费技术）的产出品。传统理论中，产品与特性是一对一的关系，但在该模型中，消费技术 B 为 $r \times n$ 维矩阵，反映了消费一单位产品所获得的产品特性的数量。消费者效用最大化的具体模型如下：

$$\text{maximize } U(z) \tag{2.1}$$
$$\text{s. t. } px \leqslant k$$
$$\text{with } z = Bx$$
$$z, x \geqslant 0$$

产品是多种特性（脂肪、糖、卡路里、安全、口感、便利等）的集合，由此产品质量扩展为多维向量，更加符合产品质量多样性的现实。

2.2.3　消费者质量感知与信息价值理论

为了缓解信息不对称问题，研究者一方面从信号传递者的视角运用信号传递理论（Signal Theory）开展信息经济学领域的分析研究，另一方面从信号接受者视角提出感知质量和线索利用理论（Cue Utilization Theory）。

根据产品供应链，从主客观维度区分质量概念是质量感知研究的基础。专家测度的供给端质量称为质量特征（characteristics），消费者感知的质量称为质量属性（attributes）。质量特征即客观维度的质量，可以转化为质量指标对质量进行客观测量和评价。根据消费者需要制定可测量的质量标准进行质量规制，符合某一特定标准，即可认为是质量合格，否则就判定为不合格。这些质量特征信息需要专业知识、技术及设备等才能获取。质量属性，即主观维度的质量，是消费者对客观质量的感受、反应及评价（Monroe，1973；Dodds & Monroe，1985）。根据消费者对质量信息把握的难易程度，质量属性可以分为三类：第一类是搜寻品属性，即消费者可以在购买前掌握或直接观察到质量信息，例如，颜色、大小、价格等。因而能够直接影响消费者的购买决策。第二类是经验品属性，消费者通过消费体验才能掌握其质量，它往往影响消费者的重复购买决策（Nelson，1970），例如，口感、味道、新鲜等。第三类则是消费者在消费行为发生之后也无法确认质量，其质量感知和购买决策主要建立在信任的基础之上，即信任品属性（Darby & Karni，1973），例如，农药残留、重金属超标、微生物污染等。

许多研究者认为，客观质量与主观质量存在差异（Dodds & Monroe，1985；Parasuraman et al.，1988）。虽然生产者供给的应该是符合能够被专家测量或证实的标准的客观质量，但消费者依据个人感知、需要和目标对客观质量作出评价和购买决策，因此消费者视角的质量是一个主观概念（McGoldrick，1984）。由于不同消费者对于一些难以或无法验证的客观质量标准无法达成共识，梅恩斯（Maynes，1976）甚至认为质量是消费者的主观评估，客观质量根本不存在。而且，由于作为供应链终端的消费者最终作出购买决策，因此为了赢得市场竞争，供给者应该以消费者为导向提高产品质量，许多学者开始从消费者视角进行质量感知研究，被称为感知质量方法（perceived quality method）（Garvin，1984）。最著名且被广泛采纳的感知质量定义的核心是适用性（Steenkamp，1990）。基于适用性这一核心，许多学者提出了感知质量的不同定义。库恩和达（Kuehn & Day，1962）认为质量包括能够满足顾客需求的所有属性，取决于它适合消费者偏好的程度，而奥尔森和雅各比（Olson & Jacoby，1972）认为感知质量是产品质量的价值判断。

通过区分质量主客观维度以及质量感知的概念，学者们开始从信息处理的视角研究消费者质量感知作用机制和线索作为质量判断工具的作用。考克斯（Cox，1962）首先提出了线索预测价值和信心价值的概念，认为信息即线索，并构建了线索利用模型。由于买卖双方质量信息不对称，处于信息劣势的消费者为了降低购买风险，会搜寻并利用质量相关信息衡量产品质量。基于 Cox 的线索利用模型，奥尔森和雅各比（Olson & Jacoby，1972）对模型进行了拓展，将质量感知过程分为两个阶段：消费者首先根据预测价值、信心价值和线索维度选择质量线索；其次综合考虑个人选择的质量线索形成对产品的总体质量评价。基于心理学、消费者行为学和经济学，斯蒂坎普（Steenkamp，1990）进一步扩展了奥尔森和雅各比（Olson & Jacoby，1972）的研究，构建了三阶段的质量感知模型。将质量感知过程分为线索获取与分类、质量属性信念形成和质量属性信念整合三个子过程。该模型强调了内部和外部质量线索之间的区别，以及经验品和信任品属性之间的区别及其对质量感知的不同作用。贝克尔（Becker，2000）按照搜寻品属性、经验品属性和信任品属性的质量属性类别，构建了食品质量感知模型。旨在通过进一步分析质量特征、线索和属性相互之间关系，缩小客观质量特征和主观感知质量属性之间的差距，研究消费者对食品安全、健康等信任品属性的质量感知和线索需求，试图解释消费者从获取质量线索到感知质量属性的信息处理过程。

根据以上线索模型，消费者运用质量线索进行质量属性判断是导致产品感知质量差异的关键（Grunert，2005）。线索被定义为产品本身或与产品相关的能被消费者观察到的信息（Steenkamp，1990）。在消费者质量感知过程中，线索的重要性由线索的价值决定。而一个线索的价值取决于它的预测价值、信心价值以及线索维度（内部线索还是外部线索）。线索预测值（predictive value，PV）是指消费者感知或相信一个线索与产品质量的相关程度或是其作为产品质量指标的准确程度。信心价值（confidence value，CV）是指消费者对自己能够准确感知并判断线索的信心程度。对不同产品而言，同样线索的预测价值和信心价值并不相同，例如，汽车品牌的预测价值可能高于苹果品牌的预测价值，所以线索预测价值和信心价值是随产品而变的。而且根据不同的消费体验，不同消费者对线索的预测价值和信心价值会产生不同的评价，因此线索的预测价值和信心价值也会因消费者个体而异。

2.2.4 消费者行为理论

消费者行为是指消费者为满足个体需求，在个体内在因素和环境外在因素共同作用下的决策过程。随着研究假设从经济人到超越经济人的演变，消费者行为理论研究也经历不断发展完善的过程。一些研究综合不同研究假设条件下的消费者行为模式，形成了消费者行为综合理论模型，包括尼克西亚模式、恩格尔—科拉特—布莱克威尔模式（Engel-Kollat-Blackwell Model，EKB 模式）、霍华德—谢思模式（Howard-Sheth Model）、霍金斯等（Hawkins et al.，2001）的消费者行为总体模型、索罗门（Solomon，2013）的消费者行为轮盘模型等。也有一些研究针对消费者行为的决策过程进行重点分析，形成了决策过程模型，例如，莫文和麦纳（Mowen & Minor，1998）的五阶段模型、七阶段模型和消费者决策一般模型等，还有一些研究对决策过程某一环节进行重点分析，发展出信息处理模型等，例如，类型购买决策理论和消费者态度理论。

计划行为理论（theory of planned behavior，TPB）源于多属性态度理论（theory of multi-attribute attitude，TMA），被用于消费者行为领域研究，成为有代表性的信息处理模型。该理论从信息加工的角度，以期望价值为出发点，通过研究个体行为和行为意向的影响因素，解释个体行为决策的一般过程（段文婷和江光荣，2008）。多属性态度理论由费希宾（Fishbein，1963）提出，该理论认为行为态度由个体预期的多种行为属性信念和权重的组合决定，行为态度又决定行为意向。在此基础上，费希宾和阿耶兹（Fishbein & Ajzen，1975）认为行为意向受到行为态度和主观规范共同影响，行为则由行为意向决定。阿耶兹（Ajzen，1985）进一步引入知觉行为控制变量，提出计划行为理论。

根据计划行为理论，消费者行为决策的影响因素及其作用过程包括：第一，个体凸显的信念是行为态度、主观规范和知觉行为控制的认知和情绪基础。个体拥有大量的信念，但在特定情境下只有少量能够被显现。这些信念受个体内在因素和社会文化背景等因素影响。第二，行为态度、主观规范和知觉行为控制决定行为意向。行为态度是指个体对采取特定行为的看法和评估。主观规范是影响个体行为决策的外在社会压力。知觉行为控制是指消费者感知采取特定行为的难易程度。个体态度越积极、感知获得重要人物或团体支持越大、预期行为的促进因素越多，行为意向就越强，反之就越弱。第三，个体行为由行为意向决定，也受行为个体的能力、机会和资源等实际控制条件的制约。当知觉行为控制能够准确反映实际控制条件时，则可以替代实际控制条件作为个体行为的约束条件。

2.3 文献综述

2.3.1 农产品质量安全追溯概念

自从1997年英国为应对疯牛病危机提出农产品质量安全追溯概念以来，农产品质量安全追溯不仅成为各国进行农产品质量安全监管的重要实践手段，也成为国内外学者研究的热点问题。学者们首先对追溯的定义、内容、类别、作用机制等基础问题开展了大量研究。

不同学者对追溯相关概念有不同的界定，对追溯内容、类别和功能有不同的看法。莫伊（Moe，1998）将可追溯性分为供应链可追溯和内部可追溯：供应链可追溯性是指追踪产品和追溯产品从收获到运输、储存、加工、分销和销售整个或部分供应链历史的能力，而内部可追溯性是指追踪供应链特定环节的能力。史密斯等（Smith et al.，2000）只对牛肉追溯系统的追溯和识别功能进行定义：有能力在生产过程中确定动物或肉类的来源，以确定亲子关系及其所有权，提高适口性，确保安全，并确定是否符合"品牌牛肉"计划。奥帕拉和马祖德（Opara & Mazaud，2001）指出，追溯是通过收集、记录、维护和应用与供应链中所有过程相关的信息，以向消费者提供产品起源和历史的保证。这一概念仅对向后追溯功能进行了说明。戈兰等（Golan et al.，2004）认为可追溯是一种记录保存系统，用于跟踪产品或产品属性在生产、加工和销售所有阶段的流动。这一概念仅对向前追踪功能进行界定。霍布斯和桑德森（Hobbs & Sanderson，2007）将追溯定义为从供应链的一个点到另一个点，向前追踪和向后追溯动物、植物、食品生产原料的能力。狄金森等（Dickinson et al.，2003）在可追溯性的定义中同时使用了可追溯性和身份保存：在营销链的不同层次上，追踪用于制造食品的输入源前后的能力。利德尔和贝利（Liddell & Bailey，2001）区分了牲畜追溯系统的追溯性（traceability）、透明性（transparency）和质量保证（quality assurances）。霍布斯（Hobbs，2004）将追溯功能分为事后追溯和事前追溯，前者是指追溯某物到原产地的过程，后者是指提供有关验证产品质量的过程属性的信息。

2.3.2　农产品质量安全追溯理论依据

缓解农产品市场上的信息不对称问题是农产品质量安全追溯的基本理论依据。农产品质量安全属性特点是导致农产品质量安全信息不对称问题的主要原因，而现代农业技术发展和农业供应链延长进一步加剧了信息不对称问题。根据消费者对产品质量安全信息掌握的程度和时间，纳尔逊（Nelson，1970）、达比和卡尔尼（Darby & Karni，1973）将产品质量安全属性划分为搜寻品属性、体验品属性和信任品属性。农产品是三种属性的组合（Caswell & Mojduszka，1996；于辉和安玉发，2005）。搜寻品属性是指消费者在购买前就能够识别的农产品质量属性，例如，颜色、大小、品牌等。体验品属性是指消费者在消费体验后才能确定的农产品质量属性，例如，口感、新鲜度等。而消费者在消费后也无法判断其质量的农产品质量属性称为信任品属性，例如，农兽药残留量、重金属残留量、转基因技术使用情况、营养物质含量等。农产品质量安全的搜寻品和体验品属性信息基本对称，信任品属性信息存在严重的不对称问题。而且随着现代科技发展，现代农业投入品不断增加和环境污染严重，农产品信任品属性范围不断扩大，质量安全信息不对称性程度提高（Deaton，2004；李功奎和应瑞瑶，2004；陈雪，2015；谢康等，2015）。此外，随着农产品供应链的延长，涉及的主体增多，而各利益主体的利益目标不一致，在农产品市场上，存在着多重的信息不对称问题，包括生产者、销售者与消费者之间的信息不对称，供应链的上游供应者和下游供应者之间的信息不对称，生产经营者与政府管理者之间的信息不对称，政府和消费者之间的信息不对称（张蒙等，2017）。面对农产品质量安全的不确定性和风险，消费者会更愿意选择价格低的农产品，结果造成逆向选择问题，低质量安全的农产品充斥市场。农产品质量安全信息不对称问题产生的大量交易成本降低了市场效率（Stiglitz，2002；张一林等，2017），根据信息经济学提出的缓解信息不对称问题的市场信号理论,通过信息优势方将可信的信息传递给信息劣势方,来实现有效率的市场分离均衡(高红阳,2005)。农产品质量安全追溯利用信号传递机制,通过信息采集、传递和管理,形成持续可靠的信息流,不仅有助于缓解生产经营者和消费者之间质量安全信息不对称问题,尤其是农产品质量安全信任品属性信息不对称问题(Crespi & Marette,2001),也有利于供应链各主体之间信息不对称问题的缓解或解决,提高质量安全问题监管效率(Ortega et al.,2011;龚强和陈丰,2012)。

除了缓解或解决农产品质量安全信息不对称问题,通过责任追溯促进产品责任制有效运行成为实施农产品质量安全追溯的重要原因(Golan et al.,2003;Souza-Monteiro,2007)。产品责任制是在产品使用而导致损害后进行损害分配的事后法律规制(McKean,1970)。它通过将因质量安全信息不对称导致市场失灵而产生的外部成本内部化,实现产品风险最小化,从而使运行障碍的市场恢复到理想市场,实现对社会资源的有效配置(Viscusi & Moore,1993)。一方面,对于消费者而言,农产品作为日常消费品,其单位价值较小,消费者进行质量安全信息查询、对问题产品索赔和诉讼的成本远远超过赔偿金,所以农产品责任制面临有限收益和高昂实施成本的困境;另一方面,对于农产品供应链下游的经营者而言,问题农产品责任诉讼需要大量难以获取的有效信息,同样造成高诉讼成本和低诉讼率低赔付率的难题(Viscusi,1989;Buzby & Frenzen,1999)。农产品质量安全追溯利用信息采集和共享来识别问题产品的责任主体,有助于消费者和生产经营者采用产品责任制增加赔偿和降低责任诉讼成本(Meuwissen et al.,2003;Hobbs,2004;Pouliot & Sumner,2008)。

在农产品质量安全政府治理失灵的情况下,农产品质量安全追溯是实现社会共治的重要途径。政府通过制定农产品质量安全标准和法律法规,对从事农产品生产、运输和销售等相关利益主体,以及下级管理者的质量安全行为产生激励约束效应,从而达到保障农产品质量安全的目的。随着农产品供应链的延长,农产品生产供给各环节风险增加,政府监管无法承担高昂的监督成本,以及扩大监管覆盖面(谢康等,2015)。由于较高的行政成本和权力寻租的存在,使得政府监管实施难度大,效果不稳定(吴元元，2012；汪鸿昌等，2013），而且，在利益集团作用下，政府不一定能够通过监管实现维护社会利益的目的，导致出现规制俘获问题。为了应对食品质量安全危机，政府治理模式内部不断扩张和精细化，但治理绩效并没有明显改善，一元治理模式呈现内卷化趋势（刘飞和孙中伟，2015）。为调动多元主体积极性和化解多重利益矛盾，实行多元主体共同治理成为国内外学者的基本共识。通过分析影响食品质量安全政府治理的核心变量——违规发现概率面临的困局，提出建立可追溯体系适当提高违规发现概率，形成有效的社会震慑信号，并通过社会信任价值重构降低社会震慑信号长期高成本问题，由此形成食品质量安全的社会共治（谢康等，2015）。在市场失灵和政府失灵的情况下，公共事务管理可以发挥多种组织和多种机制的治理功能（Ostrom，1990）。农产品质量安全治理是一个系统工程。农产品从"田间到餐桌"的供应流程涉及生产、加工、流通、消费等诸多环节，利益相关主体众多，影响因素多。因此，通过政府、生产经营主体和社会多元行为主体相互协调，共同参与农产品质量安全事务，来消除农产品质量安全风险，社会共治是解决市场失灵和克服政府监管弊端的有效选择（陈彦丽，2014；邓刚宏，2015）。农产品质量安全追溯系统利用现代信息技术，通过记录并传递供应链各环节信息，实现信息透明，明确责任主体，是农产品质量安全社会治理的基础和保障。汪鸿昌等（2013）从供应链视角论证了可追溯系统解决或部分解决食品安全问题的有效性。

质量安全追溯是改善农产品质量安全状况的重要途径（Souza-Monteiro & Caswell，2004）。农产品质量安全追溯利用信号传递机制，通过记录并传递信息，缓解各相关主体之间信息不对称问题，追溯问题源头，识别责任主体，改善质量安全状况。一方面，追溯的信息共享功能增加了信息透明度，降低消费者信息搜寻成本，有助于消费者在购买前判断产品质量，通过拒绝购买等方式对生产经营者进行即时惩罚（Janaranjana & Blessing，2014）；另一方面，责任可追溯功能降低了发现问题源头的成本，有助于识别责任主体，并进行事后惩罚（Hobbs，2004；Pouliot & Sumner，2008）。此外，也有学者认为，追溯本身并不意味着更安全的食品，而是通过规定的可追溯性和违规惩罚，增加生产经营者的法律责任预期和投机的机会成本，发挥声誉机制的作用，实现优质优价，达成农产品市场中不同质量安全等级农产品的分离均衡（Golan et al.，2004；周洁红和姜励卿，2007），激励生产经营者提供质量安全产品，提高产品质量安全水平（Choe et al.，2009）。

追溯系统提供信息，不仅能够缓解质量安全问题，促进市场提供质量安全的农产品，还具有其他社会和经济作用（龚强和陈丰，2012）。一方面，追溯系统能够降低质量安全问题的外部性成本，包括社会成本（医疗和劳动力损失）和产业成本（公众对产品的信心，产业生产力和竞争力）（Hobbs，2004）。追溯系统对供应链各环节信息的记录和传递，有助于及时发现潜在的安全问题，提高召回效率，避免食品事件爆发。如果爆发质量安全事件，能够及时发现问题来源，防止事件伤害扩大，降低损失。真实准确的产品信息共享可以降低交易复杂性，减少供应链各主体之间的交易成本，尽可能地减少败德行为对行业内其他生产经营者的负面影响，缓解行业信任危机。另一方面，实施追溯，提供差异化产品，是生产经营者实现农产品增值的营销工具，实施竞争化战略的工具（Salaün & Flores，2001；Grunert，2005；Pouliot，2011）。而且伴随着物流与供应链、价值链等现代管理方法和现代信息技术的发展，改进以产品追踪和追溯为手段的供应链管理，有助于形成生产经营者的核心竞争能力（陆杉，2012）。

2.3.3 农产品质量安全追溯应用

理论上有效的农产品质量安全追溯，其建立与实施需要标识技术、经济激励和制度环境支持（Meuwissen et al.，2003；Golan et al.，2004）。因此，国内外学者就追溯系统中的标识技术、农产品生产经营者和消费者因追溯产生的经济问题，以及政府围绕农产品追溯建立和推广产生的公共管理问题进行研究。

在农产品质量安全追溯应用中，追溯系统中的标识技术是实现信息传递和农产品识别的基础，是决定农产品质量安全追溯可行的重要因素（赵智晶和吴秀敏，2013）。追溯系统中的标识技术包括标识编码技术和标识的数据载体等能够实现农产品具有唯一可识别身份的技术。其中，标识编码是标识技术的基础。EAN·UCC 系统（European Article Numbering·Uniform Code Council）（更名为 GS1 全球通用编码系统）是目前应用最为广泛的国际追溯编码标准体系。在保证所提供追溯代码在世界范围内唯一性的同时，GS1 系统也能够提供附加信息的标识，因此也具有良好的兼容性和扩展性（胡迪，2016）。许多研究基于 EAN·UCC 编码系统，建立了畜产品、水果、蔬菜和水产品等农产品质量安全追溯系统框架（Kong & Li，2004；赵岩等，2010；宋宝娥，2017）。另外，各国也提出了自己的编码方案，例如，日本 UID 中心提出的泛在识别码（Ucode），我国物品编码中心提出的物联网统一编码（entity code，Ecode）。为了提高产品识别效率并进行数据交换，二维码和射频识别标签（radio frequency identification，RFID）等数据载体被用于农产品质量安全追溯。二维码具有信息容量大、信息存储形式多样和较强的抗污损能力等特点。常见的二维码包括快速响应码（quick response code，QR）、DM 码（data matrix code）、汉信码和PDF417 等（郑叶剑，2017）。随着智能手机的普及，起源于日本的 QR 码是目前在我国农产品质量安全追溯研究和实践中最常使用的，消费者辨认度和查询参与度较高。PDF417 和我国自主开发的汉信码也被用于农产品质量安全追溯研究（丁永军，2009；孙旭东等，2009）。与二维码相比，RFID 技术需要投入成本较大，但具有数据容量大、可重复使用和安全性高等优势，而且随着 RFID 标准化工作的推进，其在农产品质量安全追溯中的应用不断扩大，相关研究也不断增加。一些研究采用 RFID 标签设计构建了农产品追溯信息系统（Abad et al.，2009；杨君等，2010），也有一些研究整合或对比 RFID 和二维码技术（Regattieri et al.，2007；Huang & Yang，2009），考虑到二者的优缺点，王力坚等（2015）认为 RFID 标签用于动物类产品追溯更好，果蔬类产品采用二维码标签更经济。同时，标识技术的安全性和可用性问题是追溯系统应用中必须考虑的突出问题，否则会导致追溯系统建设的失败。

从生产经营者角度开展的农产品追溯相关研究主要针对生产经营者参与质量安全追溯的意愿和行为、成本收益及其影响因素等。农业企业是追溯系统的运行主体（王力坚等，2015）。企业规模、追溯实施的效益和产品认证是影响企业参与实施追溯的主要影响因素（吴秀敏和严莉，2012）。为了应对贸易壁垒，出口企业愿意实施农产品追溯，而且能够获得政府或科研项目支持的出口企业构建了企业主导型追溯系统（陈红华等，2017）。另外，追溯参与意愿还与企业管理者的性别和年龄相关（吴林海等，2012）。农户是农产品追溯系统的重要参与主体，也是质量安全信息的源头。影响农户参与追溯系统的因素包括农户的文化水平、风险预期、对追溯的认知，以及追溯的成本和收益，而政府政策、产业组织和下游企业的推动也是显著影响农户追溯意愿和行为的重要因素（Caswell，1998；王慧敏和乔娟，2011；孙致陆和肖海峰，2011）。此外，还有学者对农产品追溯体系建设中农户生产档案记录行为进行研究，发现农户生产档案记录行为的实施比例随着试点工作的开展出现小幅下降，追溯体系建设不同时期，影响农户生产档案记录行为的因素存在差异。其中，不利于农户档案记录行为的影响因素包括农户兼业化、生产档案政策了解程度降低、流通渠道发展滞后以及政府对生产档案管理力度下降，而农户风险意识、产业化组织及其档案管理力度则对农户生产档案记录行为具有积极影响（周洁红和李凯，2013）。对于农业企业实施可追溯的成本和收益，一些研究发现，追溯程度、技术体系及体系复杂程度等影响企业成本，实施追溯企业的收益则受到市场需求、产品价值及增值、违规发现概率、惩罚力度等影响（Golan et al.，2004）。通过对我国农产品企业实地调研数据分析，陈红华和田志宏（2016）认为企业实施农产品追溯系统的成本不会大幅提高，高定价是企业差异化竞争的一种营销策略选择，但不利于可追溯农产品的推广。而在可追溯农产品溢价分配研究中，陈红华等（2011）发现生产经营各主体获得的溢价收益均大于成本投入，但超市增加的收益最多，农户获得的收益应当提高。

现有关于政府在农产品追溯体系建设发展中作用的研究包括干预必要性、干预程度和方式（崔春晓等，2013）。食品质量安全具有准公共品特征，即消费非竞争性和收益非排他性，导致市场机制失灵，收益难以弥补成本，供给不足，所以需要政府干预（Henson & Trail，1993；钟真等，

2013；白宝光等，2017）。为保证农产品质量安全供给，政府有必要采取一些强制措施，例如，法律标准体系、标签等（Broughton & Walker，2010）。因此，一些研究者认为应该推进质量安全信息共享，采取强制型农产品质量安全追溯制度（Souza-Monteiro，2007），也有一些学者认为，即使在需要建立追溯的食品市场，强制型追溯制度的效率并不高，不是最佳规制方式（Golan et al.，2003）。通过比较农产品供应链中质量安全强制性规则、准自愿或自愿规则的效率，卡斯威尔等（Caswell et al.，1998）研究表明，自愿制度和过失责任规则相结合的干预方式能够实现最高安全水平农产品的供给。根据不同国家农产品追溯体系的具体实施情况可以发现，世界主要农业发达地区都积极建立农产品追溯体系，但由于各国经济发展水平不同，以及对不同农产品安全风险的重视程度不同，各国并没有采取相同的追溯制度，而且一国对不同农产品干预程度也存在差异。例如，欧盟采取强制性追溯制度，并已经形成较完整的农产品质量安全追溯法律体系，包括基本法和基本法指导下分别针对不同种类农产品的具体要求，美国总体上采取自愿原则，但对畜产品追溯实施强制要求。对于追溯信息系统的管理和整合，不同国家针对不同农产品的措施也存在差异，例如，欧盟和美国对动物产品追溯系统采取中央型信息管理，其他农产品的追溯信息采取企业分散型管理，日本对除牛肉以外的农产品采取企业对追溯信息的分散管理，但需要向核心信息节点上传整合信息，韩国则对牲畜、水产、果蔬都采用中央型信息管理（王东亭等，2014）。而对于农产品质量安全追溯体系的推进、实施和管理，由于追溯体系建设需要大量成本投入，许多国家采取政府主导型的追溯体系，也有一些国家采取企业或行业协会主导的追溯体系，例如，美国、日本等（Charlebois et al.，2014）。也有研究发现，追溯体系建设发展过程中政府和企业的角色发生动态转变，政府在体系建设初期处于主导地位，而随着技术发展，体系建设成本和食品交易成本下降，企业逐渐开始成为主导，政府退出主导地位恢复监管者角色（黄少安和李业梅，2020）。农产品追溯体系实施除了需要政府资金支持，还需要政府在制度、法律法规、技术和监督管理等方面提供保障机制（胡庆龙和王爱民，2009；董银果和邱荷叶，2014）。

2.3.4 农产品质量安全追溯与消费者行为

消费者是农产品质量安全追溯系统的参与主体之一。消费者对追溯农产品的选择行为是追溯系统发展的重要动力，因此，围绕消费者对质量安全信息、追溯农产品的认知、态度、购买决策过程、偏好和支付意愿等内容，学者们开展了大量研究（见表2-1）。

表 2-1　　　　　　　农产品质量安全追溯与消费者行为研究

序号	作者（年份）	农产品	地点	样本量	研究内容	方法
1	格利克和韦贝克 （Gellynck & Verbeke, 2001）	肉类	比利时	149	认知和 态度	结构化 问卷调查
2	狄金森和贝利 （Dickinson & Bailey, 2002）	火腿、牛肉	美国	108	偏好和 支付意愿	实验拍卖
3	霍布斯（Hobbs, 2002）	牛肉、火腿	加拿大	204	偏好和 支付意愿	实验拍卖
4	阿法尔和里克森 （Alfnes & Rickertsen, 2003）	牛肉	挪威	106	偏好和 支付意愿	实验拍卖
5	狄金森等 （Dickinson et al., 2003）	火腿、牛肉	美国、加拿大	216	偏好和 支付意愿	实验拍卖
6	卢雷罗和昂伯格 （Loureiro & Umberger, 2003）	牛排，汉堡	美国	243	偏好和 支付意愿	结构化 问卷调查
7	贝利等 （Bailey et al., 2005）	牛肉	美国	312	偏好和 支付意愿	结构化 问卷调查
8	狄金森和贝利 （Dickinson & Bailey, 2005）	火腿、牛肉	美国、加拿大、 英国、日本	324	偏好和 支付意愿	实验拍卖
9	格拉西亚和扎巴洛斯 （Gracia & Zeballos, 2005）	牛肉	西班牙	260	认知和 态度	结构化 问卷调查
10	霍布斯等 （Hobbs et al., 2005）	牛肉、猪肉	加拿大	204	偏好和 支付意愿	实验拍卖
11	华德等 （Ward et al., 2005）	牛肉	美国	113	偏好和 支付意愿	实验拍卖

续表

序号	作者（年份）	农产品	地点	样本量	研究内容	方法
12	卡尔松等 （Carlsson et al.，2005）	鸡肉、牛肉、猪肉、鸡蛋、牛奶、面粉	瑞典	710	偏好和支付意愿	选择实验
13	卢雷罗和昂伯格 （Loureiro & Umberger，2005）	牛排、鸡胸肉、猪排	美国	5000	偏好和支付意愿	结构化问卷调查
14	吉劳德和哈洛韦 （Giraud & Halawany，2006）	蜂蜜、牛肉	法国、德国、希腊、意大利、西班牙、荷兰、匈牙利、立陶宛、马耳他、挪威、波兰、斯洛文尼亚	210	认知和态度	焦点小组访谈
15	内梅切克等 （Mennecke et al.，2006）	牛肉	美国	1432	偏好和支付意愿	基于选择的联合分析法
16	莫拉等 （Mora et al.，2006）	牛肉	西班牙、意大利	32	认知和态度	焦点小组访谈
17	莱斯韦克和弗鲁尔 （Van Rijswijk & Frewer，2006）	食品	德国、法国、意大利、西班牙	163	认知和态度	焦点小组访谈、半结构化问卷
18	韦贝克和华德 （Verbeke & Ward，2006）	牛肉	比利时	278	认知和态度	结构化问卷调查
19	克里斯索霍·伊迪斯等 （Chryssochoidis et al.，2006）	蜂蜜、肉类	希腊、法国、西班牙、德国、荷兰、意大利、马耳他、斯洛文尼亚、匈牙利、波兰、挪威、立陶宛	210	认知和态度	焦点小组访谈
20	柯洛哈等 （Kehagia et al.，2007）	蜂蜜、肉类	西班牙、希腊、法国、德国、荷兰、意大利、马耳他、斯洛文尼亚、匈牙利、波兰、挪威、立陶宛	203	认知和态度	焦点小组访谈
21	卢雷罗和昂伯格 （Loureiro & Umberger，2007）	牛肉	美国	632	偏好和支付意愿	结构化问卷调查

续表

序号	作者（年份）	农产品	地点	样本量	研究内容	方法
22	哈洛韦等 （Halawany et al.，2007）	食品	德国、法国	58	认知和态度	阶梯法访谈
23	利希滕贝格等 （Lichtenberg et al.，2008）	猪肉、火鸡	德国	128	认知和态度	联合分析法
24	哈洛韦和古劳德 （Halawany & Giraud，2008）	蜂蜜、鸡肉	法国	368	认知和态度	焦点小组访谈、个人阶梯法采访、基于选择的联合分析法
25	周应恒等（2008）	牛肉	中国上海	444	购买行为	结构化问卷调查
26	崔等（Choe et al.，2009）	食品	韩国	274	作用机制	结构化问卷调查
27	鲁比拉和福斯特 （Ubilava & Foster，2009）	猪肉	格鲁吉亚	159	偏好和支付意愿	选择实验
28	韦比克和罗森纳 （Verbeke & Roosen，2009）	牛肉、猪肉、禽肉、鱼肉	比利时、丹麦、荷兰、波兰、西班牙	278、409、4786、125	认知和态度	结构化问卷调查
29	斯特拉尼埃和班特尔 （Stranieri & Banterle，2009）	肉类	意大利	1025	认知和态度	结构化问卷调查
30	王锋等（2009）	农产品	中国北京、山东、浙江	182	认知和支付意愿	结构化问卷调查
31	西西莉亚和科兰图尼 （Cicia & Colantuoni，2010）	猪肉、牛肉、禽肉、羊肉	挪威、西班牙、美国、瑞士、加拿大、日本、英国、德国、法国、荷兰、意大利、格鲁吉亚	23	偏好和支付意愿	元分析
32	李等 （Lee et al.，2011）	牛肉	韩国	100	偏好和支付意愿	实验拍卖

续表

序号	作者（年份）	农产品	地点	样本量	研究内容	方法
33	奥尔特加等（Ortega et al., 2011）	猪肉	中国北京、成都、呼和浩特、南京、上海、武汉、西安	420	偏好和支付意愿	选择实验
34	郑等（Zheng et al., 2012）	猪肉	中国北京	400	偏好和支付意愿	结构化问卷调查
35	文晓巍和李慧良（2012）	鸡肉	中国广州	402	作用机制	结构化问卷调查
36	崔彬（2013）	猪肉	中国南京、扬州、连云港	419	作用机制	条件价值评估
37	赵智晶和吴秀敏（2013）	猪肉	中国成都	395	追溯信息行为	结构化问卷调查
38	吴林海等（2014a）	猪肉	中国无锡	143	偏好和支付意愿	实验拍卖、真实选择实验
39	吴林海等（2014b）	猪肉	中国哈尔滨、济南、无锡、宁波、郑州、长沙、成都	1489	偏好和支付意愿	选择实验
40	张蓓和林家宝（2015）	水果	中国广东、广西、海南	321	作用机制	结构化问卷调查
41	张彩萍等（2014）	牛奶	中国西安、武汉、沈阳、厦门	799	偏好和支付意愿	基于选择的联合分析法
42	金和周（Jin & Zhou, 2014）	牛肉、生鲜农产品	日本	6243	偏好和信息查询	结构化问卷调查
43	吴等（Wu et al., 2015）	猪肉	中国无锡	215	偏好和支付意愿	真实选择实验
44	朱淀等（2015）	猪肉	中国唐山	1200	偏好和支付意愿	菜单选择实验
45	吴林海等（2015）	猪肉	中国无锡	110	偏好和支付意愿	真实选择实验
46	尹世久等（2015）	番茄	中国山东	843	偏好和支付意愿	选择实验

续表

序号	作者（年份）	农产品	地点	样本量	研究内容	方法
47	郑凤田等（2015）	苹果	中国杭州	232	偏好和支付意愿	结构化问卷调查
48	陆等（Lu et al.，2016）	猪肉	中国郑州、济南、哈尔滨、成都、宁波、无锡、长沙	1380	偏好和支付意愿	基于选择的联合分析法
49	吴等（Wu et al.，2016）	猪肉	中国无锡	264	偏好和支付意愿	实验拍卖、真实选择实验
50	应瑞瑶等（2016）	猪肉	中国无锡	259	偏好和支付意愿	实验拍卖
51	陈秀娟等（2016）	猪肉	中国无锡	110	偏好和支付意愿	真实选择实验
52	金等（Jin et al.，2017）	苹果	中国杭州	88	偏好和支付意愿	实验拍卖
53	尹等（Yin et al.，2018）	婴儿配方奶粉	中国山东	938	偏好和支付意愿	选择实验
54	吴林海等（2018）	猪肉	中国无锡	332	偏好和支付意愿	选择实验
55	尹世久等（2019）	番茄	中国山东	1167	偏好和支付意愿	实验拍卖、菜单选择实验
56	吴等（Wu et al.，2020）	猪后腿肉	中国无锡	241	功能作用	结构化问卷调查
57	袁等（Yuan et al.，2020）	食品	中国郑州、济南、广州、上海	238	作用机制	结构化问卷调查
58	瓦拉斯泽克和芭芭拉（Walaszczyk & Barbara，2020）	食品	波兰	500	认知和态度	结构化问卷调查

2.3.4.1 农产品质量安全追溯认知和态度

质量安全追溯被认为能够提高农产品质量安全水平，满足消费者对农产品质量安全不断增长的需求，而消费者对追溯性与质量安全关系的认知和态度是消费者对可追溯农产品的购买行为和支付意愿的重要影响因素，成为质量安全追溯消费者需求研究首先关注的问题。为了应对疯牛病，农产品质量安全追溯体系最初在欧盟建立，随后欧美等国家制定了相关的法规条例，要求进口肉类食品和生鲜食品能够进行跟踪和追溯。专门就消费者对质量安全追溯与质量和安全关系的认知和态度展开的调查研究开始主要集中在欧美国家。一些研究发现，消费者对可追溯性与质量安全关系的认知和态度存在国别差异。吉劳德和哈洛韦（Giraud & Halawany，2006）通过与12个欧洲国家消费者进行焦点小组访谈发现，在法国、意大利、马耳他、西班牙、匈牙利和挪威，消费者认为追溯性的效用与安全概念有关，而希腊和立陶宛的消费者认为追溯和质量有关，波兰消费者认为追溯与控制和被污染食品的撤回有关。莱斯韦克和弗鲁尔（Van Rijswijk & Frewer，2006）基于德国、法国、意大利和西班牙国家消费者调查资料认为，总体而言，大部分消费者认为可追溯性与质量和安全有关，但与安全的关系更大。虽然大部分消费者认为欧盟强制追溯能够提高牛肉安全水平，然而也会导致更高的成本和价格（Gracia & Zeballos，2005）。同时，许多研究表明，在没有质量验证的情况下，追溯系统虽然能够提高消费者对农产品安全的信心，但可追溯性对个体消费者的价值有限，将可追溯性与质量保证捆绑在一起，作为农产品差异化的工具可能会带来更多价值（Hobbs et al.，2005；Verbeke & Ward，2006；Chryssochoidis et al.，2006；Kehagia et al.，2007）。因此，追溯系统被视为保证产品安全和实施质量标准不可或缺的工具（Verbeke，2001），不仅具有识别问题产品责任的基本功能属性，还具有与供应链相关的原产地、生产方式和包装日期等信息透明和质量保证的扩展功能属性（Dickinson & Bailey，2002）。追溯系统基本功能属性受到所有消费者重视，政府应该重视对追溯系统功能属性的构建和监管，而过程属性仅对部分消费者有利，更适合其他供应链参与主体进行自愿选择（Gellynck & Verbeke，2001）。

除了研究消费者对质量安全追溯与质量和安全关系的认知外，学者们还调查分析了消费者对可追溯农产品、质量安全信息和标签等的认知。在消费者对可追溯农产品的认知方面，不同国家消费者的认知具有较大差别。发达国家的消费者对可追溯农产品具有较高的认知程度（Dickinson &

Bailey，2002），南欧国家（法国、意大利、马耳他、斯洛文尼亚和西班牙）消费者比北欧国家消费者更了解可追溯农产品（Giraud & Halawany，2006），发展中国家如巴西、印度、墨西哥等国家的消费者对可追溯农产品的认知程度相对较低（Souza-Monteiro & Caswell，2004）。中国消费者普遍对农产品安全表示高度关心，但是对可追溯农产品的认知程度较低，对可追溯体制的了解程度远远落后于相应的发展阶段（周应恒等，2008；王锋等，2009；郑风田等，2015）。对于不同农产品而言，原产国/地都是消费者认为应该揭示的重要的质量安全信息，各国消费者对具体国家产地有不同偏好（Mora et al.，2006；Kehagia et al.，2007；Stranieri & Banterle，2009），生产过程和产品特征信息也是消费者关注的质量安全信息（Lichtenberg et al.，2008；Walaszczyk & Barbara，2020）。但除了对消费者购买决策有积极作用的信息，即使出于法律责任目的，一些有用的追溯信息并不一定需要显示在标签中（Halawany et al.，2007），因为对于消费者来说，消费者期待更加简单可靠的追溯系统和传统标签方式，有效的标签信息必须可读、可处理、可理解和可接受，有助于消费者更有信心地使用这些信息进行购买决策（Mora et al.，2006；Halawany & Giraud，2008）。

2.3.4.2 可追溯农产品购买决策

随着农产品质量安全追溯系统推广和应用，追溯在消费者购买农产品过程中的作用机制开始受到学者们关注，相关文献主要基于感知价值理论，从追溯系统功能及可追溯产品属性层面探讨农产品质量安全追溯对消费者行为的影响，可以分为两类：一类是从追溯系统降低感知风险或提高感知收益的视角出发，研究消费者购买可追溯农产品的决策过程；另一类通过权衡感知收益和感知损失，分析消费者在作出可追溯农产品购买决策时，感知价值对消费者行为的影响。

第一类研究基于追溯系统降低感知风险或提高感知收益的功能，分析追溯在消费者购买决策中作用机制。在崔等（Choe et al.，2009）的食品追溯系统作用机制模型中，追溯系统有助于消费者进行产品评价、获取质量安全信息和建立信任，通过缓解消费者对卖方机会主义行为的恐惧和信息不对称程度，来降低食品质量安全不确定性带给消费者的感知风险，最终提高消费者的购买意愿和支付意愿。根据消费者问卷调查数据的模拟结果发现，对卖方机会主义行为恐惧减轻和信息不对称程度降低都有助于缓解不确定性，其中机会主义行为恐惧的作用更大，不确定性降低有助于提高溢价和购买意愿，且对购买意愿的作用更大。崔彬（2013）也从追溯系统降低农产品质量安全感知风险的角度，构建安全农产品消费者额外支付意愿形成过程框架，实证对比可追溯属性模型、认证属性模型和两种属性叠加模型的估计结果，进一步验证了消费者对农产品追溯系统信任能显著降低其对农产品安全信息不对称的感知和对生产者机会主义行为的恐惧，进而降低消费者对农产品质量安全的不确定性感知，消费者购买意愿显著提高，但并未转化为额外支付意愿。农产品可追溯属性与认证属性叠加后，购买意愿提高对消费者支付意愿产生显著正向影响。袁等（Yuan et al.，2020）证实追溯系统具有的产品评价、质量信息和感知可靠性功能通过提高消费者感知收益，进而提高消费者对可追溯农产品的购买意愿，在此基础上，进一步发现追溯系统提供的安全性对消费者感知收益没有显著影响，消费者的专业知识能够调节追溯系统对感知收益的作用。张蓓和林家宝（2015）则以可追溯热带水果为例，构建了可追溯热带水果消费者购买行为综合模型，实证检验了可追溯性、安全性、信息质量、产品展示、信任和偏好对消费者购买动机的积极影响，以及购买经历在购买动机及其影响因素之间的正向调节作用。

第二类研究通过感知价值判断，分析可追溯农产品购买决策的影响因素及其作用机制。基于计划行为理论，文晓巍和李慧良（2012）考察了不同消费者心理特征对可追溯食品购买意愿的影响机制，并进一步分析其对追溯体系监督意愿的作用。而且以肉鸡为例进行实证检验，结果表明，消费者对可追溯食品的感知利得和感知风险对其购买意愿具有显著正向直接影响，且通过信任态度这一中介变量间接影响购买意愿。此外，还进一步研究了感知价值对可追溯体系监督意愿的作用，发现只有消费者感知利得增加，通过提高购买意愿，进而显著增加对可追溯体系的监督意愿。

2.3.4.3 可追溯农产品及信息属性偏好

感知价值和购买意向是预测可追溯农产品购买行为的重要途径，综合度量消费者对可追溯农产品及其信息属性的偏好，有效估计其支付意愿，对农产品生产经营者和政府进行市场预测和政策制定有重要参考价值。许多文献采用不同价值评估方法围绕消费者对可追溯农产品及其信息属性的偏好、支付意愿和影响因素等问题展开研究。

第一，已有研究采用不同价值评估方法估计可追溯农产品及其信息属性的偏好和支付意愿，虽然具有一定差异性，但各国消费者对可追溯农产品及其属性愿意支付一定的溢价。由于农产品追溯体系首先从畜牧产品开始建设，国内外研究主要集中于可追溯畜牧产品（修文彦和任爱胜，2008）。以牛肉、猪肉、禽肉、羊肉为例，欧盟、美国、加拿大和日本的消费者偏好具有可追溯属性的肉类，愿意为可追溯属性支付11%~16.4%的溢价水平（Cicia & Colantuoni，2010）。与没有加贴可追溯标签的进口牛肉相比，可追溯进口牛肉更加受韩国消费者偏好，能够获得39%的支付意愿（Lee et al.，2011）。与普通猪肉相比，中国消费者愿意为可追溯猪肉支付5.79%~58.6%溢价（Ortega et al.，2011；Zheng et al.，2012；吴林海等，2014a）。相比于没有可追溯标签的牛奶，中国消费者更偏好具有可追溯标签的牛奶（张彩萍等，2014）。为了进一步分析消费者对可追溯信息属性需求的多样性，可追溯信息属性被划分为不同层次，完整的高层次可追溯信息更受消费者偏好，且溢价水平最高（Yin et al.，2018；吴林海等，2018）。随着可追溯体系建设逐步扩大到不同类别农产品，可追溯农产品偏好和支付意愿的研究也开始关注水果、蔬菜等农产品。尹世久等（2015）研究了消费者对番茄质量信息标签的偏好，发现消费者愿意为可追溯标签支付的溢价水平最高。金等（Jin et al.，2017）对完备的可追溯信息和简略的可追溯信息的消费者偏好选择进行估计比较，结果表明，消费者对两种可追溯信息都具有较高的支付意愿，且对前者的支付意愿比对后者的支付意愿高10%左右。

测度可追溯农产品及其信息属性的支付意愿，需要获得消费者估值，已有研究主要采用两类传统的价值评估方法：显示性偏好方法和陈述性偏好方法。显示性偏好方法的核心是以个人的真实选择行为来推测其偏好。在显示性偏好方法中，实验拍卖是在追溯农产品及其属性价值评估研究中应用最为广泛的一种方法。通过设计一种激励相容的拍卖机制，使得消费者尽可能按照真实的偏好进行估值出价，能够减小实验结果与真实情况的偏差。运用实验拍卖估计的可追溯农产品支付意愿比普通农产品价格高 7%～44.5%，并且农产品质量安全事件、信息量和信息干预能够显著影响可追溯性的溢价水平（Dickinson & Bailey，2002；Hobbs，2002；Dickinson & Bailey，2005；Ward et al.，2005；Lee et al.，2011；应瑞瑶等，2016）。然而，受到实验拍卖的实验成本和组织难度等限制，这些研究的样本量受限，最少的只有 54 人，最多 259 人，而且无法观测属性间的交互关系和具体属性层次的支付意愿。选择模型是近年来被广泛用于测度消费者对追溯农产品及其信息属性的偏好和支付意愿的陈述性偏好方法，相比之下，选择模型通过多层次、多属性和多选择集的选择情景设计，可以采集更丰富的消费者对产品属性层次的偏好信息，并灵活构建研究者想要了解的潜在市场。选择模型包括联合分析法和选择实验法，二者都被用来比较分析可追溯属性与其他质量安全信息属性的偏好和支付意愿。可追溯、原产地、质量安全认证和外观等属性都是消费者偏好的农产品质量安全信息属性，但是各属性偏好和支付意愿随产品和消费者特征而异，而且各属性之间具有交互作用（Mennecke et al.，2006；Lichtenberg et al.，2008；Ubilava & Foster，2009；Ortega et al.，2011；Lu et al.，2016；Yin et al.，2018；张彩萍等，2014；朱淀等，2015；尹世久等，2015；陈秀娟等，2016；吴林海等，2018）。虽然选择模型方法能够获得更多的产品属性偏好和估值信息，有利于分析消费者对不同产品属性的偏好结构，了解属性间的相互关系。但其具有陈述性偏好方法的共同缺点，消费者面对假想的选择环境，不愿付出认知努力或故意做出偏差性回答，导致估计结果偏差。因此，一些研究同时采用实验拍卖和选择模型，比较两种方法的估计结果，验证是否存在假想性偏差。研究发现，两种方法估计的可追溯信息或标签的偏好序相同

（吴林海等，2014；尹世久等，2019），选择模型估计的支付意愿高于实验拍卖的估计结果但没有显著差异（Wu et al.，2016）。

第二，为了评估可追溯农产品及其信息属性对消费者的效用，进一步比较研究了不同质量安全属性及其组合的消费者偏好和支付意愿。除了可追溯属性，认证属性和原产地属性同样是农产品质量安全线索，是消费者进行农产品质量安全判断的重要参考指标。其中，一些关于可追溯属性与认证属性偏好和价值估计的比较研究发现，消费者对农产品质量安全认证属性的支付意愿高于可追溯属性（Hobbs et al.，2005；Loureiro & Umberger，2007；Cicia & Colantuoni，2010；Ortega et al.，2011；Yin et al.，2018；吴林海等，2014a）。韦贝克和沃特（Verbeke & Ward，2006）认为消费者的信息处理能力有限，日常食品购买进行大量可追溯信息处理的机会成本太高，而质量安全认证和保质期等质量安全信息具有更好的解释性和启发性，所以消费者对认证信息的重要性感知和关注度都高于可追溯信息。也有研究发现，与认证属性相比，消费者更偏好可追溯属性，且愿意为其支付更高溢价（张彩萍等，2014；吴林海等，2018）。原因可能是消费者对于第三方认证主体缺乏信任，供应链各环节主体信息供给可以替代政府质量安全干预，这也说明市场机制至少可以像政府一样解决食品质量安全问题（Ubilava & Foster，2009）。还有学者认为，单一可追溯信息对于消费者的价值有限，而可追溯与质量认证以及动物福利属性组合能够带给消费者更大的价值（Dickinson & Bailey，2002）。就可追溯农产品及其信息属性价值评估展开的研究，一些文献将原产地（国）信息作为可追溯信息的一部分（Stranieri & Banterle，2009），认为可追溯系统有助于识别保证原产地信息（Kehagia et al.，2007；Verbeke & Roosen，2009）。还有一些文献考虑到原产地（国）是消费者购买决策前可以参考的质量保证或预警属性，不同于可追溯信息属性的事后追溯功能（吴林海等，2018），通过估计比较原产地和可追溯属性的偏好和支付意愿，梅内克等（Mennecke et al.，2006）估计牛肉不同属性的效用值发现，原产地是农产品最重要的属性，可追溯属性只是部分被调查者偏好的属性。考虑到不同原产地来源，当消费者对产品质量安全感知差异不大的情况下，出于情感因素，消费者更偏好本地（国）产的农产品（Alfnes & Rickertsen，2003；吴林海等，2015）。然而，卢雷罗和昂伯格（Loureiro & Umberger，2007）通过估计几种牛肉质量安全标签的支付意愿发现，消费者对原产地标签没有支付意愿，但愿意为安全认证和可追溯属性支付溢价。还有一些研究发现与可追溯属性相比，动物福利是欧美消费者更偏好的肉类质量安全信息属性（Hobbs，2002；Dickinson & Bailey，2005；Cicia & Colantuoni，2010），质量检测信息是中国消费者更偏好的信息属性（应瑞瑶等，2016）。

除了以上质量安全属性，感官属性也是消费者进行农产品购买决策参考的重要线索。一些学者就消费者对可追溯属性等质量安全属性与嫩度、颜色和新鲜等感官属性的偏好和支付意愿进行比较和讨论。一些研究发现，农产品感官属性的偏好和支付意愿高于可追溯属性。其中，乌比拉和福斯特（Ubilava & Foster，2009）采用条件 logit 模型和混合 logit 模型估计消费者对猪肉信息属性偏好发现，两个模型估计结果都表明颜色是消费者最偏好的属性，而两模型估计的生产者可追溯、质量认证和购买地点便利性的偏好序不同。颜色的溢价水平最高，购买地点的便利性能够进一步提高消费者对具有良好外观的猪肉的支付意愿。与可追溯属性相比，中国消费者也更加偏好外观新鲜的可追溯猪肉（吴林海等，2014b），对外观新鲜的支付意愿比可追溯属性高近9%（Lu et al.，2016）。也有研究结果表明，与农产品感官属性相比，消费者更偏好可追溯属性。卢雷罗和昂伯格（Loureiro & Umberger，2007）研究美国消费者对牛肉质量安全属性的相对偏好发现，与普通牛肉相比，消费者愿意为标有可追溯属性的牛肉多支付普通牛肉价格的28.13%，而愿意为嫩度多支付14.12%。

第三，消费者对可追溯农产品及其信息属性偏好和支付意愿的研究进一步探究了二者的影响因素。这些因素主要包括农产品特征、消费者社会统计特征和心理特征。其中，一些学者对不同农产品相同质量安全属性的偏好和支付意愿进行了比较研究。卡尔森等（Carlsson et al.，2005）通过对鸡肉、牛肉、猪肉、鸡蛋、牛奶、面粉的质量属性偏好和溢价水平进行估计分析，指出相同质量属性的支付意愿因产品而异。哈洛韦和吉劳德（Halawany & Giraud，2008）对鸡肉和蜂蜜可追溯属性偏好的比较研究同样表明，消费者对两类农产品生产过程信息的偏好程度不同。而对于同类农产品，韦比克和罗森纳（Verbeke & Roosen，2009）在对牛肉、猪肉、鸡肉和鱼肉的质量指标、原产地和可追溯属性的重要性进行调查研究后，结果显示肉类不同品种之间可追溯属性需求差异不大。许多实证研究探讨了消费者特征变量对可追溯农产品及其信息属性偏好的影响。不同研究选择的消费者特征变量具有明显差异，但主要可以分为消费者社会统计特征变量和心理特征变量两类。针对消费者社会统计特征变量对可追溯农产品及其信息属性偏好影响的不同实证研究中，由于缺少从理论角度分析，相同社会统计特征变量在不同的研究中对消费者行为或意愿的影响作用存在差异（例如，Hobbs et al.，2005；Lu et al.，2016）。消费者心理特征变量既有基于消费者对食品质量安全风险和可追溯功能层面的感知，也有消费者对个体及家庭成员健康状况的自我认知，缺少消费者对质量安全信息识别的自我认知。例如，一些实证研究结果表明质量安全感知、疯牛病认知、对可追溯系统的态度、对可追溯标签及其携带信息的信任程度、家庭成员过敏情况以及健康自我评价显著影响支付意愿（Gellynck & Verbeke，2001；Ward et al.，2005；Zheng et al.，2012；Jin & Zhou，2014；Jin et al.，2017；周应恒等，2008；王锋等，2009；尹世久等，2015）。早期研究以消费者同质性为假设前提，采用二元 logit 或多元 logit 模型，研究选择可追溯农产品（属性）的概率与消费者的特征变量之间的关系（例如，周应恒等，2008；郑风田等，2015）。而随着混合 logit 模型被引入可追溯农产品选择行为研究，大量实证研究发现，消费者对可追溯农产品偏好具有异质性（Dickinson & Bailey，2002；尹世久等，2015；吴林海等，2018）。一些研究分析了消费者社会统计特征对可追溯农产品及其信息属性偏好异质性的影响（吴林海等，2015；Walaszczyk & Barbara，2020）。

2.3.5 文献述评

文献分析表明，国内外学者对农产品质量安全追溯的相关问题做了大量研究，积累了丰富的经验，为本章提供了良好的借鉴作用。但综观有关文献，现有研究由于研究角度或方法等原因，还存在着诸多缺陷，不足以为我国农产品质量安全追溯的推进和发展提供足够的理论和实证支撑。主要表现在三个方面。

第一，研究需要进一步系统化。已有对农产品质量安全追溯体系的宏观层面研究局限于法律、制度、标准等某一方面，缺乏对整个农产品质量安全追溯系统和体系的界定和研究，所以对我国农产品质量安全追溯推进和发展中存在的问题认识不足。而在微观层面，从消费者视角针对农产品质量安全追溯的研究大多集中在质量安全信息和可追溯农产品的偏好和支付意愿，而缺少对消费者追溯行为以及追溯经历对可追溯信息偏好影响的分析。

第二，研究对象有待拓展。农产品质量安全追溯体系的建立和发展需要考虑不同农产品及其市场需求的特点。现有追溯农产品研究大多局限在肉类和牛奶，关注可追溯新鲜水果（富士苹果）消费者行为的研究不足。分析不同农产品可能产生的质量安全风险，研究不同可追溯农产品消费者行为，才能针对不同农产品质量安全追溯特点形成具体的措施和要求，提供更加符合市场需求的可追溯农产品。

第三，消费者对质量安全追溯信息的研究需要深入挖掘。信息可查询是农产品质量安全追溯的基础功能，而可查询的质量安全追溯信息也是可追溯农产品带给消费者效用的来源。虽然现有文献对质量安全信息的偏好、支付意愿及影响因素进行了大量研究，但忽略了信息价值感知这一消费者心理特征关键变量对农产品质量安全追溯信息偏好异质性和支付意愿群体特征的影响。揭示不同偏好群体特征和支付意愿，才能明确不同信息组合可能带来的经济利益，引导生产经营者供给不同质量安全信息组合的可追溯农产品，为可查询的追溯信息选择和市场细分提供更有效的决策参考。

基于以上理论回顾和文献梳理，本书将对农产品质量安全追溯的宏观系统和体系，以及微观消费者行为展开系统深入分析，为我国农产品质量安全追溯体系的推进和发展提供政策依据。

第3章

农产品质量安全追溯发展现状 与存在问题

　　不同农产品质量安全追溯系统和体系的建设目标存在差异。通过梳理农产品质量安全追溯的相关文献可以发现，出于防范肉类产品质量安全风险和质量安全管理的需要，我国最早从肉类开始建立可追溯体系，相关研究比较丰富，然而对于苹果质量安全追溯的研究较少。虽然政府主导建立的农产品质量安全追溯体系采取共同的制度和政策安排，然而，一方面，由于不同农产品具有不同的供应链环节特点和质量安全风险特点，相应的质量安全标准和追溯系统参与主体的参与度会有差异；另一方面，不同农产品质量安全水平存在差异，追溯信息的类型、数量和深度的需求也会不同。而且从宏观层面以苹果为例，了解我国农产品质量安全追溯的现状，是保证苹果质量安全信息和责任追溯可获得性的基础。因此在以苹果为例，从消费者视角分析农产品质量安全追溯之前，对农产品质量安全追溯系统、质量安全追溯体系以及我国苹果质量安全追溯的现状和问题进行全面了解，为后面章节基于消费者视角，对苹果质量安全追溯的信息透明和责任可追溯功能的研究提供基础。

3.1 农产品质量安全追溯系统分析

农产品质量安全问题是消费者关注的焦点，也成为阻碍农业发展的重大问题。为了解决农产品质量安全问题，满足消费者对质量安全农产品的需求，以及促进农业发展，采取农产品质量安全追溯被认为是缓解信息不对称、明确问题责任进而保障农产品质量安全的有效手段。基于农产品供应链，利用现代信息技术，构建农产品质量安全追溯系统，才能发挥追溯的功能以防范农产品质量安全风险。

3.1.1 系统目标和原则

农产品质量安全追溯系统建设和发展的最终目标是防范农产品质量安全风险，保障农产品安全和增值农产品质量。供应链各环节都可能产生质量安全风险，各主体的行为选择和外部环境因素都是影响农产品质量安全的因素（王晓莉等，2016）。因此，构建农产品质量安全追溯系统，通过对供应链各环节信息的记录、传递和管理，形成可靠且连续的信息流，以监控农产品生产过程，保证质量安全问题时能够追溯问题源头或追踪问题农产品流向，明确责任主体和实施召回，来实现对农产品质量安全的管理。为了有效解决食品安全问题，实现农产品质量安全管理的目标，构建农产品质量安全追溯系统需要遵循以下原则：

第一，科学系统性。应充分考虑农产品特点和追溯特性，对农产品质量安全追溯系统进行科学系统地构建。追溯单元和追溯信息是农产品质量安全追溯系统的主体和基础，根据农产品在供应链流程方面的特点，充分考虑农产品追溯单元、物流单元和产品批次的差异，追溯系统的构建应体现追溯单元的唯一性和追溯信息及其层次的有效性，进而保证系统能够完整准确地记录供应链各环节信息和信息层次，控制供应链中的质量安全风险，保障农产品质量安全。

第二，兼容共享性。农产品质量安全追溯系统应制定追溯相关标准，界定追溯术语，统一追溯码编码和标识，以及规范追溯信息和追溯平台建设，实现追溯系统兼容统一。制定农产品追溯系统的标准规范，以实现追溯数据互联互通，促进各部门和各地区追溯系统相互协同，实现信息有效衔接和共享。遵循兼容统一性原则构建追溯系统，将有助于减少重复操作，降低重复投资，实现系统统一管理，提高追溯和管理的效率，促进农产品追溯整体发展。

第三，安全可靠性。农产品质量安全追溯系统应确保追溯信息和数据的安全性与可靠性。追溯系统功能的实现以真实的追溯信息和数据为基础。为了保障追溯信息和数据的真实准确和系统安全连续运行，必须制定权责明确的法律法规、加强监管、加大技术研发，并引入检验认证等其他相关保障制度。尤其是对于电子数据的记录和存储，应建立数据备份机制，明确存储时限，采用权限管理，实现防篡改、完整性保护和有效性验证功能，防止数据泄露。电子数据交换和传输应提供接入验证机制和隐私保护功能，保证交换数据的有效性和安全性。

第四，开放延展性。随着农产品质量安全追溯的逐步实施和信息科技的不断发展，追溯系统应具有开放延展性，可以不断改进和更新升级。随着人们生活方式逐渐改变，农产品供应链也日益复杂化，农产品具有越来越多的不确定风险，市场环境充满变化。农产品质量安全追溯系统的建设应考虑未来可能面临的系统功能需求变化和技术革新，确保软硬件系统升级扩展的可能性。另外，可以进行系统实施评价，制定评价的目标、标准和范围，根据评价结果，主动采取改进措施，不断更新完善追溯系统。

第五，操作方便性。为了推广应用农产品质量安全追溯系统，追溯系统应简单易学，方便操作。由于农产品供应链各环节主体都是追溯系统的参与主体，系统设计应考虑不同主体的差异性，例如，我国农业生产环节的主体是从事种植和养殖的农户，他们具有分散、老龄化和受教育程度不高的特点，复杂的追溯系统将不利于追溯系统的应用。为此追溯系统应采取简洁化、规范化和清晰化的逻辑步骤和操作步骤，确保追溯系统的易用性和适用性，从而提高追溯信息的使用效率与实用性。

3.1.2 系统要素、结构和功能

为了实现防范农产品质量安全风险，保障农产品安全和增值农产品质量的目标，农产品质量安全追溯系统是由参与主体、追溯单元、追溯信息和追溯关键技术四个要素构成的有机整体，具有信息采集、信息管理和信息服务等功能。

3.1.2.1 系统要素

农产品质量安全追溯系统包括四个关键要素：参与主体、追溯单元、追溯信息和追溯关键技术。

第一，追溯参与主体。随着农产品供应体系的日益复杂化，农产品供应链各环节的质量安全风险增加，农产品供应链各环节主体的行为选择影响农产品质量安全。为了及时发现农产品质量安全问题，明确问题责任主体，农产品质量安全追溯系统应覆盖种植、生产加工、包装、仓储、运输、配送、销售和消费（使用）供应链全过程，以供应链各环节主体为追溯参与主体，包括农资供应商、农户、农产品生产加工企业、仓储企业、物流企业、销售企业以及消费者，同时，政府作为农产品质量安全监管者，第三方机构作为农产品质量安全的认证者，在保障农产品质量安全的同时，管理追溯信息，最大限度地维护追溯信息本身的准确、真实和可靠，也是农产品质量安全追溯的参与主体。追溯参与主体既是追溯信息的提供者也是使用者。追溯参与主体需要将农产品供应链各环节的与质量安全相关的信息进行记录并提交传递，以监控农产品流向，便于通过追溯和追踪来识别问题产品和实施召回，以及时发现潜在的安全问题和明确事故责任，避免或减少事故危害，提高消费者信心，同时降低对供应链上其他追溯参与者的负面影响。以苹果为例，供应链各环节相应的追溯参与主体如图 3-1 所示。

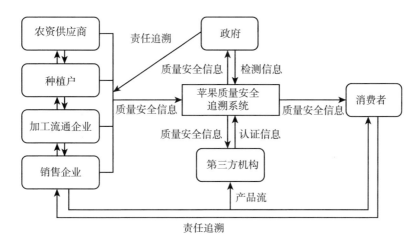

图 3 - 1　苹果质量安全追溯系统及参与主体

第二，追溯单元。根据《重要产品追溯　产品追溯系统基本要求》（GB/T 38158—2019），在农产品质量安全追溯系统中，追溯单元是指需要对其历史、应用情况或所处位置的相关信息进行记录、标识并可追溯的单个产品、同一批次产品或同一品类产品。追溯单元是农产品质量安全追踪和溯源的对象，确保其唯一性是实现信息记录和追溯识别的基础。因此，农产品质量安全追溯系统建设过程中，根据不同农产品的特点和质量安全参数，确定追溯单元非常重要，它决定了农产品质量安全追溯的精度，而且，追溯单元的标识和转化也是追溯单元管理的重要内容。以苹果为例，供应链各环节相对应的追溯单元如图 3 - 2 所示：生产环节，同一个果园或者同一个地块的苹果可以被视为追溯单元，也可以直接追溯到苹果树；加工包装环节，苹果经过清洗、杀菌、烘干和分级，不同等级的苹果以箱为单位分装，再合成为货运包装箱苹果，该环节也可以将单个苹果视为追溯单元；存储环节，箱装和货运包装箱苹果都可以作为追溯单元，该环节的苹果也可能直接按照运输需要，分托盘、卡车或是货船进行储存，所以以这些运输工具为批次储存的苹果也可以合成为一个追溯单元；运输环节，同一个运输批次中同一个运输工具运输的苹果可以转化为一个追溯单元；销售环节以苹果单品或者零售包装苹果为追溯单元。

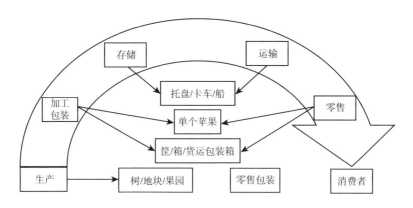

图 3 - 2 苹果供应链各环节及相应追溯单元

第三，追溯信息。追溯信息是追溯系统记录、传递、存储和管理的重要内容，是农产品出现质量安全问题时进行追溯的依据。据《重要产品追溯 产品追溯系统基本要求》（GB/T 38158—2019），追溯信息包括基本追溯信息和扩展追溯信息。基本追溯信息是指有效链接追溯系统各参与主体的必要信息，例如，参与主体备案信息、产品名称、代码、追溯单元、追溯码等。扩展追溯信息是指与产品追溯相关的其他信息，例如，质量认证等产品质量或用于商业目的的信息。基本追溯信息主要用于身份识别，扩展追溯信息则具有增值作用。

以苹果为例，供应链各环节相对应质量安全风险和追溯信息如表 3 - 1所示。在苹果供应链中，自然环境和非人为的技术不确定性，以及生产经营者的机会主义行为都可能造成苹果的质量安全风险，消费者食用后会对人体健康造成危害，这些不利的危害包括生物、物理和化学危害。在种植环节，产地的空气可能含有硫化物，土壤和水可能含有农药残留以及砷、汞、镉等重金属危害。生产过程开始前，购买的种苗可能受到病原微生物或病毒感染。种植过程中，防治病虫害，可能导致农药残留超标和重金属危害，化肥施用造成砷、铅等重金属危害，套袋栽培技术虽然能够解决苹果外观品质，并降低农药残留，但是仍可能无法缓解重金属砷超标的危害，尤其在果袋质量不规范的情况下，难以避免产生苹果质量安全风险（李海飞等，2019）。采后清洗消毒残留的消毒剂会造成化学危害。存储、运输和销售环节，如果存储堆放、运输不当，销售环境不卫生，苹果受到病菌感染后，容易腐烂，造成微生物繁殖，产生生物危害。除了基本产品信息，根据不同供应链节点的质量安全危害，苹果质量安全追溯信息包括产地信息、生产信息、采后处理信息、存储信息、运输信息和销售信息。

表3-1　　　　　　　　苹果供应链质量安全风险与追溯信息

供应链环节	追溯信息	追溯信息要素	风险内容	危害类别
种植	产品信息	产品名称、代码、系统生成的编码、认证信息	—	—
	产地信息	产地代码、种植者档案、空气、气象、土壤、水质、周边环境检测信息	农药残留、重金属	化学危害
	生产信息	产前：种苗 产中：套袋栽培，化肥、农药等投入品 产后：采摘人员、采摘时间、采摘数量、采后处理等信息	病原微生物、病毒、农药残留、重金属	生物危害、化学危害
存储/加工	采后处理信息	加工企业及责任人信息；清洗、分级、包装的批次、日期、设施、投入原料及负责人信息；质检人员和检测结果信息	清洗剂、消毒剂、果蜡、包装材料、异物污染	化学危害、物理危害
	存储信息	存储位置、日期、设施以及仓库温度、湿度和卫生等存储环境信息	果腐病菌等微生物、异物污染	生物危害、物理危害
流通	运输信息	运输企业、工具、日期、数量、起止地点以及温度、湿度和卫生等运输环境信息	果腐病菌等微生物、异物污染、颠簸碰撞	生物危害、物理危害
销售	销售信息	销售商、销售日期、数量、销售包装和销售环境信息	微生物病原体、掺杂使假	生物危害、物理危害

注：依据《农产品质量安全追溯操作规程 水果》，苹果产前、产中和产后的质量标准体系。

第四，追溯关键技术。追溯关键技术将追溯参与主体、追溯单元和追溯信息有机融合，为农产品质量安全追溯系统的建设和实施提供有效的技术支撑。与基于纸质记录的追溯相比，基于互联网的追溯关键技术提高了追溯的精度和速度，同时也降低了追溯的时间成本（Qian et al.，2012）。根据其在追溯系统中的功能，追溯关键技术可以分为：追溯信息采集技术、存储与交互管理技术、防伪加密技术。其中，追溯信息采集技术涉及追溯单元标识技术、环境信息采集技术、位置信息采集技术。追溯单元标识技术包括：条码识别技术、射频识别（radio frequency identification，RFID）技术和近场通信（near field communication，NFC）技术等物理识别技术，分子标记和 DNA 指纹分析技术等生物特征识别技术，以及矿物元素分析技术、有机成分分析技术和稳定同位素技术等化学手段识别技术。环境信息采集技术包括无线传感网络（wireless sensor networks，WSN）、时间温度指示器（time temperature indicator，TTI）和机器视觉技术等。位置信息采集技术包括全球定位系统（global positioning system，GPS）等。追溯信息存储与交互管理技术包括数据库、云计算、软件开发技术、数据交互与传输技术等。防伪加密技术包括区块链技术等。一些追溯系统关键技术被运用于水果质量安全追溯系统设计的研究，也被专门用于苹果质量安全追溯系统构建的研究（见表 3-2）。

表 3-2 　　　　　　　　水果/苹果追溯系统关键技术研究

作者（年份）	农产品	追溯信息要素	关键技术
李松涛等（2019）	苹果	条码识别技术	追溯单元标识技术
杨君等（2011）	水果	射频识别（RFID）技术	追溯单元标识技术
孙旭（2016）	水果	近场通信（NFC）技术	追溯单元标识技术
吉拉尼等（Gilani et al.，2018）	水果	DNA 指纹分析技术	追溯单元标识技术
张等（Zhang et al.，2019）	苹果	矿物元素分析技术	追溯单元标识技术
庞荣丽等（2018）	水果	稳定同位素技术	追溯单元标识技术
杰德曼等（Jedermann et al.，2006）	水果	无线传感网络（WSN）	环境信息采集技术
瓦尼苏科姆巴等（Wanihsuksombat et al.，2010）	水果	时间温度指示器（TTI）	环境信息采集技术
黄永霞（2017）	苹果	全球定位系统（GPS）	位置信息采集技术
张士前等（2012）	苹果	数据库	存储与交互管理技术
王姗姗（2019）	苹果	软件开发技术	存储与交互管理技术
宋宝娥（2015）	苹果	数据交互与传输技术	存储与交互管理技术
刘莲和余伟（2019）	水果	区块链	防伪加密技术

3.1.2.2 系统结构

为了实现物流可追踪、信息流可追溯，由追溯单元、追溯信息、追溯关键技术和参与主体四个要素有机结合构成了农产品质量安全追溯系统（见图3-3）。根据系统编码标准，通过信息采集标识技术将实物农产品划分为唯一可识别的追溯单元，供应链各环节的追溯单元形成可追踪的物流，构成农产品质量安全追溯系统的基础。存储、交换管理与农产品供应链各环节追溯单元相对应的追溯信息，生成与物流同步且可追溯的信息流是农产品质量安全追溯系统的核心内容。通过信息采集和存储等系统关键技术，将农产品与信息联系起来，可以实现供应链各环节农产品可追溯单元的智能化识别和管理，利用信息存储和交互管理技术可以形成连续且稳定的信息流，而防伪加密技术则有助于保障信息的真实可靠，因此系统关键技术是农产品质量安全追溯系统的纽带。农产品供应链各环节主体既是追溯系统的主要参与主体，也是追溯系统管理和服务的对象。

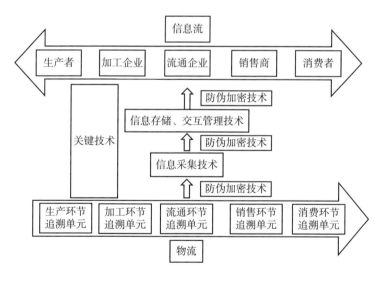

图3-3 农产品质量安全追溯系统

3.1.2.3 系统功能

农产品质量安全追溯系统通过在供应链上形成信息流缓解农产品市场的

信息不对称问题，以明确责任主体，保障农产品质量安全，其主要功能包括：第一，信息采集功能。该功能为实现农产品质量安全追溯提供支持，既包括供应链各环节生产经营者、管理者和农产品的基本信息录入，也包括生产过程控制和农产品质量控制信息的自动化与半自动化采集。第二，信息管理功能。选择统一的编码标准，进行信息交换、存储和维护，追溯系统利用信息管理保证追溯信息的连续性和有效性。第三，信息服务功能。通过追溯平台，追溯系统实现了信息共享，为生产经营者、监管部门和消费者提供农产品追溯信息查询服务，进而缓解农产品质量安全信息不对称问题。

▶ 3.2 农产品质量安全追溯体系分析

具有完善结构的可追溯体系是农产品质量安全追溯实现信息透明、责任追溯、质量和安全保证功能的内在依据。完整的农产品质量安全追溯体系应该包括法律法规体系、组织机构体系、标准体系、追溯管理制度体系和追溯系统平台，同时，这些平台体系应该涵盖农产品各供应链环节。我国的农产品可追溯体系在不断建设和完善的过程中，本章研究苹果可追溯体系，采用截至 2023 年 12 月 31 日的相关文件和资料，从法律法规体系、组织机构体系、标准体系、追溯管理制度体系和追溯系统平台五个层面进行分析。

3.2.1 法律法规体系

法律法规体系是农产品质量安全追溯体系运行的基础。目前，我国农产品质量安全追溯相关的法律法规包括四类（见表 3-3）：法律、地方性法规、部门规章、地方性规章和规范性文件。其中，2022 年修订的《农产品质量安全法》明确规定农产品生产企业、农民专业合作社、农业社会化服务组织应当建立农产品生产记录，记录应当至少保存二年。禁止伪造、变造农产品生产记录。同时，鼓励其他农产品生产者建立农产品生产记录。未按规定建立和保存生产记录或伪造、变造农产品生产记录的，责令限期改正；逾期不改的，处二千元以上二万元以下罚款。2021 年修正的《食品安全法》规定食品生产经营者建立食品安全追溯体系，保证食品可追溯。鼓励食品生产经营者采用信息化手段采集、留存生产经营信息，建立食品安全追溯体系。国务院食品安全监督管理部门会同国务院农业行政等有关部门建立食品安全全程追溯协作机制。《国务院关于加强食品安全工作的决定》和《食用农产品市场销售质量安全监督管理办法》等规范性文件和部门规章也都有涉及农产品质量安全追溯相关内容，其中，2016 年农业部印发实施《关于加快推进农产品质量安全追溯体系建设的意见》，开展追溯管理试点应用，先行开展区域试运行和农产品种类试点，分步推广应用，逐步扩大追溯范围。选择苹果、茶叶、猪肉、生鲜乳、大菱鲆等几类农产品统一开展追溯试点。而且为了加强农产品质量安全监管，建立农产品质量安全追溯体系，一些地区也制定了相应的法规和规章，如山东等七省制定了《农产品质量安全条例》，对农产品质量安全可追溯制度、数据平台以及追溯体系等相关内容作出规定。上海先后颁布了《上海市食用农产品安全监管暂行办法》和《上海市食品安全信息追溯管理办法》，浙江、甘肃和福建等地相继制定实施《农产品质量安全追溯管理办法（试行)》和《食品安全信息追溯管理办法》等地方性规章。

表 3 - 3　　　　　　农产品质量安全追溯相关法律法规

颁/公布时间	名称	类型	主要内容
2022 年 9 月 2 日	中华人民共和国农产品质量安全法	法律	规定农产品生产企业、农民专业合作社、农业社会化服务组织应当建立农产品生产记录，以及违规的法律责任
2021 年 4 月 29 日	中华人民共和国食品安全法	法律	规定国家建立食品安全全程追溯制度和召回制度
2012 年 6 月 23 日	国务院关于加强食品安全工作的决定	规范性文件	提出建立健全农产品质量安全追溯体系
2017 年 9 月 27 日	关于印发《关于开展重要产品追溯标准化工作的指导意见》的通知	规范性文件	明确食用农产品追溯标准编制应该包括的供应链环节和标准内容

续表

颁/公布时间	名称	类型	主要内容
2011 年 5 月 27 日	山东省农产品质量安全条例	地方法规	规定建立健全农产品质量安全监测制度和质量追溯制度
2017 年 3 月 31 日	辽宁省农产品质量安全条例	地方法规	规定建立农产品质量安全管理工作数据平台，健全农产品质量安全全程追溯体系
2018 年 12 月 1 日	海南省农产品质量安全条例	地方法规	规定县级以上农产品质量安全监督管理部门应当组织建立农产品来源和质量安全信息可追溯系统
2019 年 3 月 28 日	甘肃省农产品质量安全条例	地方法规	规定县级以上人民政府农业农村行政主管部门和市场监督管理部门负责农产品质量安全全程追溯管理工作
2020 年 9 月 29 日	安徽省农产品质量安全条例	地方法规	规定县级以上人民政府农业农村主管部门应当对重大农产品质量安全问题进行追溯
2021 年 9 月 29 日	江苏省农产品质量安全条例	地方法规	规定建立和完善农产品质量安全可追溯制度
2023 年 9 月 22 日	山西省农产品质量安全条例	地方法规	规定推广应用农产品质量安全追溯管理信息平台
2008 年 6 月 2 日	农业部办公厅关于印发《农垦农产品质量追溯系统建设项目管理办法（试行)》的通知	部门规章	规范农垦农产品质量追溯系统建设项目管理
2015 年 3 月 11 日	食品召回管理办法	部门规章	规定不安全食品的停止生产经营、召回和处置及其监督管理。适用于进入批发、零售市场的食用农产品
2015 年 12 月 8 日	食用农产品市场销售质量安全监督管理办法	部门规章	规定销售者承担进货查验义务，建立食用农产品进货台账，记录和凭证保存期限不得少于 6 个月
2016 年 6 月 21 日	农业部关于加快推进农产品质量追溯体系建设的意见	部门规章	就加快推进全国农产品质量安全体系建设工作提出实施意见
2017 年 6 月 23 日	农产品质量安全追溯管理办法（试运行地区试行)	部门规章	规范农产品质量安全追溯，包括追溯实施和运行管理
2018 年 11 月 27 日	农业农村部关于农产品质量安全追溯与农业农村重大创建认定、农业品牌推选、农产品认证、农业展会等工作挂钩的意见	部门规章	规定与农业农村重大创建认定、农业品牌推选、农产品认证、农业展会等相关的农产品必须实行追溯管理，推进农产品质量安全追溯实施，提高农产品追溯覆盖面

续表

颁/公布时间	名称	类型	主要内容
2021 年 7 月 29 日	农产品质量安全信息化追溯管理办法（试行）	部门规章	指导和规范食用农产品追溯体系建设和运行管理
2001 年 7 月 23 日	上海市食用农产品安全监管暂行办法	地方规章	规定建立食用农产品安全卫生质量跟踪制度
2014 年 1 月 29 日	甘肃省农产品质量安全追溯管理办法（试行）	地方规章	规定建立农产品质量安全追溯体系。在本省从事农产品生产、收购、储存、运输等相关活动的生产者和经营者
2015 年 7 月 27 日	上海市食品安全信息追溯管理办法	地方规章	规定在本市行政区内生产、流通和餐饮环节实施食品和食用农产品信息追溯管理
2016 年 12 月 29 日	浙江省农产品质量安全追溯管理办法（试行）	地方规章	规定建立农产品质量安全追溯体系。规定规模以上主体生产的农产品实施质量安全追溯
2017 年 12 月 29 日	福建省食品安全信息追溯管理办法	地方规章	规定在本省生产、流通和餐饮服务环节的食品和食用农产品实行一品一码的安全信息追溯制度
2020 年 7 月 30 日	甘肃省食品安全信息追溯管理办法	地方规章	规定建立健全食品、食品添加剂、食用农产品生产经营全链条可追溯体系。在本省范围内食品生产经营者应按规定开展食品安全信息追溯

　　我国还未形成农产品质量安全追溯相关的完整的法律体系。首先，没有基于农产品追溯而专门制定的基本法律或法律条款。虽然《农产品质量安全法》和《食品安全法》分别对农产品生产者和经营者须保持生产和销售记录作出规定，但缺少从种植环节到销售环节，农产品供应链各环节的生产经营信息的采集和留存等涉及农产品追溯的专门条款。同时，在主体管理、主体责任、监督管理和处罚措施等权责分配方面还未进行清晰地界定。其次，缺少不同种类农产品质量安全追溯的具体实施法规。法律基础不完善将无法明确追溯权责，影响农产品质量安全信息透明性、完整性、真实性和追溯效能。

3.2.2 管理制度体系

管理制度体系是农产品质量安全追溯体系的核心。信息主体管理、信息采集、信息化追溯平台、风险信息预警、追溯凭证和包装标识等追溯管理制度相互联系、共同作用，决定着农产品信息可查询和责任可追究功能，以及提高农产品质量安全水平目标的实现。

目前，我国已建立部分农产品追溯管理试运行制度。考虑到农产品质量安全追溯体系是一项系统工程，我国农产品质量安全追溯采用试点再推广的方式，先行开展区域试运行和农产品种类试点，再逐步推广到全国。我国制定的农产品追溯管理制度主要为试行制度，包括《农产品质量安全追溯管理办法（试运行地区试行）》《农产品质量安全信息化追溯管理办法（试行）》《国家农产品质量安全追溯管理信息平台运行技术指南（试行）》《国家追溯平台主体注册管理办法（试行）》《全国试行食用农产品合格证制度实施方案》等制度。第一，《农产品质量安全追溯管理办法（试运行地区试行）》对追溯系统各主体管理作出规定。农产品生产经营主体负有信息采集和传递的义务，以及信息和信息标识真实、信息与实物相符的义务。县级以上人民政府农业行政主管部门应采集监管、监测和执法信息，并利用追溯平台大数据信息提高农产品质量安全风险预警和分析决策能力。鼓励消费者查询信息，进行社会监督。第二，根据信息采集主体和信息类型，国家追溯平台信息采集包括农产品信息、业务信息和预警信息三类。其中农产品采集信息包括产地、生产、加工、包装、储运、销售、检验检测等环节的操作时间、地点、责任主体、产品批次、质量安全相关内容。仅对加入地方或行业追溯平台的农产品生产经营者，要求填报投入品使用、农事操作等生产过程信息。而加入国家追溯平台的农产品生产经营者，只需要如实填报产品名称、来源、数量等基本追溯信息。各级农产品质量安全监管机构、检测机构和执法机构采集上传的监管、执法、监测等业务信息。而且《农产品质量安全追溯管理风险预警指标体系规范（试行）》规定了农产品质量安全风险预警信息发布，包括监测风险、追溯风险和社会舆情风险。在国家农产品质量安全追溯管理信息平台中，检测机构不仅出具监测数据，风险预警的评估还将追溯系统记录产品流向发现的追溯风险，以及系统内记录或系统外市场和社会反馈的风险信息包括在内，从而使预警信息发布覆盖更加全面。第三，建设农产品追溯管理平台和追溯服务平台，采集、处理、汇总分析追溯信息，并提供信息查询服务。追溯管理平台可以由国家级追溯管理平台、省级追溯管理平台、地市级追溯管理平台等构成。追溯服务平台可以包括政府服务平台、行业企业服务平台、公众服务平台等。目前，《重要产品追溯—追溯管理平台建设规范》提出对省（区、市）政府部门建设的农产品追溯管理平台的要求，平台设计应满足各类数据资源的共享性和互联互通性、平台功能的扩展升级性、追溯系统平台的安全性和人机交互界面的友好性。为了实现对食用农产品追溯数据和业务的统一管理，重要产品追溯管理平台总体架构应由基础设施层、数据资源层、应用支撑层、应用层、交互层、平台运行维护保障体系和平台安全保障体系组成。第四，考虑到我国农业生产以小规模农户为主，除了电子追溯，追溯标签也可以采用包装说明、标签标识、合格证明、自我承诺等纸质信息形式。追溯标签是指由农产品追溯体系提供的、含有农产品质量安全追溯信息的载体。不同主体构建的农产品追溯平台系统对追溯标签的规定和要求不同，追溯标签的具体形式各异。例如，目前国家农产品质量安全追溯体系提供的标签内容包括："国家农产品质量安全追溯"字样和公共图标、追溯二维码、追溯基本信息等。而且根据不同应用场景，追溯标签分为追溯标识、追溯凭证和入市追溯凭证。《农产品质量安全信息化追溯管理办法（试行）》指出国家追溯平台可以生成自带二维码的农产品追溯标签和食用农产品合格证两种凭证，供农产品生产经营者自主选择。农产品在产出或组合时，应当在产品包装上加施追溯标识。交易流通时，产品包装未改变的，不重复加施追溯标识。而没有加施追溯标识的产品，需提供追溯凭证。农产品在进入销售环节时，农产品生产经营者应当提供入市追溯凭证。

目前我国农产品追溯体系仍处于建设发展阶段，虽然建立了信息主体管理、信息采集、信息化追溯平台、风险信息预警、追溯凭证和包装标识等追溯管理试行制度，但整个农产品质量安全追溯管理制度体系仍有待完善和细化。首先，主体管理制度不明确，影响追溯信息质量。为保证追溯信息的真实、准确和可靠，追溯管理制度规定了各环节生产经营责任主体需签订追溯协议，如实填报上传农产品质量安全信息。追溯体系主体采集信息、传递信息和杜绝信息造假的义务，如不依照规定履行义务，责令其限期改正，逾期不改正的，注销其用户账号。但并未明确违反规定的生产经营者应承担的责任。对于追溯信息负有监管责任的主管部门和执行部门的权责，以及失职行为的问责也没有明确规定。而且，缺少消费者评价投诉信息的相关管理规定。其次，目前由于农业投入环节管理不完善，会影响我国苹果追溯信息的完整性和责任可追溯功能。最后，目前我国农产品质量安全追溯系统信息还未形成明确的管理制度体系架构。我国农产品追溯体系主要采取政府推动和市场引导相结合的原则，有政府主导和企业主导两种追溯系统。为了防止问题农产品出现后，加大监管惩罚力度的灭火式监管，需要明确对不同种类农产品、不同追溯体系、不同主导形式、强制还是自愿性质等规定，完善追溯系统管理和发展的架构。

3.2.3　组织和监管机构体系

组织和监管机构体系是农产品质量安全追溯体系运行管理的主体和保障。根据《农产品质量安全追溯管理办法（试运行地区试行）》规定和《农产品质量安全信息化追溯管理办法（试行）》，农业农村部负责全国农产品质量安全追溯管理工作。编制全国农产品质量安全追溯体系建设规划，组织制定追溯管理制度和技术标准，建立全国统一的国家追溯平台，统一追溯标识，完善全程追溯协作机制。农业农村部农产品质量安全监管司组织实施农产品质量安全追溯监督管理有关工作，指导农产品质量安全监管体系、检验检测体系和信用体系建设，承担农产品质量安全追溯等相关工作。农业农村部农产品质量安全中心负责农产品质量安全追溯的组织实施、运行管理和综合协调，并承担国家追溯平台的建设管理和运行维护等工作。县级以上地方人民政府农业行政主管部门应当组织本地区农产品生产经营者使用国家追溯平台，开展责任主体和产品流向的追溯管理。县级以上地方追溯监督检查和考核，由上级农产品质量安全监管机构协调相关单位组织人员进行。在此基础上，县级以上地方人民政府农业行政主管部门应当加强与同级市场监督管理部门和商务部门协调配合，推动建立农产品入市索取追溯凭证制度。

根据以上分析可知，从种植环节到销售环节，农产品质量安全追溯的管理机构、实施运行机构和监管机构的组织机构体系基本明确。然而目前我国农产品质量安全追溯监管以部门内监管为主，鼓励公众参与监督，缺少第三方认证。为了保障追溯信息记录的及时性、内容的完整性、记录的正确性，需要第三方认证机构对农产品质量安全追溯管理进行检查认证。我国目前已建立的农产品管理体系认证包括：食品安全管理体系认证、危害分析与关键控制点认证、乳制品生产企业危害分析与关键控制点（HACCP）体系认证，以及乳制品企业良好生产规范认证，还没有将农产品质量安全追溯体系认证包括在内。[①] 根据农业农村部的相关规定，质量安全追溯管理的检查分为自查和监督检查。[②] 自查是指生产经营者和监管机构对农产品质量安全追溯管理制度的实施情况、国家追溯平台的操作情况、农产品质量安全控制情况、不合格农产品的处置和改进情况进行自查。监督检查是指由上级农产品质量安全监管机构协调相关单位，对生产经营者的追溯信息记录、传递和问题产品处置等进行的检查。监督机构的设置难以实现有效约束。

3.2.4　标准体系

农产品质量安全追溯标准体系由农产品种类、内容、层级和追溯环节

[①] 国家认证认可监督管理委员会全国认证认可信息公共服务平台，http：//cx. cnca. cn/CertECloud/index/index/page。

[②] 《农业农村部办公厅关于在全国试行〈农产品质量安全追溯管理专用术语〉等11项技术规范的通知（3）》，http：//www. moa. gov. cn/nybgb/2019/201908/202003/t20200323_6339691. htm。

四维结构组成，是农产品质量安追溯体系运行的依据。目前，我国发布的苹果质量安全追溯相关的追溯标准 12 项，其中，管理类标准 6 项，技术类标准 6 项。截至 2023 年 12 月，我国现行有效的苹果质量安全标准共 90 项，其中，国家标准（GB）14 项，农业行业标准（NY）37 项，林业行业标准（LY）2 项，农、林、牧、渔业标准（GH/T）1 项，出入境检验检疫行业标准（SN）14 项，国内贸易行业标准（SB）2 项，地区标准（DB）19 项，其他标准（BJS）1 项。① 苹果质量安全标准体系中质量安全认证标准 15 项。因为对于消费者而言，大部分苹果质量安全推荐性标准无法传递产品质量安全信息，只有经过政府或第三方机构认证的苹果，其质量安全信息能够以证书和认证标志等形式传递给消费者。因此，由追溯标准和质量安全认证标准组成的苹果质量安全追溯相关标准体系中，国家标准 12 项、行业标准 13 项、地区标准 1 项、其他 1 项（见表 3 - 4）。苹果质量安全追溯标准体系应涵盖农产品的种植、加工、运输贮存和销售等环节。

表 3 - 4　　　　　　　　　苹果质量安全追溯相关标准体系

标准	标准分类	标准名称	编码	涉及环节
追溯标准	管理类标准	农产品追溯要求 果蔬	GB/T 29373—2012	全程
		农产品质量安全追溯操作规程 通则	NY/T 1761—2009	全程
		果品质量安全追溯系统建设 实施指南	DB13/T 1159—2009	全程
		重要产品追溯 追溯管理平台建设规范	GB/T 38157—2019	全程
		重要产品追溯 产品追溯系统基本要求	GB/T 38158—2019	全程
		重要产品追溯 追溯体系通用要求	GB/T 38159—2019	全程
	技术类标准	农产品产地编码规则	NY/T 1430—2007	全程
		农产品追溯编码导则	NY/T 1431—2007	全程
		农产品质量追溯信息交换接口规范	NY/T 2531—2013	全程
		重要产品追溯 核心元数据	GB/T 38154—2019	全程
		重要产品追溯 追溯术语	GB/T 38155—2019	全程
		重要产品追溯 交易记录总体要求	GB/T 38156—2019	全程

① 全国农业食品标准公共服务平台，https：//www.sdtdata.com/fx/fmoa/tsLibIndex。

续表

标准	标准分类	标准名称	编码	涉及环节
质量安全认证标准	良好农业规范（GAP）认证	农场基础控制点与符合性规范	GB/T 20014.2	生产环节
		作物基础控制点与符合性规范	GB/T 20014.3	生产环节
		水果和蔬菜控制点与符合性规范	GB/T 20014.5—2013	生产环节
	危害分析与关键控制点（HACCP）体系认证	危害分析与关键控制点（HACCP）体系认证要求（V1.0）	—	初级加工、运输和销售环节
	食品安全管理体系（ISO）认证	食品安全管理体系 食品链中各类组织的要求	GB/T 22000/ISO 22000	初级加工（包括原料来源）、运输和销售环节
	绿色食品认证	绿色食品 温带水果	NY/T 844—2017	生产、包装、运输和贮存环节
	有机食品认证	绿色食品 苹果	NY/T 268—1995	生产环节
		绿色食品 产地环境质量	NY/T 391—2021	生产环节
		绿色食品 农药使用准则	NY/T 393—2020	生产环节
		绿色食品 肥料使用准则	NY/T 394—2023	生产环节
		绿色食品 包装通用准则	NY/T 658—2015	生产环节
		绿色食品 产品检验规则	NY/T 1055—2015	生产环节
		绿色食品 贮藏运输准则	NY/T 1056—2021	运输环节
		有机产品 生产、加工、标识与管理体系要求	GB/T 19630	生产环节
		有机苹果生产质量控制技术规范	NY/T 2411—2013	生产环节

注：初级加工环节包括分级、包装和保鲜；初级加工和运输环节包括清洁和消毒、运输、贮存和分销。

与苹果相关的追溯标准包括追溯管理类标准和追溯技术类标准。《农产品追溯要求 果蔬》专门对果蔬供应链可追溯体系的构建和追溯信息的记录要求作了规定，适用于果蔬供应链中各组织可追溯体系的设计和实施。《农产品质量安全追溯操作规程 通则》规定了农产品质量安全追溯的术语与定义、实施原则与要求、体系实施、信息管理、体系运行自查、质量安全问题处置，适用于农产品质量安全追溯体系的建立与实施。《重要产品追溯 产品追溯系统基本要求》《重要产品追溯 追溯体系通用要求》和《重要产品追溯 追溯管理平台建设规范》对产品追溯系统、体系和平台建设制定了基本要求，也适用于农产品追溯。《果品质量安全追溯系统建设 实施指南》为河北省针对果品追溯的综合标准。《农产品产地编码规则》《农产品追溯编码导则》《农产品质量追溯信息交换接口规范》《重要产品追溯 追溯术语》《重要产品追溯 核心元数据》《重要产品追溯 交易记录总体要求》则对追溯信息、数据元规则、追溯编码、数据采集格式及数据接口协议等追溯核心技术进行了规定。

与苹果相关的质量安全认证标准包括安全认证标准和质量认证标准。安全认证旨在降低微生物、化学性和物理性危害导致农产品危险。我国苹果安全认证包括食品安全管理体系认证（ISO）、危害分析与关键控制点认证（HACCP）和良好农业规范（GAP）。国家认证认可监督委员会负责三种认证相关认证制度、技术规范的研究与拟定，承担良好农业规范认证规划计划的编制与组织实施。2021 年发布了新版《食品安全管理体系（ISO）认证实施规则》和《危害分析与关键控制点（HACCP）体系认证实施规则》。《良好农业规范认证实施规则》仍沿用 2014 年版。苹果 ISO 认证涵盖苹果的清洁和消毒等初加工环节，以及运输、贮存和分销等运输贮存环节，认证主要依据：《食品安全管理体系 食品链中各类组织的要求》。苹果 HACCP 认证涉及苹果分级、包装、保鲜等初加工环节，以及运输和销售环节，认证主要依据：《危害分析与关键控制点（HACCP）体系认证要求（V1.0）》。苹果 GAP 认证依据：《水果和蔬菜控制点与符合性规范》、《农场基础控制点与符合性规范》和《作物基础控制点与符合性规范》3 项生产环节标准。农产品质量认证在安全保证的基础上，按照生态环境保护标准、农业投入品标准、生产操作规程、产品标准、包装贮运标准等标准要求，保证或提高农产品质量和环境质量。我国绿色食品认证和有机食品认证属于农产品质量认证范畴。苹果绿色食品认证依据：《绿色食品 温带水果》《绿色食品 苹果》《绿色食品产地环境质量》等 8 项标准，包括生产和运输环节。有机苹果认证依据包括：《有机苹果生产质量控制技术规范》和《有机产品生产、加工、标识与管理体系要求》，具体而言，绿色和有机苹果认证主要包括生产环节的产地认定。

我国苹果追溯标准体系的结构有待完善，与国际国外先进标准存在差距。首先，虽然农业农村部办公厅发布了关于在全国试行《农产品质量安全追溯管理专用术语》等 11 项技术规范的通知，但农产品分类、编码标识、操作规范、评估评价等农产品追溯管理基础共性内容还未形成行业标准。同时缺少针对不同农产品类别的标准细则。其次，农产品追溯技术标准内容还不完善，还未形成数据采集格式、应用支撑、网络安全等类别的追溯技术标准。最后，我国苹果质量安全认证体系未与国际标准完全接轨，缺少苹果供应链全程质量安全认证标准。ISO 和 HACCP 仅以苹果安全管理体系认证为认证对象。我国 GAP（China GAP）认证主要参照欧洲零售商协会 GAP（EUREPGAP）标准制定。但不同于 EUREPGAP 标准包括农产品安全、环境保护、工人福利以及动物福利 4 个方面要求，以及美国 GAP（USAGAP）标准，分析并控制整个农产品供应链中微生物危害分析和控制潜在危害，目前我国 GAP 仅关注生产环节的微生物危害控制。绿色食品和有机食品两种产品质量认证还未完全实现与国际接轨并互认[1]。而在全球范围广泛应用的 HACCP、GAP、ISO 等认证体系不仅针对农产品安全进行认证，对农产品供应链各环节中环境、员工福利等方面提出认证要求。但目前我国这三种认证体系只在安全标准方面开展认证，还未与国际通行的质量标准一致，对工人福利、动物福利等农产品质量标准进行相关认证。

3.2.5　追溯系统平台

农产品质量安全追溯平台以追溯信息系统为基础，为信息采集、信息

---

① 中国与新西兰签署有机产品认证互认协议，http://www.gov.cn/xinwen/2016 - 11/15/content_5132720.htm；全球良好农业规范（GLOBAL G.A.P），http://www.cnca.gov.cn/zl/gjhzyjl/dbjlhz/202007/t20200710_59116.shtml；中国与丹麦签署认证认可领域及有机产品合作谅解备忘录，https://www.chinanews.com/cj/2017/05 - 04/8215586.shtml。

查询、数据共享和分析决策提供服务和管理终端，是农产品质量安全追溯体系的重要组成部分。一方面，为了落实生产经营主体责任和产品质量安全监管，农产品质量安全追溯平台需要具备追溯信息汇总、处理与综合分析利用等功能，并支持对接入的追溯系统运行情况进行监测评价。首先用户能够通过追溯平台将农产品生产各环节追溯信息录入追溯系统，建立统一全面的追溯信息数据库，实现信息资源共享。同时为了保证信息源的连续稳定和真实可靠，追溯平台能够支持专门机构和技术部门进行业务监控与技术监控。而且基于数据库信息，建立农产品质量安全指标体系，追溯平台能够为用户提供农产品质量安全数据分析报表。另一方面，农产品质量安全追溯平台为生产经营主体、监管部门和消费者提供查询服务，可查询追溯信息包括产品和追溯主体基本信息、产品追溯码等。多样和便捷的查询方式有助于农产品质量安全追溯平台的推广和利用，提高可追溯农产品的认知度，进而提升消费者的消费信心。

目前，我国已建立起一批农产品质量安全追溯管理平台，其中国家级平台包括国家农产品质量安全追溯管理信息平台、国家重要产品追溯体系和农垦全面质量管理平台。此外，山东、四川和广东 3 个省开展国家追溯平台试运行工作，其他各省也结合自己的实际情况建设追溯系统，北京、上海、江苏、海南、浙江、福建及重庆等地都有针对地域特色建立农产品质量安全追溯体系（冯杰等，2014）。而且我国大部分农产品质量安全追溯平台都提供 Web 端和移动端信息查询。消费者可通过电脑网页或手机、个人数字助理（personal digital assistant，PDA）等移动设备，登录追溯平台或使用二维码扫描软件，输入或扫描产品追溯码，查询农产品质量安全信息。

 ## 3.3　苹果质量安全追溯发展

随着人们对苹果质量安全的重视，实施苹果质量安全追溯成为满足市场需求、苹果产业提质增效健康发展的必然选择。自 2004 年我国开始试点建设农产品可追溯体系以来，不断扩大追溯农产品范围和品种，在农产品追溯体系构建以及苹果试点追溯系统和平台建设实践等方面取得了一些进展，但也仍存在许多问题。

3.3.1 发展现状

2004 年，国务院发布《关于进一步加强食品安全工作的决定》，明确表示开始建立农产品质量安全追溯制度。2015 年，国务院办公厅提出《关于加快推进重要产品追溯体系建设的意见》，开始分批选择试点城市，推进食用农产品追溯体系建设。2016 年农业部提出《关于加快推进农产品质量安全追溯体系建设的意见》，优先选择苹果、茶叶、猪肉、生鲜乳、大菱鲆等几类农产品开展追溯管理试点应用。2017 年农业部制定《农产品质量安全追溯管理办法（试运行地区试行）》，规范农产品质量安全追溯。2018 年 10 月，农业农村部印发《关于农产品质量安全追溯与农业农村重大创建认定、农业品牌推选、农产品认证、农业展会等工作挂钩的意见》（以下简称《追溯挂钩意见》）。《追溯挂钩意见》将在四个方面率先推进追溯强制性挂钩，以利用四个方面工作的代表性、社会影响力和品牌号召力，进一步体现追溯产品价值。其中，农产品认证工作主要包括绿色食品、有机农产品及地理标志农产品认定。与此同时，部分地区也出台了一些地方性追溯法规和规章，如上海市 2001 年发布《上海市食用农产品安全监管暂行办法》（2004 年修订），2015 年发布《上海市食品安全信息追溯管理办法》；甘肃省和浙江省分别于 2014 年和 2016 年发布《农产品质量安全追溯管理办法（试行）》；福建省 2017 年制定实施《福建省食品安全信息追溯管理办法》。我国逐步建立农产品追溯的法律法规和管理制度，为各类农产品追溯提供基本依据。

截至 2023 年年底，我国已制定农产品追溯管理类标准 6 项，追溯技术类标准 6 项，现行有效的苹果质量安全标准 90 项，其中苹果质量安全认证标准 15 项。2007 年 9 月，农业部发布《农产品产地编码规则》和《农产品追溯编码导则》，2009 年农业部发布《农产品质量安全追溯操作规程通则》，河北省制定《果品质量安全追溯系统建设 实施指南》。2012 年，国家质量监督检验检疫总局发布《农产品追溯要求 果蔬》。2013 年，农业部制定《农产品质量追溯信息交接接口规范》。2019 年，国家市场监督管理总局和中国国家标准化管理委员会发布了 6 项重要产品追溯标准，包括《重要产品追溯 追溯术语》《重要产品追溯 核心元数据》《重要产品追溯 追溯体系通用要求》《重要产品追溯 产品追溯系统基本要求》《重要产品追溯 追溯管理平台建设规范》《重要产品追溯 交易记录总体要求》。现行有效的苹果质量安全认证标准包括：良好农业规范（GAP）认证、危害分析与关键控制点（HACCP）体系认证、食品安全管理体系（ISO）认证、绿色食品认证和有机食品认证。

目前能够进行苹果质量安全追溯的追溯系统和平台包括政府主导建立和企业主导建立两种。2017 年农业农村部启动国家农产品质量安全追溯管理信息平台并上线试运行。国家追溯平台支持苹果生产经营者采集录入产品信息、批次信息、加工信息、流通信息、销售信息和各环节生成的追溯码信息等基本追溯信息，以及认证信息、生产过程信息和图片视频等扩展追溯信息。国家农产品质量安全追溯系统中追溯标识码采用农业领域 OID 编码表示追溯标识码，分为生产经营主体身份码和产品追溯码。利用 GIS 技术，在地图上查看生产经营主体信息、苹果生产情况和流向情况等信息，掌握区域苹果质量安全整体情况。系统间追溯信息的交换和处理则采用可扩展标记语言（extensible markup language）。消费者通过电脑网页输入追溯码，或通过手机端扫描二维码查询追溯信息，包括苹果生产经营者信息，产品信息，产品数量、质检情况，产品追溯码等信息，对于已完成与国家追溯平台对接的苹果生产者，还可查询该追溯苹果的内部生产过程信息，包括基地信息、栽培管理、施肥、施药等信息。苹果生产经营者可使用国家追溯系统查询已销售苹果产品的上下游主体信息、产品信息、批次信息、产品流向信息等。同时，陕西、山东、河南、山西、甘肃、辽宁、河北七大苹果主产省[①]都相继建立了农产品质量安全追溯系统和平台。

---

① 2022 年全国苹果产量 44757.2 万吨，其中，陕西、山东、河南、山西、甘肃、辽宁和河北七省苹果产量合计 4163.8 万吨，占全国苹果总产量 87.53%。资料来源：《中国农村统计年鉴 2023》，中国统计出版社。

2016年9月山东省商务厅确定在烟台开展苹果追溯项目建设，2017年10月系统正式启动运行，2018年烟台苹果质量追溯体系建设通过专家论证，成为全国首个以苹果为主体的特色农产品追溯平台。① 一些大型商超、电商，如麦德龙、沃尔玛、永辉、苏果、京东等也建立了农产品追溯系统和平台，为消费者提供包括苹果在内的农产品追溯信息查询。

3.3.2 存在问题

通过农产品质量安全追溯系统、追溯平台和追溯体系的分析，结合我国苹果质量安全追溯发展的现状，进一步探讨目前我国苹果质量安全追溯中存在的问题。

第一，作为农产品质量安全追溯体系的基础，我国追溯相关的法律法规体系尚不健全。《农产品质量安全法》还未明确将农产品追溯管理纳入法律范畴。在没有基本法律规定作为基础的情况下，也缺少对水果等不同种类农产品制定的追溯法规实施细则。

第二，目前我国追溯管理制度体系的架构还不明确，关于追溯体系主体管理，由于缺少责任和惩罚机制的制度规定，信息的真实性、准确性和可靠性无法有效保障，进而影响了责任追溯功能。不同行业部门和地方政府的追溯标识制度缺乏统一标准，标识形式多样化，标识内容不统一，增加了消费者追溯成本，影响了追溯监管效率。

第三，目前我国苹果质量安全追溯的组织和监管机构体系基本明确。但我国目前的追溯监管以部门内监管为主，鼓励公众参与监督，缺少第三方认证，影响信息质量和可信度，会影响质量安全问题责任追溯的有效实施。

第四，苹果质量安全追溯标准体系由追溯标准和质量安全认证标准构成。目前现行的追溯管理规定还没有转化成行业标准，追溯技术行业标准

---

① 《山东建设质量追溯体系 倒逼农业供给侧结构性改革》，https：//zycpzs. mofcom. gov. cn/html/guowuyuanxinxi/2018/1/1515136099025. html。

还不够完善，苹果质量安全认证体系与国际认证标准存在差距。

第五，苹果质量安全追溯系统中，追溯参与主体覆盖不全，追溯信息存在完整性、准确性和时效性等问题。目前能实现苹果追溯的生产主体局限于苹果生产经营企业、农民专业合作社和家庭农场等规模经营主体，销售主体局限于部分大型商超和电商，所以只有选择这些销售渠道的消费者能够购买到可追溯苹果。一些追溯系统提供的追溯信息记录不全面，表述不明确，一些关于生产经营主体的信息和认证信息等追溯信息更新不及时，缺乏时效性。

第六，追溯标准不一致，追溯平台不协同。由于单一的行业部门无法解决供应链全程溯源，政府各行业主管部门和企业主导建立的苹果追溯系统平台缺乏统一的信息采集和交换标准，导致数据对接和共享难度较大。苹果生产、加工、流通和销售环节跨区域普遍，但不同省市区追溯系统和平台建设发展不均衡，地方追溯平台难以解决农产品跨地域流通问题。

3.4　本章小结

本章从宏观角度，首先，对我国农产品质量安全追溯系统的设计目标和原则、构成要素、系统结构以及功能进行分析。其次，从法律法规体系、管理制度体系、组织和监管机构体系、标准体系以及追溯平台五个方面，对我国农产品质量安全追溯体系进行分析。最后，根据追溯系统和体系的构成要素和结构，对我国苹果质量安全追溯现状和问题进行分析。结果表明：

第一，为了实现防范农产品质量安全风险，保障农产品安全和增值农产品质量的目标，构建我国农产品质量安全追溯系统需遵循科学系统性、兼容共享性、安全可靠性、开放延展性和操作方便性原则。由追溯单元、追溯信息、追溯关键技术和参与主体四个要素构成的我国农产品质量安全追溯系统，应该具备信息查询、信息管理和信息服务等功能。

第二，整体而言，我国农产品质量安全追溯体系的结构基本完备，但各构成要素仍有待进一步发展。目前我国各级政府部门已开始探索制定农产品质量安全追溯的相关法律法规，但尚不健全；我国已建立农产品追溯管理试运行制度，并在一些地区开展试运行和针对一些农产品种类进行试点，追溯主体管理制度、追溯环节和制度体系架构等仍有待明确和完善；我国农产品质量安全追溯的组织机构体系基本明确，而监管机构仍需完善加强；我国现行的追溯标准体系仍有待进一步落实，并缩小与国际标准的差距；我国已建立起一批农产品质量安全追溯平台，但缺乏专业化的统一标准，阻碍了追溯监管功能的实现。

第三，我国能够进行苹果质量安全追溯的系统、平台和追溯体系建设已经取得了一些进展，但仍存在诸多问题。作为日常生产和消费的主要水果，苹果成为国家试点追溯的农产品，不仅能够通过国家、省级等政府农产品质量安全追溯系统进行质量安全追溯，还构建了以苹果为主体的特色农产品追溯系统和平台。然而，除了法律法规体系、管理制度体系、组织和监督机构体系等农产品质量安全追溯体系存在的共性问题，苹果质量安全追溯系统参与主体覆盖不全，追溯信息缺乏完整性、准确性和时效性，以及追溯标准不统一，跨地区追溯平台建设发展不均衡也都成为影响苹果追溯的重要因素。

本章基于我国农产品质量安全追溯系统和体系的构成与发展，分析了我国苹果质量安全追溯系统和体系的建设发展和管理实践的现状与存在问题，尤其是政府政策文件的支持程度，即可获得性水平。然而可获得性水平并不等于有效的运行和实施水平，以下章节将从消费者视角对农产品质量安全追溯运行状况和原因进行分析。

第4章

消费者对农产品质量安全
追溯信息价值感知

消费者感知农产品质量安全追溯信息具有价值是追溯农产品市场价值实现的前提。研究消费者对农产品质量安全追溯信息的价值感知，需要首先明确农产品质量安全追溯信息感知价值的内容及其影响因素。本章将以苹果为例，基于兰开斯特（Lancaster）消费者理论和质量感知模型，构建农产品质量安全追溯信息价值感知分析框架，利用消费者调查数据，了解消费者对农产品质量安全追溯信息价值感知的现状，采用离散选择模型揭示认知水平和信任程度，以及购买经历对农产品质量安全追溯信息价值感知的作用。本章研究结论将有助于从消费者视角理解我国追溯农产品市场推广受阻的现象及其原因，进一步分析消费者对农产品追溯信息的支付意愿，以及探究农产品追溯实施的有效性。

▶ 4.1 分析框架

根据兰开斯特（Lancaster，1966）消费者理论，产品本身不是消费者效用的来源，产品属性产生效用。因此，产品质量安全属性满足消费者质量安全需求，为消费者带来消费效用。但由于质量安全属性不可观察或甄别成本太高，导致信息不对称问题，市场机制难以有效实现不同质量安全特性农产品的分离均衡。农产品追溯体系通过收集并传递农产品供应链各环节信息，缩小客观质量安全特性和主观感知质量安全属性之间的差距，满足消费者对农产品质量安全的需求，所以追溯农产品可以被视为多种质量安全追溯信息的组合（应瑞瑶等，2016）。

　　满足市场质量安全需求的农产品质量安全追溯信息，应具有事前质量保证和事后追溯的基本功能（Hobbs，2004）。完整的农产品质量安全追溯信息不仅包括事后追溯信息，还包括认证信息、质量监测信息、动物福利、环境影响、原产地信息等质量保证信息。农产品质量安全追溯信息具有多样性和复杂性，选择何种信息供给与各国经济发展水平和对农产品质量安全重视程度相关。根据已有研究，结合目前我国市场需求，苹果质量安全追溯信息（以下简称为追溯信息）至少应包括：可追溯信息、认证信息和原产地信息。首先，与普通苹果相比，可追溯信息是可追溯苹果的基本信息。完整的可追溯信息能够实现信息透明和责任可追溯，通过减少信息搜寻成本和降低安全风险来增强消费者信任，进而提高消费者质量安全感知，解决消费者与生产者之间信息不对称问题引发的食品安全问题。在苹果供应链上任何一个环节发生质量安全问题，均可以追溯到相应环节的责任者并实施召回。其次，认证信息借助政府或第三方机构的独立性和权威性向消费者提供质量安全保证（何坪华等，2008；王永钦等，2014）。质量安全属性不可观察和难以检测的问题由此转变为认证主体的信任问题。认证信息依然需要借助声誉机制，通过影响消费者对认证主体的信任程度，进而影响消费者质量安全感知和购买决策。最后，原产地信息是消费者在苹果购买决策过程中最重要的参考线索（全世文等，2017）。苹果的甜度、硬度和果汁密度等品质特性不仅与原产地的自然环境高度相关，还与产地所在区域的安全规制环境和社会诚信程度等密切相关（吴林海等，2018）。而且与大多数农产品一样，苹果是购买频次高但价格低廉的商品，因此消费者进行日常购买决策时，原产地是搜寻成本较低的质量信息（王二朋和卢凌霄，2018）。

根据质量感知理论（Cox，1962；Olson & Jacoby，1972），从消费者感知的角度，质量信息的价值来自于它与质量属性的关系，以及预期会产生的效用。质量信息价值可以分为预测价值和信心价值两类。预测价值（predictive value）是指，消费者认为信息能够预测产品质量安全的程度，即消费者对信息功能性的态度。信心价值（confidence value）是消费者有信心能够在多大程度上正确判断和使用信息，即消费者对信息易用性的认知。其中，农产品追溯信息的预测价值，即消费者对追溯农产品质量安全信息与质量安全属性关系的判断，一方面基于消费者通过杂志、电视、网络或者家人、朋友等渠道而形成的认知，另一方面由于农产品质量安全具有难以验证的信任品属性，质量安全信息供给和传递无法自动克服其信任品属性，同样面临真实性和准确性难以验证的问题，所以对农产品质量安全的信任问题从生产经营者转向信息供给者（Albersmeier et al.，2010；Moussa & Touzani，2008）。信任程度成为影响预测价值的关键因素。信心价值即消费者能够判断和使用信息的信心（Richardson et al.，1994），消费者根据自身对这些信息的了解情况做出判断，因此其主要由认知水平决定（Olson，1972）。另外，由于消费者个体的差异性以及农产品本身的多样性和复杂性，消费感知信息价值还会受到消费者特征和农产品消费特征等多种因素的影响。

根据消费者行为中的学习理论，消费者关于产品的大部分信息均来自学习过程。基于以往购买经历，消费者通过体验学习，获取产品的相关信息，影响其对信息的反应和行为决策。而且还会根据购买经历不断做出调整，进而形成对产品和服务更加明确和稳定的认知（Wright & Lynch，1995；王鹏等，2011）。所以，消费者对于产品的认知是建立在购买体验的基础上的。因为信息价值感知是可追溯食品的一部分，因此，消费者对于食品质量相关购买经历会影响其对信息价值的感知。

结合兰开斯特（Lancaster）消费者理论、消费者行为中的学习理论和质量感知理论构造消费者对农产品追溯信息的价值感知模型（见图 4 - 1）。并提出以下两个研究假说：

H4.1：认知水平和信任程度越高，农产品追溯信息预测价值感知越高；

H4.2：认知水平越高，农产品追溯信息信心价值感知越高。

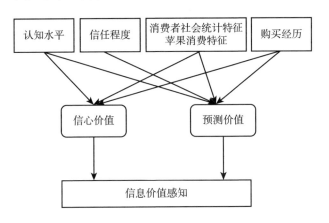

图4-1 消费者对农产品追溯信息的价值感知模型

4.2 农产品追溯信息预测价值感知

4.2.1 有序选择模型

有序选择模型是分析有序响应数据的离散选择模型。本章中消费者对于农产品追溯信息预测质量安全的功能性态度包括：不可以、不确定和可以三种递进次序的选项。因此，本章采用有序选择模型实证研究认知水平和信任程度对农产品追溯信息预测价值感知的影响。

消费者 i 对农产品追溯信息的预测价值 y_i 受到多种因素影响，线性模型为：

$$y_i = \beta x_i + \varepsilon_i \qquad (4.1)$$

其中，x_i 是影响消费者 i 对农产品追溯信息预测价值感知的因素，包括消费者 i 对农产品追溯的认知水平、信任程度以及其他控制变量。β 是影响因素的参数向量。ε_i 为独立同分布的随机误差项。然而现实中，我们无法观测到消费者 i 对农产品追溯信息的预测价值 y_i，只能观测到消费者 i 对农产品追溯信息预测价值感知态度的选择 $Y_i = j$。$j = 1,2,3$ 分别表示消费者对农产品追溯信息可以预测产品质量安全的功能持"不可以""不确定"和"可以"的态度。具体的选择模型为：

$$Y_i = \begin{cases} 1, y_i \leqslant \mu_1 \\ 2, \mu_1 < y_i \leqslant \mu_2 \\ 3, \mu_2 < y_i \end{cases} \quad (4.2)$$

其中，$\mu_1 < \mu_2$ 为待估参数，是消费者对农产品追溯信息预测价值感知变化的临界点，称为"切点"（cutoff point）。假设 ε_i 服从 I 型极值分布（或者 Gumbel 分布），其累积分布函数为 Φ，则可以得到有序 logit 模型（ordered logit model），模型各选择值的概率为：

$$P(Y_i = 1 \mid X) = P(y_i \leqslant \mu_1 \mid X) = P(\beta x_i + \varepsilon_i \leqslant \mu_1 \mid X) = \Phi(\mu_1 - \beta x_i)$$

$$P(Y_i = 2 \mid X) = P(\mu_1 < y_i \leqslant \mu_2 \mid X)$$

$$= P(\beta x_i + \varepsilon_i \leqslant \mu_2 \mid X) - P(\beta x_i + \varepsilon_i < \mu_1 \mid X)$$

$$= \Phi(\mu_2 - \beta x_i) - \Phi(\mu_1 - \beta x_i)$$

$$P(Y_i = 3 \mid X) = P(y_i > \mu_2 \mid X) = 1 - \Phi(\mu_2 - \beta x_i) \quad (4.3)$$

进一步采用极大似然方法估计模型参数，由此，构建极大似然函数：

$$L(\beta) = \prod_{j=1}^{2} \left[P(Y_i = j \mid X) \right]^{1(Y_i = j)} \quad (4.4)$$

其对数似然函数为：

$$\ln L_i(\beta) = \sum_{j=1}^{2} 1(Y_i = j) \cdot \ln P(Y_i = j \mid X) \quad (4.5)$$

其中，$1(\cdot)$ 为示性函数，当括号内条件成立时取值为 1；否则取值为 0。最大化对数似然函数，则可以得到参数估计值 $\hat{\beta}$。基于 ε_i 服从 logistic 分布的假设，$P(Y_i \leqslant j) = \dfrac{e^{\mu_j - \beta x_i}}{1 + e^{\mu_j - \beta x_i}}$，$P(Y_i > j) = \dfrac{1}{1 + e^{\mu_j - \beta x_i}}$，可以得出：

$$\frac{P(Y_i > j)}{P(Y_i \leqslant j)} = -e^{\mu_j - \beta x_i} \quad (4.6)$$

$$\ln \frac{P(Y_i > j)}{P(Y_i \leqslant j)} = -\mu_j + \beta x_i \quad (4.7)$$

其中，$P(Y_i \leqslant j)$ 是 Y_i 取值等于以及小于 j 的累积概率，$P(Y_i > j)$ 是 Y_i 取值

大于j的累积概率。式（4.7）被称为累积概率比，表示$Y_i > j$相对于$Y_i \leqslant j$的累积概率比值。β表示影响因素的变化引起累积概率比的变化，变化的倍数由β表示。由此可知，有序logit模型隐含一个假设条件：累积概率比的比值为常数，即引起决策者选择序列变化的影响因素的参数估计值完全相同，被称为比例比值假定（proportional odds assumption）（Wolfe & Gould，1998）。也就是说，认知水平变化（或信任程度变化）对于消费者认为追溯信息不一定能够预测农产品质量安全，以及可以预测农产品质量安全的作用相同。显然这一假定可能并不符合实际研究情况，需要考虑影响因素对不同选择序列的不同作用。放松比例比值假定，允许自变量x_i的作用强度β_i随着Y_i取值不同而变化，由此可得广义有序logit模型（generalized ordered logit model）。其各序列选择概率为：

$$P(Y_i = 1 \mid X) = \Phi(\mu_1 - \beta_1 x_i)$$
$$P(Y_i = 2 \mid X) = \Phi(\mu_2 - \beta_2 x_i) - \Phi(\mu_1 - \beta_1 x_i)$$
$$P(Y_i = 3 \mid X) = 1 - \Phi(\mu_2 - \beta_2 x_i) \qquad (4.8)$$

同理，根据最大化对数似然函数可以估计出$\hat{\beta}_j$，广义有序logit模型的累积概率比可以表示为：

$$\frac{P(Y_i > j)}{P(Y_i \leqslant j)} = -e^{\mu_j - \beta_j x_i} \qquad (4.9)$$

其中，决策者选择序列j从1变为2取决于$\hat{\beta}_1$，从2变为3取决于$\hat{\beta}_2$。

根据质量感知模型，认知水平和信任程度有助于提高消费者对农产品追溯信息预测价值，所以在其他条件不变的情况下，β_j的符号为正。不过，认知水平和信任程度提高，消费者对追溯农产品信息预测价值的态度变化，更可能选择不确定还是确定需要实证检验，因此可能有$\beta_1 > \beta_2$或者$\beta_1 < \beta_2$。

4.2.2 变量选择与数据来源

根据章节4.2.1追溯农产品信息价值感知分析，研究农产品追溯信息预测价值感知及其影响因素首先需要进行变量设定和消费者数据获取。

4.2.2.1 变量描述

追溯农产品信息预测价值变量设置（见表4-1）。根据兰开斯特（Lancaster）消费者理论（1966）和质量感知模型（Cox，1962；Olson & Jacoby，1972），追溯农产品可以被视为质量安全信息组合，消费者对农产品质量安全追溯的预测价值感知主要表现为对可追溯信息、认证信息和原产地信息预测农产品质量安全的功能性态度。因此，被解释变量追溯农产品信息预测价值将由可追溯信息、认证信息和原产地信息三种信息预测价值组成。通过3级语义差别量表测度三种信息预测价值。具体来说，设置可追溯信息（认证信息、原产地信息）能够增强食品质量安全的题项，并按照3级语义差别量表，将三种信息预测价值问题的答项从低到高赋值为：1表示"不可以"、2表示"不确定"、3表示"可以"。追溯农产品信息预测价值的测度通过消费者对三种信息预测食品质量安全的三个有序选择来实现。

表4-1 变量设置

变量		定义	赋值
被解释变量	可追溯信息预测价值	消费者对可追溯信息预测农产品质量安全功能性的态度	不可以=1，不确定=2，可以=3
	认证信息预测价值	消费者对认证信息预测农产品质量安全功能性的态度	不可以=1，不确定=2，可以=3
	原产地信息预测价值	消费者对原产地信息预测农产品质量安全功能性的态度	不可以=1，不确定=2，可以=3
关键解释变量	认知水平	消费者对可追溯农产品及其提供信息的了解情况	不了解=1，一般=2，非常了解=3
	信任程度	消费者对追溯码提供信息的信任态度	不信任=1，不确定=2，信任=3
	购买过打蜡苹果	消费者购买过打蜡苹果的经历	没买过/不确定=0，买过=1
	购买过农药残留苹果	消费者购买过农药残留苹果的经历	没买过/不确定=0，买过=1
	购买过假冒认证苹果	消费者购买过假冒认证苹果的经历	没买过/不确定=0，买过=1

续表

	变量	定义	赋值
控制变量	性别	受访者性别	男 =0，女 =1
	年龄	受访者年龄	24 岁及以下 =1，25～34 岁 =2，35～44 岁 =3，45～54 岁 =4，55～64 岁 =5，65 岁及以上 =6
	家庭收入水平	受访者家庭月总收入	5000 元及以下 =1，5000～9999 元 =2，10000～19999 元 =3，20000～29999 元 =4，30000～39999 元 =5，40000～49999 元 =6，50000～59999 元 =7，60000～99999 元 =8，100000 元及以下 =9
	受教育程度	受访者受教育时间	9 年及以下 =1，10～12 年 =2，13～16 年 =3，16 年以上 =4
	家中是否有 18 岁以下孩子	受访者家中是否有 18 岁以下孩子	有 =1，没有 =0
	购买频次	受访者购买苹果的频次	三个月 1 次 =1，两个月 1 次 =2，每月 1 次 =3，两周 1 次 =4，每周 1 次 =5，每周 2～3 次 =6，每天 1 次 =7
	质量安全感知	受访者对苹果质量安全情况的感知	非常不安全 =1，不安全 =2，一般 =3，比较安全 =4，非常安全 =5
	质量安全问题关注程度	受访者对食品质量安全问题的关注程度	不关注 =1，一般 =2，非常关注 =3

　　关键解释变量包括认知水平和信任程度，以及消费者是否购买过打蜡苹果、消费者是否购买有农药残留的苹果，和消费者是否购买过假冒的认证苹果三种购买经历。其中，认知水平主要是指消费者对可追溯农产品及其提供信息的了解情况，包括不了解、一般和非常了解三种认知水平。信任程度是指消费者对追溯码提供信息的信任态度，分为不信任、不确定和信任三种信任程度。消费者是否购买过打蜡苹果是指消费者过去是否购

买过打蜡苹果的购买经历，分为没买过/不确定和买过两种情况。消费者是否购买过农药残留苹果是指消费者过去是否购买过农药残留苹果的购买经历，分为没买过/不确定和买过两种情况。消费者是否购买过假冒认证苹果是指消费者过去是否购买过假冒认证苹果的购买经历，分为没买过/不确定和买过两种情况。

为了进一步明确认知水平和信任程度，以及消费者购买经历的影响，基于消费者行为理论、苹果消费特点以及已有可追溯食品偏好文献，同时控制以下影响追溯农产品信息预测价值的消费者特征和苹果消费特征变量：性别、年龄、家庭收入水平、受教育程度、家中是否有 18 岁以下孩子、苹果购买频次、苹果质量安全感知、以及对质量安全问题关注程度。具体设置方法如表 4 - 1 所示。

4.2.2.2 数据来源

为了实证检验认知水平和信任程度，以及购买经历对追溯农产品信息预测价值和信心价值的影响，本章采用结构化问卷调查，收集消费者社会经济特征、苹果消费特征、信息价值感知等方面相关数据。结构化问卷具体内容参见附录消费者调查问卷。

本次调查于 2017 年 7 月至 10 月在北京、上海、广州、西安、济南和哈尔滨六个城市进行。调查选择的六个城市主要基于两个方面的考虑。一方面，所选城市的地理位置、经济社会发展水平，以及生活和消费习惯存在一定的差异。其中，北京位于我国北方内陆地区，是我国的首都和政治中心；上海位于我国东部沿海地区，是我国主要的金融和国际商贸中心；广州位于南方沿海地区，是我国经济发达地区；西安位于我国西北内陆地区，是陕西省的省会和西部中心城市；济南位于我国中东部地区，是山东省的省会，山东省是我国经济强省；哈尔滨位于我国东北地区，是黑龙江省的省会，也是东北地区的中心城市。另一方面，为了提高研究的有效性，样本消费者需要对可追溯农产品具有一定了解和认知。目前认证和可追溯农产品主要在城市销售（Wu et al.，2016；尹世久等，2019），而且北京、上海、西安、济南和哈尔滨 5 个城市是国家重点的肉类蔬菜流通追溯体系试点城市①，而整个广东省已于 2016 年建立广东食品安全追溯系统②。消费者对可追溯食品有一定认知，相对具备追溯农产品信息价值感知的研究条件。根据上述城市的地理区划位置，在每个城市选择四个行政区进行实地调查。本次调查选择在大型超市（例如，沃尔玛、家乐福）、当地商超（例如，京客隆、卜蜂莲花）、水果店和农贸市场开展。

4.2.2.3　样本特征

表 4 - 2 描述了样本消费者社会统计特征和苹果消费特征。总样木中，消费者性别比例基本相同，男性消费者占比 50.72% 略高于女性。年龄在 25 ~ 34 岁、家庭月均收入在 10000 ~ 19999 元、受教育年限 13 ~ 16 年的受访者居多。此外，44.74% 的样本消费者家中有 18 岁以下的孩子。除了年龄和受教育年限，不同城市样本消费者的其他统计特征与总样本特征存在差异。在北京、广州、西安和哈尔滨的样本消费者中，女性人数略高于男性。济南样本消费者的家庭月收入集中在 5000 ~ 9999 元；北京、上海、广州、西安和哈尔滨样本消费者的家庭月收入与总样本分布一致，集中在 10000 ~ 19999 元。此外，北京、上海、哈尔滨、广州的样本消费者家中没有 18 岁以下孩子的比例大于 50%，分别为 62.50%、61.26%、59.11% 和 53.79%。可能的原因是，一方面北京、上海、哈尔滨和广州的样本消费者年龄在 34 岁以下的比例超过 60%，另一方面超过 70% 的北京、上海和哈尔滨的样本消费者拥有 13 年以上受教育时间。作为日常消费水果，苹果购买频次较高。各城市样本消费者与总样本消费者的苹果购买频次特征一致。总样本中，每周购买 1 次苹果的样本消费者最多，占比 36.28%。其次，分别是每周购买 2 ~ 3 次和两周购买 1 次的消费者，分别占 25.67% 和 17.21%。

---

① 《肉类蔬菜流通追溯体系（频道）》，http：// www. zyczs. gov. cn/front/listIndex. do?nodeid = 72。

② 《广东省发布新的食品安全追溯系统全力打造追溯示范省》，http：// mpa. gd. gov. cn/xwdt/ xwfbpt/xwfb/xwfbh/content/post_1831558. html。

表 4-2   六个城市样本消费者社会经济特征

和苹果购买特征对比分析（%）

变量		北京（N＝408）	上海（N＝413）	广州（N＝383）	西安（N＝324）	济南（N＝295）	哈尔滨（N＝269）	总样本（N＝2092）
性别	男	47.55	58.84	48.04	47.84	51.86	49.07	50.72
	女	52.45	41.16	51.96	52.16	48.14	50.93	49.28
年龄	≤24 岁	29.41	20.58	29.24	25.00	25.42	22.30	25.48
	25~34 岁	39.95	42.13	37.34	30.25	32.20	32.34	36.33
	35~44 岁	15.44	15.74	16.19	21.91	21.02	19.33	17.93
	45~54 岁	10.29	7.26	8.62	12.35	11.86	13.38	10.33
	55~64 岁	3.68	9.20	5.22	7.10	6.78	8.18	6.60
	≥65 岁	1.23	5.08	3.39	3.40	2.71	4.46	3.35
家庭月收入	<5000 元	7.11	4.12	3.66	8.64	12.20	12.27	7.50
	5000~9999元	18.87	13.80	16.19	35.49	41.69	37.55	25.57
	10000~19999元	37.50	30.51	35.51	41.98	39.32	39.41	36.95
	20000~29999元	20.83	22.52	24.54	8.02	6.44	7.81	16.16
	30000~39999元	4.66	13.80	12.53	3.40	0.34	0.74	6.60
	40000~49999元	4.41	3.87	1.57	0.93	0	0.37	2.10
	50000~59999元	2.70	4.84	2.61	0.93	0	1.12	2.25
	60000~99999元	2.70	2.66	1.83	0.31	0	0	1.43
	≥100000 元	1.23	3.87	1.57	0.31	0	0.74	1.43
受教育程度	≤9 年	4.66	11.86	12.53	18.83	11.86	11.52	11.62
	10~12 年	9.80	14.53	20.63	13.89	20.68	17.84	15.92
	13~16 年	52.70	57.87	59.27	60.80	59.32	55.02	57.41
	>16 年	32.84	15.74	7.57	6.48	8.14	15.61	15.06
家中是否有18岁以下孩子	有	37.50	38.74	46.21	54.63	53.90	40.89	44.74
	没有	62.50	61.26	53.79	45.37	46.10	59.11	55.26
购买频次	1 次/天	1.72	1.45	2.87	2.47	1.69	4.09	2.29
	2~3 次/周	24.02	24.94	24.02	26.23	29.83	26.39	25.67
	1 次/周	35.78	37.05	37.08	30.56	38.64	39.03	36.28
	1 次/两周	17.65	16.71	19.32	20.37	13.56	14.50	17.21

续表

变量		北京 (N=408)	上海 (N=413)	广州 (N=383)	西安 (N=324)	济南 (N=295)	哈尔滨 (N=269)	总样本 (N=2092)
购买频次	1次/月	11.03	10.65	9.40	8.02	9.15	8.55	9.61
	1次/两月	3.92	3.39	3.13	6.17	3.39	2.97	3.82
	1次/三月	5.88	5.81	4.18	6.17	3.73	4.46	5.11
质量安全感知	非常不安全	2.70	0.48	0	0.93	1.36	4.09	1.48
	不安全	8.82	7.51	7.83	12.65	10.51	19.33	10.56
	一般	43.14	41.89	46.48	53.70	51.53	52.42	47.51
	比较安全	42.65	47.94	44.39	32.10	36.61	24.16	39.15
	非常安全	2.70	2.18	1.31	0.62	0	0	1.29
食品质量安全关注度	不关注	5.15	5.33	6.27	4.32	7.80	8.55	6.07
	一般	50.00	47.70	56.92	51.85	52.20	45.35	50.81
	非常关注	44.85	46.97	36.81	43.83	40.00	46.10	43.12

总体上，消费者对苹果具有较高的质量安全感知度，同时比较关注食品质量安全问题。感觉比较安全和非常安全的总样本消费者占比分别为39.15%和1.29%，47.51%消费者认为苹果质量安全状况一般。其中，上海样本消费者感觉苹果比较安全的比例为47.94%，高于认为质量安全状况一般的消费者占比41.89%。其他城市样本消费者对苹果质量安全的感知状况分布与总样本一致。仅有6.07%总样本消费者表示不关注食品质量安全问题，43.12%消费者表示非常关注。不关注食品质量安全问题的各城市样本消费者占比都不超过10%。

表4-3列示了样本消费者对追溯农产品的认知水平、信息信任程度、购买经历和信息价值感知。样本消费者对追溯农产品不了解与对标签信息持不确定态度的比例最高。虽然六个样本城市是国家级或省级食品追溯体系建设城市，但表示不了解追溯农产品的消费者占比超过一半，高达51.96%，而且仍有36.57%样本消费者对追溯农产品认知水平一般，仅有11.47%消费者表示非常了解。72.61%的样本消费者对标签信息持不确定态度，远高于对标签信息持信任和不信任态度的消费者占比，分别为14.39%和13.00%。消费者明确表示购买过打蜡苹果、农药残留苹果和假

冒认证苹果的占比分别为41.49%、37.05%和7.60%，说明随着辨别难度提高，消费者对不同问题苹果购买经历的确认度降低。同时，表4-3显示样本消费者对三种信息预测价值的感知较为一致，而对不同信息信心价值的认知则存在差异。对三种信息的功能持肯定态度的消费者占比均高于持否定态度的消费者占比。对于可追溯信息和认证信息的预测价值，持不确定态度的消费者占比最高，分别为47.04%和66.30%。虽然对原产地信息预测价值持不确定态度的消费者占比最低，但持不认可态度的消费者占比远远高于不认可其他两种信息的消费者占比。原产地是最常参考的农产品质量安全信息，消费者对其预测农产品质量安全的功能会有更明确的个人判断，所以表示认可和不认可的消费者占比高于表示不确定的消费者占比。相比于原产地信息，可追溯信息和认证信息不常被消费者用于农产品质量安全判断，所以对二者预测价值持不确定态度的占比最高。可以识别可追溯信息和原产地信息的消费者比例分别为65.44%和53.78%，均高于表示不能识别的消费者占比。45.79%消费者认为可以识别认证信息，低于表示无法识别的消费者占比。

表4-3 样本消费者对追溯农产品认知水平、信息信任程度和信息价值感知

变量		变量赋值	样本数（人）	比例（%）
关键解释变量	认知水平	不了解	1087	51.96
		一般	765	36.57
		非常了解	240	11.47
	信任程度	不信任	272	13.00
		不确定	1519	72.61
		信任	301	14.39
	购买过打蜡苹果	没买过/不确定	1224	58.51
		买过	868	41.49
	购买过农药残留苹果	没买过/不确定	1317	62.95
		买过	775	37.05
	购买过假冒认证苹果	没买过/不确定	1933	92.40
		买过	159	7.60

续表

变量		变量赋值	样本数（人）	比例（%）
被解释变量——预测价值	可追溯信息可以预测农产品质量安全	不可以	175	8.37
		不确定	984	47.04
		可以	933	44.60
	认证信息可以预测农产品质量安全	不可以	146	6.98
		不确定	1387	66.30
		可以	559	26.72
	原产地信息可以预测农产品质量安全	不可以	723	34.56
		不确定	572	27.34
		可以	797	38.10
被解释变量——信心价值	可以识别可追溯信息	不可以	723	34.56
		可以	1369	65.44
	可以识别认证信息	不可以	1134	54.21
		可以	958	45.79
	可以识别原产地信息	不可以	967	46.22
		可以	1125	53.78

为了进一步分析农产品追溯信息预测价值感知不同的消费者在认知水平、信息信任程度、购买经历、基本特征和苹果购买特征方面的差别，分别计算追溯信息预测价值感知不同的三组消费者群体特征变量的平均值及其差异，然后采用方差分析方法进行差异显著性检验，下面对可追溯信息、认证信息和原产地信息预测价值感知不同消费者特征差异进行比较分析。

对农产品可追溯信息预测价值具有不同感知的消费者在认知水平、信息信任程度、购买经历、基本特征和苹果购买特征方面有差异，具体情况如表4-4所示。认为可追溯信息可以预测农产品质量安全的消费者，对追溯农产品的认知水平和信息信任程度最高，其次分别为对可追溯信息预测价值持不确定态度和不可以态度的消费者，而且持不同态度的三组消费者的认知水平和信任程度差异显著。认为可追溯信息不能预测农产品质量安全的消费者，更可能购买过打蜡、农药残留和假冒认证苹果。购买过打蜡和农药残留果的消费者，对可追溯信息预测价值持不确定和不可以态度、持不确定和可以态度之间存在明显差异；而有过假冒认证苹果购买经历的消费者，对可追溯信息预测价值持不确定和不可以态度、持可以和不可以态度之间也存在明显差异。对可追溯信息预测价值持可以态度的消费者的受教育程度和对苹果质量安全感知程度最高，其次分别是持不确定态度和不可以态度的消费者，受教育程度和质量安全感知是三组消费者之间显著的特征差异。对可追溯信息预测价值持不可以态度的消费者购买苹果的频次和对质量安全问题关注程度最低，在购买频次方面，与持不确定和可以态度的消费者都有明显差异，在质量安全关注度方面，与持可以态度的消费者存在明显差异。性别、年龄和家庭收入水平不是可追溯信息预测价值感知不同的消费者之间显著的特征差异。

表 4-4 样本地区农产品可追溯信息预测价值感知不同的消费者特征对比

变量	感知不可以的消费者	感知不确定的消费者	感知可以的消费者	均值差（不确定 VS 不可以）	均值差（可以 VS 不可以）	均值差（不确定 VS 可以）
认知水平	1.446 (0.675)	1.560 (0.663)	1.660 (0.705)	0.114** (0.055)	0.215*** (0.058)	-0.100*** (0.031)
信息信任程度	1.331 (0.496)	1.931 (0.379)	2.229 (0.525)	0.599*** (0.033)	0.898*** (0.043)	-0.298*** (0.021)
购买过打蜡苹果	0.474 (0.501)	0.375 (0.484)	0.446 (0.497)	-0.099** (0.040)	-0.028 (0.041)	-0.071*** (0.022)
购买过农药残留苹果	0.446 (0.498)	0.343 (0.475)	0.385 (0.487)	-0.102*** (0.039)	-0.061 (0.040)	-0.041* (0.022)
购买过假冒认证苹果	0.126 (0.332)	0.078 (0.269)	0.064 (0.245)	-0.047** (0.023)	-0.061*** (0.022)	0.014 (0.012)
性别	0.554 (0.498)	0.505 (0.500)	0.501 (0.500)	-0.049 (0.041)	-0.054 (0.041)	0.005 (0.023)
年龄	2.474 (1.405)	2.454 (1.343)	2.469 (1.297)	-0.020 (0.111)	-0.005 (0.108)	-0.015 (0.060)
家庭收入水平	3.091 (1.716)	3.242 (1.573)	3.173 (1.465)	0.150 (0.131)	0.081 (0.124)	0.069 (0.070)

续表

变量	感知不可以的消费者	感知不确定的消费者	感知可以的消费者	均值差（不确定 VS 不可以）	均值差（可以 VS 不可以）	均值差（不确定 VS 可以）
受教育程度	2.600 (0.910)	2.742 (0.839)	2.807 (0.839)	0.142** (0.070)	0.207*** (0.070)	−0.065* (0.038)
家中是否有 18 岁以下孩子	0.400 (0.491)	0.422 (0.494)	0.483 (0.500)	0.022 (0.041)	0.083** (0.041)	−0.062*** (0.023)
购买频次	4.297 (1.598)	4.647 (1.389)	4.650 (1.335)	0.350*** (0.117)	0.352*** (0.114)	−0.002 (0.062)
质量安全感知	2.994 (0.820)	3.256 (0.726)	3.363 (0.695)	0.262*** (0.061)	0.369*** (0.059)	−0.107*** (0.032)
对质量安全问题关注程度	2.303 (0.647)	2.366 (0.587)	2.388 (0.595)	0.063 (0.049)	0.085* (0.050)	−0.022 (0.027)
样本数	175	984	933	1159	1108	1917

注：括号内数字为稳健估计的 t 值；*** 、** 和 * 分别表示 1%、5% 和 10% 的显著性水平。

表 4-5 反映了对农产品认证信息预测价值感知不同的消费者之间的特征差异。可以看出，对认证信息预测价值感知不同的三组消费者对追溯农产品的认知水平和对信息的信任程度存在显著差异。其中，对认证信息预测价值持可以态度的消费者的认知水平和信息信任程度最高，其次是持不确定和不可以态度的消费者。有过农药残留和假冒认证苹果购买经历，对认证信息预测价值持可以和不可以态度、持不确定和不可以态度的消费者之间存在明显差异。在性别、年龄和是否有 18 岁以下孩子方面，对认证信息预测价值持可以和不可以态度的消费者、持不确定和不可以态度的消费者，以及持不确定和可以态度的消费者分别具有显著差异。对认证信息预测价值持可以态度的消费者购买苹果的频次最高，与持不可以态度的消费者差异显著。对预测价值持不可以态度的消费者对苹果质量安全感知最低，并且与持不确定态度和持可以态度的消费者差异显著。在对质量安全问题关注程度方面，持可以态度消费者的关注程度高于持不确定态度的消费者。而在家庭收入水平和受教育程度方面，对认证信息预测价值感知不同的消费者特征相似。

表 4 - 5   样本地区农产品认证信息预测价值感知不同的
消费者特征对比

变量	感知不可以的消费者	感知不确定的消费者	感知可以的消费者	均值差（不确定 VS 不可以）	均值差（可以 VS 不可以）	均值差（不确定 VS 可以）
认知水平	1.459 (0.676)	1.573 (0.672)	1.685 (0.714)	0.114 * (0.058)	0.226 *** (0.066)	- 0.112 *** (0.034)
信息信任程度	1.596 (0.594)	1.949 (0.429)	2.284 (0.589)	0.353 *** (0.039)	0.689 *** (0.055)	- 0.336 *** (0.024)
购买过打蜡苹果	0.452 (0.499)	0.406 (0.491)	0.428 (0.495)	- 0.046 (0.043)	- 0.025 (0.046)	0.452 (0.499)
购买过农药残留苹果	0.514 (0.502)	0.353 (0.478)	0.377 (0.485)	- 0.161 *** (0.042)	- 0.136 *** (0.045)	0.514 (0.502)
购买过假冒认证苹果	0.158 (0.366)	0.066 (0.249)	0.079 (0.270)	- 0.091 *** (0.023)	- 0.079 *** (0.027)	0.158 (0.366)
性别	0.575 (0.496)	0.508 (0.500)	0.487 (0.500)	- 0.067 (0.043)	- 0.089 * (0.046)	0.022 (0.025)
年龄	2.630 (1.443)	2.426 (1.312)	2.510 (1.332)	- 0.204 * (0.115)	- 0.120 (0.126)	- 0.084 (0.066)
家庭收入水平	3.034 (1.440)	3.218 (1.523)	3.193 (1.600)	0.183 (0.132)	0.159 (0.146)	0.025 (0.077)
受教育程度	2.685 (0.923)	2.761 (0.835)	2.773 (0.855)	0.076 (0.073)	0.088 (0.081)	- 0.011 (0.042)
家中是否有 18 岁以下孩子	0.466 (0.501)	0.429 (0.495)	0.488 (0.500)	- 0.037 (0.043)	0.023 (0.047)	- 0.059 ** (0.025)
购买频次	4.432 (1.669)	4.609 (1.382)	4.694 (1.313)	0.177 (0.123)	0.263 ** (0.130)	- 0.086 (0.068)
质量安全感知	3.048 (0.791)	3.288 (0.715)	3.327 (0.730)	0.240 *** (0.063)	0.279 *** (0.069)	- 0.039 (0.036)
对质量安全问题关注程度	2.356 (0.619)	2.352 (0.583)	2.420 (0.620)	- 0.004 (0.051)	0.064 (0.058)	- 0.069 ** (0.030)
样本数	146	1387	559	1533	705	1946

注：括号内数字为稳健估计的 t 值；*** 、** 和 * 分别表示 1% 、5% 和 10% 的显著性水平。

农产品原产地信息预测价值感知不同的消费者在认知水平、消费者基本特征和苹果购买特征方面存在差异（见表4-6）。在对追溯农产品认知水平、年龄和对质量安全问题关注度方面，对原产地信息预测价值持可以态度的消费者高于持不确定和不可以态度的消费者，且持不确定态度的消费者高于持不可以态度的消费者，这是三类消费者之间显著的特征差异。在家庭收入水平、受教育程度、是否有18岁以下孩子和苹果购买频次方面，对原产地信息预测价值持不可以态度的消费者低于持不确定和可以态度的消费者，且与这两类消费者的特征都有显著差异。在信息信任程度、年龄和苹果质量安全感知方面，三类消费者相似。

表4-6　　　　　　样本地区农产品原产地信息预测价值感知不同的

消费者特征对比

变量	感知不可以的消费者	感知不确定的消费者	感知可以的消费者	均值差（不确定 VS 不可以）	均值差（可以 VS 不可以）	均值差（不确定 VS 可以）
认知水平	1.461 (0.655)	1.626 (0.643)	1.695 (0.724)	0.165 *** (0.036)	0.235 *** (0.036)	-0.069 * (0.038)
信息信任程度	2.008 (0.529)	1.995 (0.507)	2.033 (0.529)	-0.014 (0.029)	0.024 (0.027)	-0.038 (0.029)
购买过打蜡苹果	0.419 (0.494)	0.413 (0.493)	0.413 (0.493)	-0.006 (0.028)	-0.006 (0.025)	-0.000 (0.027)
购买过农药残留苹果	0.371 (0.483)	0.346 (0.476)	0.388 (0.488)	-0.025 (0.027)	0.017 (0.025)	-0.042 (0.026)
购买过假冒认证苹果	0.069 (0.254)	0.066 (0.249)	0.089 (0.285)	-0.003 (0.014)	0.020 (0.014)	-0.023 (0.015)
性别	0.513 (0.500)	0.495 (0.500)	0.511 (0.500)	-0.018 (0.028)	-0.002 (0.026)	-0.016 (0.027)
年龄	2.250 (1.310)	2.392 (1.233)	2.706 (1.371)	0.141 ** (0.071)	0.456 *** (0.069)	-0.315 *** (0.072)
家庭收入水平	2.967 (1.421)	3.250 (1.492)	3.371 (1.646)	0.283 *** (0.081)	0.405 *** (0.079)	-0.121 (0.087)
受教育程度	2.705 (0.854)	2.794 (0.800)	2.783 (0.871)	0.088 * (0.046)	0.078 * (0.044)	0.011 (0.046)

续表

变量	感知不可以的消费者	感知不确定的消费者	感知可以的消费者	均值差（不确定 VS 不可以）	均值差（可以 VS 不可以）	均值差（不确定 VS 可以）
家中是否有 18 岁以下孩子	0.398 (0.490)	0.456 (0.499)	0.486 (0.500)	0.058 ** (0.028)	0.087 *** (0.025)	− 0.029 (0.027)
购买频次	4.477 (1.443)	4.659 (1.351)	4.719 (1.350)	0.182 ** (0.079)	0.242 *** (0.072)	− 0.060 (0.074)
质量安全感知	3.260 (0.762)	3.301 (0.683)	3.289 (0.726)	0.041 (0.041)	0.029 (0.038)	0.012 (0.039)
对质量安全问题关注程度	2.231 (0.612)	2.315 (0.576)	2.537 (0.554)	0.084 ** (0.033)	0.306 *** (0.030)	− 0.222 *** (0.031)
样本数	723	572	797	1295	1520	1369

注：括号内数字为稳健估计的 t 值；*** 、 ** 和 * 分别表示 1%、5% 和 10% 的显著性水平。

4.2.3　估计结果及分析

追溯信息预测价值感知研究分别对可追溯、认证和原产地信息进行实证分析（见表 4 - 7、表 4 - 8 和表 4 - 9）。为了分析认知水平和信任程度对信息预测价值的影响，并进一步了解二者作用强度，实证分析首先考虑认知水平对信息预测价值的影响，其次再将信任程度引入模型。

为保证模型估计稳健性，分别采用有序 logit 和广义有序 logit 模型进行估计。表 4 - 7、表 4 - 8 和表 4 - 9 中的列（1）、列（2）是有序 logit 模型估计结果，列（3）、列（4）是广义有序 logit 模型估计结果。三个表格中两模型参数估计结果显示，认知水平、信任程度，以及消费者基本特征和苹果消费特征变量系数估计值符号基本一致。从两模型统计结果来看，广义有序 logit 模型 Wald 值较大，表明广义有序 logit 模型具有较高拟合度。Pseudo R^2 值也明显增加，表明广义有序 logit 模型有助于提高解释变量对被解释变量的解释度。因此，考虑认知水平和信任程度对不同等级信息预测价值影响的差异性，广义有序 logit 模型具有更高拟合度和解释力。

4.2.3.1 认知水平影响

表 4 - 7 中列（1）和列（3）为认知水平影响可追溯信息预测价值的有序 logit 和广义有序 logit 模型估计。

表 4 - 7　　认知水平和信任程度影响农产品可追溯信息预测
价值感知的估计结果

变量	有序 logit 模型		广义有序 logit 模型			
			（3）		（4）	
	（1）	（2）	y > 1 （不确定）	y > 2 （可以）	y > 1 （不确定）	y > 2 （可以）
认知水平	0.215 *** (3.196)	0.139 * (1.955)	0.270 * (1.851)	0.208 *** (3.025)	0.136 (0.865)	0.140 * (1.915)
信息信任程度	—	2.221 *** (16.300)	—	—	3.056 *** (15.190)	1.771 *** (14.010)
性别	− 0.081 (− 0.933)	− 0.059 (− 0.633)	− 0.190 (− 1.155)	− 0.058 (− 0.634)	− 0.107 (− 0.567)	− 0.042 (− 0.427)
年龄	0.019 (0.522)	− 0.003 (− 0.080)	0.023 (0.353)	0.021 (0.537)	− 0.012 (− 0.148)	0.004 (0.104)
家庭收入水平	− 0.050 * (− 1.712)	− 0.072 ** (− 2.489)	0.000 (0.003)	− 0.059 * (− 1.939)	− 0.011 (− 0.181)	− 0.085 *** (− 2.675)
受教育程度	0.145 ** (2.403)	0.194 *** (3.072)	0.208 * (1.862)	0.129 ** (2.069)	0.294 ** (2.258)	0.169 ** (2.566)
家中是否有 18 岁以下孩子	0.229 *** (2.582)	0.265 *** (2.831)	0.069 (0.415)	0.256 *** (2.790)	0.139 (0.757)	0.294 *** (2.994)
购买频次	0.030 (0.912)	− 0.016 (− 0.444)	0.123 ** (2.255)	0.004 (0.130)	0.069 (1.125)	− 0.042 (− 1.152)
质量安全感知	0.334 *** (5.375)	0.202 *** (3.117)	0.563 *** (5.110)	0.281 *** (4.449)	0.213 * (1.690)	0.175 ** (2.557)
对质量安全问题关注程度	0.078 (0.992)	0.071 (0.866)	0.166 (1.122)	0.062 (0.771)	0.106 (0.689)	0.055 (0.639)

续表

变量	有序 logit 模型		广义有序 logit 模型			
	(1)	(2)	(3)		(4)	
			y > 1 （不确定）	y > 2 （可以）	y > 1 （不确定）	y > 2 （可以）
临界点 1	− 0. 331 (− 0. 903)	2. 931 *** (6. 848)	——	——	——	——
临界点 2	2. 340 *** (6. 460)	6. 137 *** (13. 600)	——	——	——	——
常数项	——	——	− 1. 279 ** (− 2. 054)	− 1. 946 *** (− 5. 337)	− 5. 025 *** (− 6. 853)	− 4. 875 *** (− 10. 640)
样本量	2092	2092	2092	2092	2092	2092
Log pseudo likelihood	− 1895. 634	− 1651. 886	− 1886. 985		− 1627. 187	
Pseudo R²	0. 0177	0. 1440	0. 0222		0. 1568	
Wald χ² 检验	63. 08 ***	319. 90 ***	85. 79 ***		467. 33 ***	

注：括号内数字为稳健估计的 t 值；***、** 和 * 分别表示 1%、5% 和 10% 的显著性水平。

从两模型估计结果来看，认知水平系数估计值显著为正，表明认知水平对可追溯信息预测价值提升产生促进作用。由列（1）可知，认知水平增加一单位，预测价值"不确定"几率比和"可以"几率比将提高为原来的 1. 24 倍（ = exp(0. 215)）。考虑认知水平变化对不同可追溯信息预测价值影响的差异性，列（3）广义有序 logit 模型估计结果显示，认知水平提高一单位，预测价值"不确定"几率比增加为原来的 1. 31 倍（ = exp(0. 270)），预测价值"可以"几率比增加为原来的 1. 23 倍（ = exp(0. 208)）。表明认知水平提高有助于改善消费者对可追溯信息能够预测农产品质量安全的态度，对消费者选择不确定态度的作用大于选择可以态度。

表 4 – 8 中的列（1）和列（3）为认知水平影响认证信息预测价值的有序和广义有序 logit 模型估计。

表 4 - 8　　　　　**认知水平和信任程度影响农产品认证信息预测**

价值感知的估计结果

变量	有序 logit 模型		广义有序 logit 模型			
			(3)		(4)	
	(1)	(2)	y > 1 (不确定)	y > 2 (可以)	y > 1 (不确定)	y > 2 (可以)
认知水平	0.253 *** (3.579)	0.184 ** (2.515)	0.319 ** (2.082)	0.239 *** (3.216)	0.212 (1.371)	0.177 ** (2.271)
信息信任程度	—	1.583 *** (13.830)	—	—	1.678 *** (8.370)	1.523 *** (11.720)
性别	- 0.154 * (- 1.657)	- 0.172 * (- 1.811)	- 0.347 ** (- 1.972)	- 0.103 (- 1.029)	- 0.354 ** (- 1.992)	- 0.120 (- 1.147)
年龄	- 0.015 (- 0.370)	- 0.028 (- 0.681)	- 0.109 (- 1.594)	0.013 (0.302)	- 0.125 * (- 1.771)	0.002 (0.054)
家庭收入水平	- 0.010 (- 0.313)	- 0.015 (- 0.468)	0.063 (0.967)	- 0.028 (- 0.814)	0.058 (0.886)	- 0.036 (- 1.001)
受教育程度	- 0.007 (- 0.104)	0.015 (0.229)	- 0.052 (- 0.424)	- 0.000 (- 0.003)	- 0.057 (- 0.464)	0.029 (0.401)
家中是否有 18 岁以下孩子	0.099 (1.038)	0.088 (0.906)	- 0.196 (- 1.095)	0.174 * (1.718)	- 0.212 (- 1.151)	0.173 (1.642)
购买频次	0.046 (1.274)	0.009 (0.261)	0.106 (1.606)	0.028 (0.742)	0.057 (0.908)	- 0.007 (- 0.187)
质量安全感知	0.193 *** (2.832)	0.081 (1.202)	0.439 *** (3.728)	0.118 * (1.670)	0.259 ** (2.220)	0.020 (0.265)
对质量安全问题关注程度	0.124 (1.433)	0.106 (1.222)	0.046 (0.284)	0.149 (1.597)	0.016 (0.100)	0.133 (1.378)
临界点 1	- 1.194 *** (- 3.098)	1.039 ** (2.445)	—	—	—	—
临界点 2	2.454 *** (6.355)	5.076 *** (11.270)	—	—	—	—
常数项	—	—	0.617 (0.909)	- 2.244 *** (- 5.473)	- 1.349 * (- 1.894)	- 4.826 *** (- 9.470)
样本量	2092	2092	2092	2092	2092	2092
Log pseudo likelihood	- 1678.7928	- 1542.0154	- 1669.4132		- 1534.7582	
Pseudo R^2	0.0104	0.0910	0.0159		0.0953	
Wald χ^2 检验	35.03 ***	220.57 ***	58.27 ***		240.78 ***	

注：括号内数字为稳健估计的 t 值；***、** 和 * 分别表示 1%、5% 和 10% 的显著性水平。

从两模型估计结果来看，认知水平系数估计值显著为正，表明认知水平有助于提高认证信息预测价值。列（1）显示，认知水平增加一单位，认证信息预测价值"不确定"几率比和"可以"几率比提高为原来的 1.29 倍（ = exp(0.253)）。广义有序 logit 模型估计结果显示，认知水平提高一单位，预测价值"不确定"几率比增加为原来的 1.42 倍（ = exp(0.319)），"可以"几率比增加为原来的 1.27 倍（ = exp(0.239)）。表明认知水平提高有助于改善消费者对认证信息能够预测农产品质量安全的态度，对消费者选择"不确定"的作用大于消费者选择"可以"的作用。

认知水平对原产地信息预测价值影响的估计结果如表 4 – 9 中列（1）、列（3）所示。

表 4 – 9　　　　认知水平和信任程度影响农产品原产地信息预测
价值感知的估计结果

变量	有序 logit 模型		广义有序 logit 模型			
			(3)		(4)	
	(1)	(2)	y > 1 （不确定）	y > 2 （可以）	y > 1 （不确定）	y > 2 （可以）
认知水平	0.268 *** (3.974)	0.268 *** (3.955)	0.346 *** (4.190)	0.212 *** (2.830)	0.353 *** (4.236)	0.207 *** (2.744)
信息信任程度	—	– 0.013 (– 0.150)	—	—	– 0.077 (– 0.799)	0.040 (0.423)
性别	0.033 (0.395)	0.033 (0.392)	– 0.017 (– 0.181)	0.0786 (0.834)	– 0.020 (– 0.212)	0.079 (0.842)
年龄	0.209 *** (5.697)	0.209 *** (5.698)	0.203 *** (4.792)	0.214 *** (5.291)	0.201 *** (4.771)	0.214 *** (5.310)
家庭收入水平	0.093 *** (3.454)	0.093 *** (3.457)	0.123 *** (3.585)	0.070 ** (2.340)	0.125 *** (3.617)	0.070 ** (2.313)
受教育程度	0.109 * (1.848)	0.108 * (1.841)	0.134 ** (1.966)	0.087 (1.324)	0.131 * (1.928)	0.089 (1.354)
家中是否有 18 岁以下孩子	0.120 (1.409)	0.120 (1.409)	0.145 (1.471)	0.105 (1.095)	0.148 (1.497)	0.108 (1.122)

续表

变量	有序 logit 模型		广义有序 logit 模型			
			(3)		(4)	
	(1)	(2)	y > 1 （不确定）	y > 2 （可以）	y > 1 （不确定）	y > 2 （可以）
购买频次	0.019 (0.610)	0.019 (0.619)	0.035 (0.999)	0.002 (0.063)	0.035 (1.017)	0.002 (0.050)
质量安全感知	0.082 (1.364)	0.083 (1.370)	0.093 (1.352)	0.068 (1.012)	0.100 (1.441)	0.064 (0.947)
对质量安全问题关注程度	0.575*** (7.654)	0.575*** (7.655)	0.460*** (5.435)	0.695*** (8.060)	0.458*** (5.411)	0.694*** (8.065)
临界点1	2.639*** (7.582)	2.620*** (7.047)	—	—	—	—
临界点2	3.849*** (10.880)	3.830*** (10.150)	—	—	—	—
常数项	—	—	−2.736*** (−6.811)	−3.822*** (−9.709)	−2.607*** (−6.096)	−3.887*** (−9.143)
样本量	2092	2092	2092		2092	
Log pseudo likelihood	−2184.5901	−2184.5779	−2175.5335		−2174.6642	
Pseudo R^2	0.0414	0.0414	0.0454		0.0458	
Wald χ^2 检验	180.60***	180.54***	193.72***		194.34***	

注：括号内数字为稳健估计的 t 值；***、** 和 * 分别表示 1%、5% 和 10% 的显著性水平。

列（1）和列（3）分别为有序 logit 模型和广义有序 logit 模型的估计结果。与可追溯信息和认证信息一样，原产地信息也受到认证水平显著正向影响，而且显著性水平为 1%。列（1）有序 logit 模型估计结果显示，认知水平增加一个单位，原产地信息预测价值"不确定"几率比和预测价值"可以"几率比将提高为原来的 1.31 倍(= $\exp(0.268)$)。由列（3）广义有序 logit 模型的估计结果可知，认知水平提高一单位，原产地信息预测价值不确定几率比增加为原来的 1.41 倍(= $\exp(0.346)$)，预测价值"可以"几率比增加为原来的 1.24 倍(= $\exp(0.212)$)。表明认知水平提高有助于改善消费者对原产地信息能够预测农产品质量安全的态度，对消费者选择"不确定"态度的作用大于选择"可以"的作用。

从表4-7、表4-8和表4-9中控制变量的估计结果来看，消费者社会统计特征和苹果消费特征影响可追溯信息、认证信息和原产地信息预测价值，但显著性水平和影响程度具有差异性。首先，两个模型估计结果表明，受教育程度和苹果质量安全感知显著正向影响可追溯信息预测价值，表明其他条件相同的情况下，受教育程度越高、感知苹果质量安全情况更好的消费者更加认可可追溯信息预测农产品质量安全的功能。而且由有序logit模型估计结果可知，家庭收入水平较低，以及家中有18岁以下孩子的消费者更加认可可追溯信息的预测价值。根据广义logit模型估计结果，家庭收入水平显著降低可追溯信息预测价值"可以"几率比，家中有18岁以下孩子显著提高可追溯信息预测价值"可以"几率比，但是二者对预测价值"不确定"几率比的作用都不显著。预测价值"不确定"几率比受苹果购买频次显著正向影响。其次，女性消费者和感知苹果质量安全情况较好的消费者更可能认可认证信息预测价值。考虑到性别和感知苹果质量安全对认证信息预测价值水平选择影响的差异性，女性消费者选择认证信息预测价值"不确定"的几率比会显著增加，感知苹果质量安全情况较好的消费者选择认证信息预测价值"不确定"的几率比和"可以"的几率比都会显著增加。最后，年龄、家庭收入水平和质量安全关注程度显著正向影响原产地信息预测价值。受教育程度有助于提高原产地信息预测价值"不确定"几率比，但对预测价值"可以"几率比没有显著影响。

4.2.3.2　认知水平和信任程度影响

认知水平和信任程度影响可追溯信息预测价值的估计结果如表4-7所示。加入信任程度变量后，有序logit模型的Wald值和Pseudo R^2值分别从0.0177和63.08增加至0.1440和319.90，广义有序logit模型的Wald值和Pseudo R^2值分别从0.0222和85.79增加至0.1568和467.33，模型的拟合程度都明显提高。由表4-7认知水平和信任程度变量的估计结果可知，在加入信任程度变量后，认知水平的参数估计值依然为正但显著性水平下降，而信息信任程度的参数估计值为正且在1%水平上显著，表明消费者对可追溯信息具有基本认知的情况下，信任程度提高更有助于增加可追溯信息预测价值。由列（2）有序 logit 模型估计结果可知，信任程度增加一个等级，可追溯信息预测价值"不确定"几率比和预测价值"可以"几率提高为原来的 9. 22 倍(= exp(2. 221))。从列（4）广义有序 logit 模型估计结果可以看到，信任程度对可追溯信息预测价值的作用存在差异。在其他条件不变的情况下，信任程度增加一个等级，可追溯信息预测价值"不确定"几率比明显增加，提高为原来的 21. 24 倍(= exp(3. 056))，而预测价值"可以"几率比下降，提高为原来的 5. 88 倍(= exp(1. 771))。表明信任程度提高有助于改善消费者对可追溯信息能够预测农产品质量安全的态度，对消费者选择不确定态度的作用大于消费者选择可以的态度。

表 4 – 8 列示了认知水平和信任程度影响认证信息预测价值的估计结果。对比列（2）和列（1），以及列（4）和列（3）的模型统计结果，加入信任程度变量后，有序 logit 和广义有序 logit 两个模型的 Wald 值和 Pseudo R^2 值明显增加，这说明加入信任程度变量的模型拟合效果更优。从表 4 – 8 中认知水平和信任程度的估计结果来看，与认知水平一样，信任程度对提高认证信息预测价值具有显著正向影响，且作用明显大于认知水平的影响。列（2）有序 logit 模型估计结果显示，信任程度增加一个等级，认证信息预测价值"不确定"几率比和预测价值"可以"几率比提高为原来的 4. 88 倍(= exp(1. 583))。列（4）广义有序 logit 模型估计结果表明，信任程度对认证信息预测价值的作用随着预测价值序列变化而不同。在其他条件不变的情况下，信任程度增加一个等级，认证信息预测价值"不确定"几率比和预测价值"可以"几率比分别提高为原来的 5. 35 倍(= exp(1. 678))和 4. 59 倍(= exp(1. 523))。表明信任程度提高有助于改善消费者对认证信息能够预测农产品质量安全的态度，对消费者选择"不确定"态度的作用大于消费者选择"可以"的态度。

表 4 – 9 列示了基于有序 logit 模型和广义有序 logit 模型的认知水平和信任程度影响原产地信息预测价值的估计结果。由表 4 – 9 中两个模型的 Wald 值和 Pseudo R^2 值可知，与信任程度对可追溯信息和认证信息显著影响不同，加入信任程度变量后，原产地信息预测价值模型拟合度没有显著

改善。而且从列（2）、列（4）信任程度的估计结果中还可以发现，除了信任程度对原产地信息预测价值"可以"几率比的作用方向为正，符合预期以外，信任程度对原产地信息预测价值"不确定"几率比的作用方向为负，与有序 logit 估计结果一样。可能的原因是，信任对消费者判断原产地信息价值的作用机制，不仅包括信任能够提高消费者对原产地信息传递口感、新鲜、甜酸度等苹果质量安全信息的感知，对于一些消费者而言，它还具有情感价值，能够引起消费者的文化认同（Verlegh & Steenkamp，1999）。所以仅考虑信任对原产地信息预测质量安全的功能性的影响，结果可能并不显著。本书调查发现，6 个城市消费者中，济南的消费者表示不信任信息的比例最低（8.14%），但他们认为原产地信息不能预测质量安全的比例最高（41.02%）。

除了认知水平和信任程度，消费者基本特征和苹果消费特征也显著影响可追溯信息、认证信息和原产地信息预测价值。首先，受教育程度、家中是否有 18 岁以下孩子和苹果质量安全感知显著正向影响可追溯信息的预测价值，家庭收入水平的作用为负。这表明消费者受教育程度越高、家中有 18 岁以下孩子、认为苹果质量安全情况较好和家庭收入水平较低，越认可可追溯信息预测质量安全的功能性。而且根据广义有序 logit 模型估计结果，受教育程度和苹果质量安全感知显著影响消费者对可追溯信息预测价值"不确定"和预测价值"可以"的选择，家庭收入水平和家中有 18 岁以下孩子的消费者只对可追溯信息预测价值"可以"表现显著，而对预测价值"不确定"无显著影响。其次，影响认证信息预测价值的控制变量估计结果显示，性别的系数估计值为负且显著。这表明女性消费者认为认证信息预测价值更高，但表 4 - 8 中列（4）广义有序 logit 模型估计结果显示，他们更倾向于认为认证信息预测价值"不确定"，对认证信息预测价值并没有完全显著认可。年龄和苹果质量安全感知变量只对认证信息预测价值"不确定"选项影响显著。最后，加入信任程度变量对原产地信息预测价值没有显著影响，所以对比加入信任程度变量前后两个模型估计结果可以发现，显著影响原产地信息预测价值的控制变量包括年龄、家庭收入水平和质量安全关注程度。受教育程度也只对提高原产地信息预测价值

"不确定"几率比表现显著，对预测价值"可以"几率比无显著影响。

4.2.3.3　购买经历影响

购买经历影响追溯信息预测价值感知的研究也将分别对可追溯、认证和原产地信息进行实证分析（见表4－10、表4－11和表4－12）。为了分析购买经历对信息预测价值的影响，实证分析主要考虑消费者是否购买过打蜡苹果、消费者是否购买过有农药残留的苹果，以及消费者是否购买过假冒的认证苹果三种购买经历对信息预测价值的影响。

为保证模型估计稳健性，分别采用有序 logit 和广义有序 logit 模型进行估计。表4－10、表4－11和表4－12中列（1）是有序 logit 模型估计结果，列（2）、列（3）是广义有序 logit 模型估计结果。三个表格中两模型参数估计结果显示，三种购买经历、消费者基本特征和苹果消费特征变量系数估计值符号基本一致。从两模型统计结果来看，广义有序 logit 模型 Wald 值较大，表明广义有序 logit 模型具有较高拟合度。Pseudo R^2 值也明显增加，表明广义有序 logit 模型有助于提高解释变量对被解释变量的解释度。因此，考虑消费者是否购买过打蜡苹果、消费者是否购买过有农药残留的苹果，以及消费者是否购买过假冒的认证苹果三种购买经历对不同等级信息预测价值影响的差异性，广义有序 logit 模型具有更高拟合度和解释力。

从表4－10两模型估计结果来看，购买过打蜡苹果系数估计值显著为正，而购买过假冒认证苹果系数估计值显著为负，表明购买过打蜡苹果对可追溯信息预测价值提升产生促进作用，而购买过假冒认证苹果则会降低可追溯信息预测价值。由列（1）可知，购买过打蜡苹果确认度增加一单位，预测价值"不确定"几率比和"可以"几率比将提高为原来的1.19倍（＝exp(0.174)）。购买过假冒认证苹果确认度增加一单位，预测价值"不确定"几率比和"可以"几率比将降低为原来的0.68倍（＝exp(－0.391)）。考虑购买经历变化对不同可追溯信息预测价值影响的差异性，列（3）广义有序 Logit 模型估计结果显示，购买过打蜡苹果确认度提高一单位，预测价值"不确定"几率比降低为原来的0.84倍（＝exp(－0.171)），预测价值"可以"几率比增加为原来的 1.27 倍(= exp(0.240))。表明购买过打蜡苹果确认度提高会两极化消费者对可追溯信息能够预测农产品质量安全的态度，对消费者选择可以态度的作用略大于选择不可以态度。购买过假冒认证苹果确认度提高一单位，预测价值"不确定"几率比降低为原来的 0.59 倍(= exp(-0.535))，预测价值"可以"几率比降低为原来的 0.72 倍(= exp(-0.326))。表明购买过假冒认证苹果确认度提高会降低消费者对可追溯信息能够预测农产品质量安全的态度，对消费者选择"不确定"的作用略大于选择"不可以"态度。

表 4 - 10　　　　购买经历影响农产品可追溯信息预测
价值感知的估计结果

变量	有序 logit 模型 (1)	广义有序 logit 模型	
		(2) y > 1 （不确定）	(3) y > 2 （可以）
购买过打蜡苹果	0.174 * (0.095)	- 0.171 (0.172)	0.240 ** (0.098)
购买过农药残留苹果	0.046 (0.098)	- 0.158 (0.180)	0.091 (0.101)
购买过假冒认证苹果	- 0.391 ** (0.174)	- 0.535 ** (0.261)	- 0.326 * (0.174)
性别	0.055 (0.087)	- 0.119 (0.166)	- 0.037 (0.091)
年龄	0.037 (0.037)	0.033 (0.066)	0.041 (0.039)
家庭收入水平	0.044 (0.029)	0.004 (0.059)	- 0.053 * (0.030)
受教育程度	0.176 *** (0.059)	0.274 ** (0.107)	0.156 ** (0.062)
家中是否有 18 岁以下孩子	0.227 ** (0.089)	0.080 (0.167)	0.256 *** (0.092)
购买频次	0.032 (0.033)	0.129 ** (0.054)	0.005 (0.033)

续表

变量	有序 logit 模型 (1)	广义有序 logit 模型	
		(2) y > 1 (不确定)	(3) y > 2 (可以)
质量安全感知	0.357*** (0.063)	0.545*** (0.112)	0.314*** (0.064)
对质量安全问题关注程度	0.102 (0.073)	0.224 (0.149)	0.079 (0.080)
临界点 1	-0.315*** (0.370)	—	—
临界点 2	2.356*** (0.367)	—	—
常数项	—	-1.037 (0.639)	-2.028*** (0.371)
Log pseudo likelihood	-1896.2096	-1881.4998	
Pseudo R^2	0.0174	0.0250	
Wald χ^2 检验	60.92	96.67	

注：括号内数字为稳健估计的标准误；***、** 和 * 分别表示 1%、5% 和 10% 的显著性水平。

表 4 - 11 为购买经历影响认证信息预测价值的有序和广义有序 logit 模型估计。从两模型估计结果来看，三种购买经历系数估计值符号不同，有序 logit 模型系数估计结果都不显著，而广义有序 logit 模型中购买过农药残留苹果和购买过假冒认证苹果两种购买经历对认证信息预测价值"不确定"影响的系数估计值显著，表明购买过农药残留苹果和购买过假冒认证苹果两种购买经历会降低认证信息预测价值，而购买过打蜡苹果则不显著影响认证信息预测价值。广义有序 logit 模型列（2）估计结果显示，购买过农药残留苹果和购买过假冒认证苹果确认度提高一单位，预测价值"不确定"几率比分别降低为原来的 0.56 倍（ = exp（ - 0.587））和 0.47 倍（ = exp（ - 0.755））。表明购买农药残留苹果和购买假冒认证苹果两种购买经历会降低消费者对认证信息能够预测农产品质量安全的不确定态度，增加消费者对认证信息无法预测农产品质量安全的态度，其中，购

买假冒认证苹果对消费者选择"不可以"的作用大于购买农药残留苹果购买经历对选择"不可以"的作用。

表4-11 购买经历影响农产品认证信息预测
价值感知的估计结果

变量	有序 logit 模型	广义有序 logit 模型	
	(1)	(2)	(3)
		y > 1（不确定）	y > 2（可以）
购买过打蜡苹果	0.073 (0.103)	0.110 (0.197)	0.068 (0.110)
购买过农药残留苹果	-0.106 (0.109)	-0.587 *** (0.202)	0.025 (0.113)
购买过假冒认证苹果	-0.213 (0.216)	-0.755 *** (0.251)	0.046 (0.188)
性别	-0.120 (0.093)	-0.282 (0.178)	-0.079 (0.100)
年龄	-0.004 (0.041)	-0.096 (0.070)	0.023 (0.044)
家庭收入水平	-0.005 (0.031)	0.064 (0.064)	-0.022 (0.035)
受教育程度	0.038 (0.064)	0.017 (0.118)	0.039 (0.069)
家中是否有 18 岁以下孩子	0.112 (0.095)	-0.185 (0.177)	0.189 * (0.101)
购买频次	0.047 (0.037)	0.129 * (0.066)	0.027 (0.038)
质量安全感知	0.200 *** (0.068)	0.387 *** (0.120)	0.142 ** (0.071)
对质量安全问题关注程度	0.164 * (0.086)	0.115 (0.160)	0.177 * (0.093)
临界点1	-1.304 *** (0.387)	—	—

续表

变量	有序 logit 模型 (1)	广义有序 logit 模型	
		(2) y > 1 （不确定）	(3) y > 2 （可以）
临界点 2	2.330 *** (0.388)	—	—
常数项	—	1.027 (0.684)	− 2.206 *** (0.412)
Log pseudo likelihood	− 1684.0975	− 1665.3816	
Pseudo R²	0.0073	0.0183	
Wald χ² 检验	23.46	68.54	

注：括号内数字为稳健估计的标准误；***、** 和 * 分别表示 1%、5% 和 10% 的显著性水平。

表 4 – 12 为购买经历影响原产地信息预测价值的有序和广义有序 logit 模型估计结果。与认证信息一样，三种购买经历系数估计值符号不同，有序 logit 模型系数估计结果都不显著，不同的是，广义有序 logit 模型中购买过打蜡苹果和购买过假冒认证苹果对原产地信息预测价值"可以"影响的系数估计值分别显著为负和正，表明购买过打蜡苹果和购买过假冒认证苹果两种购买经历会分别降低和提高原产地信息预测价值，而购买过农药残留苹果则不显著影响原产地信息预测价值。广义有序 logit 模型中列（3）估计结果显示，购买过打蜡苹果和购买过假冒认证苹果确认度提高一单位，预测价值"可以"几率比分别降低为原来的 0.90 倍（ = exp(− 0.109)）和增加为原来的 1.25 倍(= exp(0.227))。表明购买打蜡苹果会降低消费者对原产地信息能够预测农产品质量安全的"可以"态度，增加消费者对原产地信息预测农产品质量安全的不确定态度，而购买过假冒认证苹果会降低消费者对原产地信息能够预测农产品质量安全的不确定态度，增加消费者对原产地信息"可以"预测农产品质量安全的态度，其中，购买过假冒认证苹果对消费者选择"可以"的作用大于购买打蜡苹果购买经历对选择"不确定"的作用。

表 4 - 12　　　　　　　购买经历影响农产品原产地信息预测

价值感知的估计结果

变量	有序 logit 模型	广义有序 logit 模型	
	（1）	（2） y > 1 （不确定）	（3） y > 2 （可以）
购买过打蜡苹果	- 0.093 （0.091）	- 0.073 （0.105）	- 0.109 ** （0.102）
购买过农药残留苹果	0.057 （0.095）	- 0.010 （0.109）	0.111 （0.106）
购买过假冒认证苹果	0.140 （0.170）	0.035 （0.188）	0.227 * （0.176）
性别	0.060 （0.083）	0.030 （0.096）	0.098 （0.094）
年龄	0.221 *** （0.037）	0.217 *** （0.042）	0.223 *** （0.040）
家庭收入水平	0.099 *** （0.027）	0.133 *** （0.035）	0.075 ** （0.030）
受教育程度	0.156 *** （0.057）	0.202 *** （0.066）	0.122 * （0.064）
家中是否有 18 岁以下孩子	0.132 （0.085）	0.162 * （0.098）	0.112 *** （0.096）
购买频次	0.021 （0.031）	0.038 （0.034）	0.003 （0.035）
质量安全感知	0.103 * （0.061）	0.111 （0.070）	0.091 （0.068）
对质量安全问题关注程度	0.609 *** （0.075）	0.507 *** （0.084）	0.721 *** （0.086）
临界点 1	2.563 *** （0.351）	—	—
临界点 2	3.766 *** （0.357）	—	—
常数项	—	- 2.631 *** （0.404）	- 3.783 *** （0.398）
Log pseudo likelihood	- 2192.4488	- 2183.6213	
Pseudo R^2	0.0380	0.0419	
Wald χ^{2}检验	161.05	175.34	

注：括号内数字为稳健估计的标准误；*** 、** 和 * 分别表示 1%、5% 和 10% 的显著性水平。

从表 4 – 10、表 4 – 11 和表 4 – 12 中控制变量的估计结果来看，消费者社会统计特征和苹果消费特征影响可追溯信息、认证信息和原产地信息预测价值，但显著性水平和影响程度具有差异性。首先，两个模型估计结果表明，受教育程度、家中是否有 18 岁以下孩子和苹果质量安全感知显著正向影响可追溯信息预测价值，表明其他条件相同的情况下，受教育程度越高、家中有 18 岁以下孩子和感知苹果质量安全情况更好的消费者更加认可可追溯信息预测农产品质量安全的功能。而且由有序 logit 模型估计结果可知，家庭收入水平较低，以及购买苹果频次较高的消费者更加认可可追溯信息的预测价值。根据广义 logit 模型估计结果，家庭收入水平显著降低可追溯信息预测价值"可以"几率比，但是其对预测价值"不确定"几率比的作用不显著。预测价值"不确定"几率比受苹果购买频次显著正向影响。其次，感知苹果质量安全情况较好和对质量安全问题比较关注的消费者更可能认可认证信息预测价值。考虑到感知苹果质量安全和关注质量安全对认证信息预测价值水平选择影响的差异性，更加关注质量安全的消费者选择认证信息预测价值"可以"的几率比会显著增加，感知苹果质量安全情况较好的消费者选择认证信息预测价值"不确定"的几率比和"可以"的几率比都会显著增加。预测价值"不确定"几率比和"可以"几率比受苹果购买频次和家中有 18 岁以下孩子显著正向影响。最后，年龄、家庭收入水平、受教育程度、质量安全感知度和质量安全关注程度显著正向影响原产地信息预测价值。其中，质量安全感知度对原产地信息预测价值水平选择影响没有显著差异。

▶ 4.3 农产品追溯信息信心价值感知

4.3.1 二元离散选择模型

选择行为具有非连续的特点，离散选择模型被广泛用于实证检验选择行为的影响因素，二元离散选择模型则是最基础的离散选择模型形式。基于农产品追溯信息信心价值的二值变量设置，研究信心价值影响因素将采用二元离散选择模型进行分析。

消费者 i 对于农产品追溯信息信心价值只有两种选择，$y=1$ 表示有信心价值，$y=0$ 表示没有信心价值。影响消费者 i 对于农产品追溯信息信心价值感知的因素 x_i 包括认知水平、信任程度，以及消费者基本特征和苹果消费特征等控制变量。线性概率模型可以表示为：

$$y_i = \beta x_i + \varepsilon_i \tag{4.10}$$

其中，y_i 表示消费者 i 对于农产品追溯信息的信心价值，x_i 是影响消费者 i 对于农产品追溯信息信心价值感知的因素向量，β 是影响因素权重向量，ε_i 为随机误差项。由于 y_i 取值为 0 或 1，所以 ε_i 服从两点分布。假设 y_i 概率分布为：

$$P(y_i = 1 \mid x_i) = P(\beta x_i + \varepsilon_i > 0) = P(\varepsilon_i > -\beta x_i)$$
$$= 1 - P(\varepsilon_i \leqslant -\beta x_i) = 1 - F(-\beta x_i) = F(\beta x_i) \tag{4.11}$$

假设 $F(\beta x_i)$ 服从 logistic 分布，则 y_i 概率分布函数可以表示为：

$$P(y_i = 1 \mid x_i) = F(\beta x_i) = \frac{e^{\beta x_i}}{1 + e^{\beta x_i}} \tag{4.12}$$

式（4.12）为 logit 模型，令 $p = P(y_i = 1 \mid x_i)$，$1 - p = P(y_i = 0 \mid x_i)$，也可以表示为：

$$\ln\left(\frac{p}{1-p}\right) = \beta x_i \tag{4.13}$$

其中，$p/(1-p)$ 被称为几率比（odds ratio）。β 表示 x_i 变化引起几率比变化的程度。

4.3.2　变量与数据来源

4.3.2.1　变量描述

农产品追溯信息信心价值变量设置如表 4－13 所示。因为农产品质量安全追溯信息的信心价值感知主要表现为消费者对识别和使用可追溯信息、认证信息和原产地信息的信心。因此，被解释变量农产品追溯信息信心价值包括可追溯信息、认证信息和原产地信息三种信息信心价值。三种信息信心价值的测度是基于消费者对过去购买行为的判断。具体来说，设置是否购买过提供可追溯信息（认证信息、原产地信息）或加贴相关标签的食品的题项，将三种信息预测价值问题的答项设置为："是""否""不知道"。如果消费者明确地选择"是"或"否"，表明消费者有信心识别和使用可追溯信息（认证信息、原产地信息），取值为1；如果消费者选择"不确定"选项，则表示消费者对识别和使用可追溯信息（认证信息、原产地信息）没有信心，赋值为0。因此，追溯农产品信息信心价值的测度通过消费者对包含相关信息的食品购买经历做出判断选择，再进行归类赋值来实现。

表 4 - 13　　　　　　　　　　　　　变量设置

变量		定义	赋值
被解释变量	可追溯信息信心价值	消费者对是否购买过提供可追溯信息或加贴可追溯标签的食品的判断	是、否（有信心）=1，不知道（没信心）=0
	认证信息信心价值	消费者对是否购买过提供认证信息或加贴认证标签的食品的判断	是、否（有信心）=1，不知道（没信心）=0
	原产地信息信心价值	消费者对是否购买过提供原产地信息或加贴原产地标签的食品的判断	是、否（有信心）=1，不知道（没信心）=0
关键解释变量	认知水平	消费者对可追溯食品及其提供信息的了解情况	无=1，低=2，高=3
	购买过打蜡苹果	消费者购买过打蜡苹果的经历	没买过/不确定=0，买过=1
	购买过农药残留苹果	消费者购买过农药残留苹果的经历	没买过/不确定=0，买过=1
	购买过假冒认证苹果	消费者购买过假冒认证苹果的经历	没买过/不确定=0，买过=1
控制变量	信任程度	消费者对追溯码提供信息的信任程度	无=1，低=2，高=3
	消费者特征	受访者性别、年龄、家庭收入水平、受教育程度、家中是否有18岁以下孩子	详见表 4 - 1
	苹果消费特征	购买频次、质量安全感知、以及对质量安全问题关注程度	详见表 4 - 1

为了验证认知水平和购买经历对农产品追溯信息信心价值的影响，解释变量包括关键解释变量和控制变量两部分。其中，关键解释变量分别是指认知水平和购买经历。基于质量感知模型，进一步剥离认知水平和购买经历对信息信心价值的影响，将信任程度作为控制变量进行检验，同时控制消费者基本特征和苹果消费特征变量：性别、年龄、家庭收入水平、受教育程度、家中是否有 18 岁以下孩子、购买频次、质量安全感知以及对质量安全问题关注程度。解释变量具体设置如表 4 - 1 所示。

4.3.2.2　样本特征

为了进一步分析农产品追溯信息信心价值感知不同的消费者在认知水平、购买经历、信息信任程度、消费者基本特征和苹果购买特征方面的差别，分别计算追溯信息信心感知不同的消费者群体特征变量的平均值及其差异，然后进行差异显著性检验，表 4 - 14、表 4 - 15、表 4 - 16 分别给出了可追溯信息、认证信息和原产地信息感知不同的消费者特征差异性分析的比较结果。

农产品可追溯信息信心价值感知不同的消费者在追溯农产品认知水平、购买经历、消费者基本特征和苹果购买特征方面有差异，具体情况如表 4 - 14 所示。在追溯农产品认知水平方面，有信心识别可追溯信息的消费者对追溯农产品的认知水平显著高于没有信心识别的消费者，而在信息信任程度方面，信心价值感知不同的两组消费者相似。在购买经历方面，与没有信心识别可追溯信息的消费者相比，有信心识别的消费者更可能购买过打蜡苹果和假冒认证苹果，而在有过农药残留苹果购买经历方面，信心价值感知不同的两组消费者相似。年龄、受教育程度、家中是否有 18 岁以下孩子和苹果购买频次，是可追溯信息信心价值感知不同的两组消费者之间显著的基本特征和苹果购买特征差异，其中，有信心识别可追溯信心的消费者的年龄大于没有信心识别的消费者，受教育程度低于没有信心识别的消费者，购买频次高于没有信心识别的消费者。在性别、家庭收入水平、苹果质量安全感知和对质量安全问题关注程度方面，可追溯信息信心价值感知不同的两组消费者相似。

表 4 - 14   样本地区农产品可追溯信息信心价值感知

不同的消费者特征对比

变量	没有信心的消费者	有信心的消费者	均值差	t 值
认知水平	1.393	1.702	-0.309	-10.034***
信息信任程度	1.990	2.026	-0.036	-1.496
购买过打蜡苹果	0.368	0.440	-0.072	-3.177***
购买过农药残留苹果	0.353	0.380	-0.027	-1.222
购买过假冒认证苹果	0.048	0.091	-0.042	-3.469***
性别	0.483	0.520	-0.037	-1.626
年龄	2.295	2.551	-0.256	-4.226***
家庭收入水平	3.217	3.188	0.029	0.406
受教育程度	2.802	2.736	0.066	1.694*
家中是否有 18 岁以下孩子	0.422	0.461	-0.039	-1.709*
购买频次	4.539	4.661	-0.122	-1.909*
质量安全感知	3.257	3.295	-0.038	-1.132
对质量安全问题关注程度	2.382	2.364	0.018	0.630
样本数	723	1369	—	—

注: ***、** 和 * 分别表示 1%、5% 和 10% 的显著性水平。

表 4 - 15 列示了农产品认证信息信心价值感知不同的消费者的特征差异及其比较分析结果。有信心识别认证信息的消费者对追溯农产品的认知水平显著高于没有信心识别的消费者，而在信息信任程度方面，虽然有信心识别认证信息的消费者高于没有信心识别的消费者，但差异不显著。有信心识别认证信息的消费者更可能购买过假冒认证苹果，而在有过打蜡苹果和农药残留苹果购买经历方面，信心价值感知不同的两组消费者相似。在消费者基本特征方面，有信心识别认证信息的消费者的年龄显著高于没有信心的消费者，受教育程度显著低于没有信心的消费者，而在性别、家庭收入水平、家中是否有 18 岁以下孩子方面，认证信息信心价值感知不同的两组消费者相似。在苹果购买特征方面，有信心识别认证信息的消费者购买苹果的频次显著高于没有信心的消费者，而在苹果质量安全感知和对质量安全问题关注程度方面，两组消费者没有显著差异。

表 4 – 15   样本地区农产品认证信息信心价值感知

不同的消费者特征对比

变量	没有信心的消费者	有信心的消费者	均值差	t 值
认知水平	1.526	1.677	– 0.151	– 5.075 ***
信息信任程度	2.005	2.024	– 0.019	– 0.815
购买过打蜡苹果	0.424	0.404	0.020	0.934
购买过农药残留苹果	0.384	0.355	0.029	1.354
购买过假冒认证苹果	0.000	0.166	– 0.166	– 15.015 ***
性别	0.511	0.503	0.008	0.339
年龄	2.325	2.626	– 0.301	– 5.212 ***
家庭收入水平	3.206	3.189	0.017	0.258
受教育程度	2.808	2.701	0.107	2.866 ***
家中是否有 18 岁以下孩子	0.448	0.447	0.001	0.055
购买频次	4.543	4.709	– 0.166	– 2.725 ***
质量安全感知	3.278	3.287	– 0.009	– 0.291
对质量安全问题关注程度	2.352	2.392	– 0.04	– 1.555
样本数	1134	958	—	—

注：*** 表示 1% 的显著性水平。

农产品原产地信息信心价值感知不同的消费者在购买经历、消费者基本特征和苹果购买特征方面存在差异，具体如表 4 – 16 所示。没有信心识别原产地信息的消费者更可能购买过打蜡苹果和农药残留苹果，而在有过假冒认证苹果购买经历方面，信心价值感知不同的两组消费者相似。在消费者基本特征方面，有信心识别农产品原产地信息的消费者的年龄显著大于没有信心的消费者，受教育程度显著低于没有信心的消费者，而两类消费者的家庭收入水平和家中是否有 18 岁以下孩子没有显著差异。在苹果购买特征方面，有信心识别原产地信息的消费者购买苹果的频次和对质量安全问题关注程度明显高于没有信心的消费者，而两类消费者对苹果质量安全的感知相似。在对追溯农产品认知水平和信息信任程度方面，农产品原产地信息信心价值感知不同的两类消费者没有显著差异。

表 4 – 16　　　　　　　　　样本地区农产品原产地信息信心价值感知
不同的消费者特征对比

变量	没有信心的消费者	有信心的消费者	均值差	t 值
认知水平	1.571	1.616	−0.045	−1.502
信息信任程度	2.000	2.026	−0.026	−1.123
购买过打蜡苹果	0.448	0.387	0.061	2.832 ***
购买过农药残留苹果	0.402	0.343	0.059	2.798 ***
购买过假冒认证苹果	0.071	0.080	−0.009	−0.7437
性别	0.534	0.484	0.050	2.244 **
年龄	2.229	2.664	−0.435	−7.579 ***
家庭收入水平	3.247	3.156	0.091	1.345
受教育程度	2.832	2.696	0.136	3.687 ***
家中是否有 18 岁以下孩子	0.43	0.462	−0.032	−1.469
购买频次	4.554	4.675	−0.121	−1.981 **
质量安全感知	3.3	3.267	0.033	1.042
对质量安全问题关注程度	2.343	2.394	−0.051	−1.933 *
样本数	967	1125	—	—

注：*** 、** 和 * 分别表示 1% 、5% 和 10% 的显著性水平。

4.3.3　估计结果及分析

根据质量感知模型（Cox，1962；Olson & Jacoby，1972），农产品质量安全追溯信息的信心价值主要表现为消费者对识别和使用可追溯信息、认证信息和原产地信息的信心。信息信心价值是消费者对农产品追溯认知水平的函数（Olson，1972）。为了对比分析三种信息预测价值和信心价值影响因素的差异，在实证分析认知水平对信息信心价值影响的基础上，同时将消费者对信息的信任程度引入模型。

根据信心价值变量设置的特点，消费者对三种信息的信心价值只有两个取值：有信心和没有信心。因此，本部分实证研究使用 logit 模型，并采用极大似然法进行估计。表 4 – 17 列（1）、列（3）和列（5）是认知水平影响可追溯信息、认证信息和原产地信息信心价值的估计结果，列（2）、列（4）和列（6）是认知水平和信任程度影响三种信息信心价值的估计结果。为控制模型误差项的异方差和自相关等问题影响，所有回归都采用稳健标准误进行估计。Wald 值和 Pseudo R^2 值表明，模型的拟合程度和变量的解释程度较好。变量估计结果显示，参数估计较为稳健。

表 4–17 　　　　认知水平和信任程度影响农产品追溯信息信心
价值感知的估计结果

变量	可追溯信息		认证信息		原产地信息	
	(1)	(2)	(3)	(4)	(5)	(6)
认知水平	0.777 *** (10.120)	0.775 *** (10.060)	0.355 *** (5.210)	0.355 *** (5.188)	0.118 * (1.756)	0.114 * (1.689)
信息信任程度	—	0.034 (0.372)	—	0.001 (0.013)	—	0.070 (0.805)
性别	0.091 (0.942)	0.091 (0.947)	-0.038 (-0.418)	-0.038 (-0.417)	-0.169 * (-1.856)	-0.168 * (-1.845)
年龄	0.122 *** (2.939)	0.122 *** (2.935)	0.135 *** (3.485)	0.135 *** (3.484)	0.235 *** (5.899)	0.235 *** (5.884)
家庭收入水平	-0.031 (-1.008)	-0.032 (-1.017)	-0.010 (-0.328)	-0.010 (-0.328)	-0.034 (-1.123)	-0.034 (-1.140)
受教育程度	-0.109 * (-1.647)	-0.109 (-1.643)	-0.118 * (-1.947)	-0.118 * (-1.946)	-0.046 (-0.746)	-0.045 (-0.731)
家中是否有 18 岁以下孩子	0.069 (0.702)	0.069 (0.702)	-0.135 (-1.453)	-0.135 (-1.453)	-0.007 (-0.076)	-0.007 (-0.076)
购买频次	0.042 (1.175)	0.041 (1.144)	0.063 * (1.859)	0.063 * (1.853)	0.015 (0.465)	0.013 (0.404)
质量安全感知	0.018 (0.268)	0.015 (0.218)	0.015 (0.230)	0.014 (0.227)	-0.046 (-0.742)	-0.053 (-0.840)
对质量安全问题关注程度	-0.199 ** (-2.335)	-0.199 ** (-2.335)	0.021 (0.267)	0.021 (0.267)	0.046 (0.577)	0.045 (0.566)
常数项	-0.306 (-0.808)	-0.356 (-0.891)	-1.023 *** (-2.832)	-1.024 *** (-2.669)	-0.313 (-0.867)	-0.414 (-1.079)
样本量	2092	2092	2092	2092	2092	2092
Log pseudo likelihood	-1281.8067	-1281.7387	-1412.0614	-1412.0613	-1410.7506	-1410.4256
Pseudo R^2	0.0496	0.0496	0.0212	0.0212	0.0231	0.0233
Wald χ^2 检验	125.57 ***	125.66 ***	58.76 ***	58.78 ***	63.47 ***	63.97 ***

注：括号内数字为稳健估计的 t 值；*** 、** 和 * 分别表示 1%、5% 和 10% 的显著性水平。

4.3.3.1 认知水平影响

由表 4 - 17 列（1）、列（3）和列（5）可知，认知水平对可追溯信息、认证信息和原产地信息有显著的正向影响。这表明在其他条件不变的情况下，消费者对追溯农产品的认知水平越高，消费者对识别使用可追溯信息、认证信息和原产地信息越有信心。

表 4 - 17 中列（1）、列（3）和列（5）也列示了控制变量的估计结果。结果显示，年龄在 1% 水平上显著正向影响三种信息的信心价值，即年龄越大的消费者对识别可追溯信息、认证信息和原产地信息更有信心。女性消费者更可能识别原产地信息，受教育程度较低和经常购买苹果的消费者对认证信息更有信心，关注食品质量安全问题的消费者对可追溯信息更没有信心。

4.3.3.2 认知水平和信任程度影响

在认知水平影响可追溯信息、认证信息和原产地信息信心价值的模型中，加入信任程度变量重新估计 logit 模型，结果如表 4 - 17 中列（2）、列（4）和列（6）所示。与表 4 - 17 中列（1）、列（3）和列（5）的结果相比，加入信任程度变量的模型拟合效果没有改善，认知水平和其他控制变量的系数估计值和显著性水平几乎没有变化，而且三个模型中信任程度的系数估计值都不显著，说明信任程度对农产品追溯信息信心价值没有影响。通过比较认知水平和信任程度的作用差异，进一步验证了质量感知模型中信息预测价值和信心价值的理论假定，并为提高消费者对追溯农产品信息预测价值和信心价值提供政策依据。

4.3.3.3 购买经历影响

表 4 - 18 中列（1）、列（2）和列（3）是购买经历影响可追溯信息、认证信息和原产地信息信心价值的估计结果，即消费者是否购买过打蜡苹果、消费者是否购买过有农药残留的苹果，以及消费者是否购买过假冒的认证苹果三种购买经历影响三种信息信心价值的估计结果。为控制模型误

差项的异方差和自相关等问题影响，所有回归都采用稳健标准误进行估计。Wald 值和 Pseudo R^2 值表明，模型的拟合程度和变量的解释程度较好。变量估计结果显示，参数估计较为稳健。

表 4 − 18　　　购买经历影响农产品追溯信息信心价值感知的估计结果

变量	可追溯信息	认证信息	原产地信息
	（1）	（2）	（3）
购买过打蜡苹果	0.304 ***	− 0.112	− 0 173 *
	（0.103）	（0.103）	（0.098）
购买过农药残留苹果	0.026	− 0.220 **	− 0.193 *
	（0.106）	（0.107）	（0.101）
购买过假冒认证苹果	0.615 ***	18.573 ***	0.132 *
	（0.200）	（0.178）	（0.170）
性别	0.162 *	− 0.025	− 0.147
	（0.095）	（0.095）	（0.091）
年龄	0.152 ***	0.136 ***	0.233 ***
	（0.042）	（0.041）	（0.040）
家庭收入水平	− 0.020	− 0.013	− 0.033
	（0.030）	（0.031）	（0.030）
受教育程度	0.002 ***	− 0.062	− 0.016
	（0.063）	（0.063）	（0.060）
家中是否有 18 岁以下孩子	0.102 **	− 0.099	0.003
	（0.097）	（0.097）	（0.093）
购买频次	0.040	0.067 *	0.020
	（0.035）	（0.035）	（0.033）
质量安全感知	0.100 ***	0.070	− 0.065
	（0.066）	（0.067）	（0.063）
对质量安全问题关注程度	− 0.117	0.065	0.082
	（0.083）	（0.082）	（0.080）
常数项	− 0.206	− 0.989 ***	− 0.131
	（0.379）	（0.382）	（0.365）
Log pseudo likelihood	− 1323.602	− 1291.2706	− 1406.9529
Pseudo R^2	0.0186	0.1049	0.0257
Wald χ^{2}检验	44.75	13071.04	69.60

　　注：括号内数字为稳健估计的标准误；*** 、** 和 * 分别表示 1%、5% 和 10% 的显著性水平。

由表 4-18 可知，购买经历对可追溯信息、认证信息和原产地信息有显著影响，作用方向存在差异性。在其他条件不变的情况下，第一，消费者购买过打蜡苹果和假冒认证苹果，消费者对识别使用可追溯信息越有信心。第二，消费者购买过假冒认证苹果对识别使用认证信息越有信心，而购买过农药残留苹果反而会降低识别使用认证信息的信心。第三，与认证信息一样，消费者购买过假冒认证苹果对识别使用原产地信息越有信心，而购买过打蜡苹果和农药残留苹果反而会降低识别使用原产地信息的信心。

表 4-18 中控制变量的估计结果显示，年龄在 1% 水平上显著正向影响三种信息的信心价值，即年龄越大的消费者对识别可追溯信息、认证信息和原产地信息更有信心。男性、受教育程度较高、家中有 18 岁以下孩子和感知苹果质量安全的消费者更可能识别可追溯信息，经常购买苹果的消费者对认证信息更有信心。

▶ 4.4　本章小结

本章从农产品追溯信息的特点出发，以兰开斯特（Lancaster）消费者理论和质量感知模型为基础，构建农产品追溯信息价值感知分析框架，探讨认知水平和信任程度，以及购买经历对可追溯信息、认证信息和原产地信息的预测价值感知和信心价值感知的影响。本章以苹果为例，通过收集北京、上海、广州、西安、济南和哈尔滨六个城市 2092 个消费者调查样本建立数据集，实证检验了本章的研究假说。研究结论及政策建议如下：

第一，消费者对追溯农产品的认知水平和信息信任程度较低，明确表示有过购买打蜡苹果经历的消费者较多，感知三种信息的信心价值高于预测价值。虽然六个样本城市是省级或国家级食品追溯试点城市，但仍有超过 50% 的样本消费者表示不了解追溯农产品，以及不到 15% 的样本消费者表示信任农产品追溯信息。超过 40% 的样本消费者表示购买过打蜡苹果，超过 1/3 的样本消费者表示购买过农药残留苹果，而不到 10% 的样本消费者表示有过购买假冒认证苹果的经历。整体而言，认为三种农产品质量安全信息可以预测食品质量安全的比例高于认为不可以的消费者比例。消费者对可追溯信息和认证信息预测价值持不确定态度的占比最高，而对原产地信息预测价值持不确定态度的占比最低，可能的原因是原产地是消费者进行日常农产品购买决策最常参考的质量安全信息。按照表示有信心识别使用的消费者比例从高到低的顺序，三种信息分别为可追溯信息、原产地信息和认证信息。这与可追溯信息查询方式便利和原产地信息最常使用的现实相符。

第二，认知水平对农产品质量安全追溯信息预测价值和信心价值都有显著正向影响且较稳健。消费者对追溯农产品认知水平提高有助于三种信息的预测价值感知程度提升，且对不同感知程度的影响具有异质性。认知水平提高对降低消费者不认可信息预测价值的作用大于提高消费者认可信息预测价值的作用。目前消费者对追溯农产品的认知水平较低，导致消费者识别使用三种信息的信心较低。

第三，信息信任程度对可追溯信息和认证信息预测价值感知有显著正向影响且作用幅度更大，但对原产地信息预测价值感知的作用与预期不符。消费者对农产品追溯信息信任程度提高有助于增加可追溯信息和认证信息预测价值感知程度，对不同程度的影响具有异质性且作用程度远大于认知水平提高的作用。信任程度对原产地信息预测价值感知的作用不显著，这可能与原产地信息不仅具有质量安全感知价值还具有情感价值有关。

第四，购买经历对可追溯信息预测价值和信心价值有显著影响，但不同购买经历作用方向不同。购买过打蜡苹果的消费者对可追溯信息预测价值感知程度更高，而购买过假冒认证苹果的消费者对可追溯信息预测价值感知程度则更低，且购买过打蜡苹果和假冒认证苹果的经历对可追溯信息预测价值感知程度的影响具有异质性，其中，购买过打蜡苹果的经历会导致消费者对可追溯信息能够预测质量安全的态度两极化。整体而言，购买经历对认证信息和原产地信息预测价值没有显著影响，但对两种信息预测价值不同感知程度的影响具有显著异质性。三种购买经历显著影响原产地信息的信心价值，而有过打蜡苹果和假冒认证苹果购买经历的消费者识别使用可追溯信息的信心较高，有过假冒认证苹果购买经历的消费者识别使用认证信息的信心也较高，而有过农药残留苹果购买经历的消费者对识别使用认证信息的信心则较低。

　　本章的研究结果，不仅解释了消费者认知水平和信任程度，以及购买经历对农产品追溯信息价值感知的作用及差异，而且从预测价值和信心价值的角度构建了农产品追溯信息价值感知影响因素的分析框架，为政府和生产经营者制订实施更符合市场需求的农产品追溯体系提供了微观参考和建议。在农产品质量安全追溯体系建设过程中，首先，目前我国农产品追溯缺少法律法规的强制性要求，消费者无法形成追溯农产品与质量安全属性的关联，认知水平较低。在这种情况下，政府需要结合我国农产品追溯市场发展的实际情况，做好制度设计和规划。其次，基于信息信任程度是影响农产品追溯信息价值感知的重要因素，保障信息的真实性和可信性，以及责任可追溯是农产品追溯体系建立和发展的关键。因此，为保障信息真实可信和农产品质量安全责任可追溯可召回，需要突出政府在农产品追溯监管中的作用，完善规制环境。第7章会探讨我国农产品质量安全信任机制的建立和保障。最后，基于农产品追溯信息价值感知差异，进一步分析消费者对农产品追溯信息的异质性偏好特征，实施更加准确有效的差异化市场策略，有助于追溯农产品市场价值实现。第5章将继续以苹果为例，引入价格因素，从消费者视角探讨农产品追溯信息价值感知对追溯农产品偏好和支付意愿异质性的影响，进而了解不同信息层次组合的追溯农产品能否满足多样化的市场需求。

第5章

消费者对农产品质量安全追溯信息价值评估

消费者愿意为信息支付溢价是农产品质量安全追溯体系有效运行的必要条件。基于消费者偏好异质性特点和属性之间交互关系，提供满足市场需求的信息组合的可追溯农产品，才能实现可追溯农产品的市场价值。本章以富士苹果为例，分别基于信息价值感知和购买经历，构建 logit 模型，估计信息组合可追溯农产品的异质性偏好和评估价值差异，进而揭示不同偏好群体特征和支付意愿。而且进一步考察可追溯信息、认证信息和原产地信息之间的相互关系。为可追溯农产品信息选择和市场细分提供更有效的决策参考。

▶ 5.1 分析框架

消费者对信息价值感知具有明显差异，会导致农产品追溯信息偏好异质性。消费者特征是异质性偏好的基础（Wind，1978）。消费者特征不仅包括社会统计学特征，还包括消费者心理特征（Wedel & Wagner，2000；

Boxall & Adamowicz，2002）。因此，研究信息价值感知这一消费者心理特征，是分析农产品追溯信息异质性偏好的关键。从消费者感知角度，信息价值包括预测价值和信心价值。预测价值越高，消费者认为信息能够预测产品质量安全的程度越高。信心价值越高，消费者越有信心使用信息。

预测价值感知差异和信心价值感知差异会导致信息偏好差异。消费者对农产品追溯信息的选择行为，以效用最大化为目标。农产品追溯信息效用判断的主要依据是，信息满足消费者质量安全需求的程度，以及选择该信息需要投入的成本。为实现效用最大化，一方面，消费者会选择能够提高质量安全水平的信息。预测价值感知能够通过提高消费者对追溯农产品质量安全水平的预期，提高消费者效用。另一方面，消费者也会考虑使用该信息需要投入的成本。信息的信心价值感知越高，表明消费者越有信心判断和使用信息，该信息易用性会降低信息使用成本。因此，理论上，二者都是影响信息偏好及其异质性的原因。信息同时具有高预测价值和信心价值时，消费者选择该信息获得的质量安全效用更大，被消费者选择用于质量判断的概率更高（Olson & Jacoby，1972）。然而，考虑到农产品价格较低和消费频次较高的特点，当一些信息预测价值感知很高，但由于其难以验证，或使用它们需要专业知识和技能，导致其信心价值感知较低时，理论上对消费者偏好具有正向影响的预测价值感知，其实际作用可能并不显著（Grunert，2005）。而与之相反，即使一些信息预测价值感知不高，但信心价值感知较高，其对信息偏好仍具有显著正向影响。因此，与预测价值感知相比，农产品质量安全信息信心价值感知对偏好异质性的作用更加显著。

购买经历会影响信息偏好和价值评估。由于信息不确定性和复杂性，以及消费者有限理性，消费者一般是在不完全了解产品和个人偏好的情况下作出购买决策（Czajkowski et al.，2014；Ding et al.，2020）。虽然消费者通常需要在对产品缺乏认知的情况下作出购买决策，但自身购买消费的经历将有助于消费者进行决策判断（Bettman & Park，1980；Wilcock et al.，2004）。偏好是一系列动态的、经验的选择的结果。尤其直接经历会产生更强的信念，提高消费者态度行为的一致性（Wright & Lynch，1995）。随着消费经历积累，消费者偏好会不断明确和加强。因此，在其他变量不变的情况下，产品偏好和选择通常会受到消费者在相关产品市场中的购买经历影响（Neuman et al.，2010；Maltz，2016）。原因是，自身购买经历可以在一定程度上提高决策效率，降低交易成本（Ding et al.，2020）。已有研究主要集中考察消费者在风险和不确定性下的一次性决策（Lejarraga & Gonzalez，2011），但消费者经常会面临重复出现的消费决策情境才更符合现实，而决策结果及其可能风险程度的信息通常源自自身购买经历（Myers & Sadler，1960；Edwards，1961；Katz，1964）。

为了进一步分析消费者偏好异质性的作用机制，根据选择模型（Mcfadden，1986）和质量感知模型（Olson & Jacoby，1972），同时引入信息价值感知变量和价格变量，构建农产品追溯信息选择模型（见图 5 - 1）。

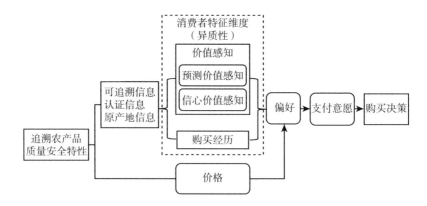

图 5 - 1　农产品追溯信息选择模型

各信息属性不仅具有异质性偏好和价值差异，已有研究也发现食品质量安全多属性之间具有互补或替代关系。根据可追溯农产品信息属性在消费者选择决策时的功能，霍布斯（Hobbs，2004）将其分为事后可追溯信息和质量检测、安全认证、原产地、环境影响等事前质量保证信息。有些研究表明完整的可追溯信息更能够提高消费者效用（吴林海等，2018；尹世久等，2019）。但是，许多实证研究发现，可追溯信息为农产品获得的支付意愿并不高，消费者更愿意为包含质量保证信息的可追溯农产品支付更高溢价（Dickinson et al.，2002；Wu et al.，2016）。事前质量保证属性之间具有替代关系，而事前质量保证属性和事后追溯属性之间具有互补关系（尹世久等，2019）。

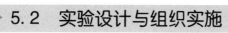

5.2　实验设计与组织实施

5.2.1　实验设计

为了分析消费者对农产品追溯信息的偏好和支付意愿，本章采用选择实验方法进行数据收集。选择实验方法以兰开斯特（Lancaster，1966）的消费者理论和麦克法登的随机效用理论（McFadden，1974）为基础，是从信息属性层面评估可追溯农产品价值的重要方法（Gao & Schroeder，2009；Ortega et al.，2011；全世文，2016）。选择实验方法可以要求实验参与者连续在多个选择情境的多选项中，通过属性对比进行选择，为实证分析提供更加准确和翔实的消费者偏好信息。

采用选择实验测度苹果追溯信息价值评估，能够提供更多消费者偏好信息。但保证认知效率和统计效率是实验应用的主要问题（Swait & Adamowicz，2001；Burton & Rigby，2012）。为了降低可能出现的信息处理偏差，保证实验结果效度，采用表 5 – 1 中步骤方法进行设计。

表 5 – 1　　　　　　　　　　选择实验设计步骤

实验步骤	具体方法
第一步，属性及属性层次设置	根据研究需要，设定包含非价格和价格的关键属性
	根据属性特点和研究需要，设置属性层次
第二步，产品轮廓/属性组合选项	根据已设置的属性和层次数量，考虑采用全因子设计或是部分因子设计构造产品轮廓/属性组合
第三步，选择集/选择任务	权衡认知效度和统计效度，每个选择集一般设置 3 ~ 6 个属性
	根据 D-efficiency，确定选择集数量
	每一个选择集可以加入"不买"选项
	采用随机方法排列选择集

续表

实验步骤	具体方法
第四步，选择实验问卷	根据选择集数量，为了降低实验参与者认知负担，设计多版本问卷
	根据频数和标准误衡量问卷设计效度
第五步，结构化调查问卷	进一步收集实验参与者个体特征和心理特征等方面相关数据

5.2.1.1 信息与层次设定

信息及水平设置是实验设计的首要环节。与农产品质量安全相关的追溯信息很多，例如，质量监测、质量安全认证、产地认证、环境影响、可追溯和感官属性等。但考虑到消费者的认知能力，设定太多的属性会造成认知效率降低，导致选择偏差。然而属性太少会带来因遗漏变量造成的估计偏差（Louviere et al.，2000；全世文等，2017）。大多数实验研究一般选择 3-6 个产品属性。参照布兰米等（Blamey et al.，2002）的研究，属性选择标准为对实验参与者的重要性权重和政策含义。最终，根据核心小组访谈和先行试验结果，按照信息对苹果消费者重要性权重和可追溯苹果研究需要的标准，本书对富士苹果设置了四种属性特征：可追溯信息、认证、原产地三个非价格属性和一个价格属性。同一信息的具体层次，即不同取值是可追溯产品效用差异的来源。同时，依据以下原因，为每个信息选取四个层次（见表 5-2）。

表 5-2　　　　　可追溯富士苹果的信息与属性层次设置

属性	层次	层次描述
可追溯信息	4	可追溯信息包含种植
		可追溯信息包含种植、流通
		可追溯信息包含种植、流通和销售
		无可追溯信息
认证信息	4	政府认证
		国内第三方机构认证
		国际第三方机构认证
		无机构认证

续表

属性	层次	层次描述
原产地信息	4	山东
		新疆
		陕西
		无原产地
价格信息	4	12 元/500 克
		10 元/500 克
		8 元/500 克
		6 元/500 克

可追溯信息是可追溯苹果的基本信息。为了控制农产品安全风险，保障监管者和生产经营者实施监管和问题产品召回，农产品可追溯信息应该记录供应链全部环节信息，构建全程可追溯体系才能实现可追溯信息传递的有效性。但在收入、信息识别能力和时间等约束条件下，消费者对可追溯信息的需求存在差异。所以安全信息量过载或不足都会增加消费者选取信息的难度，降低消费者效用和信息供给的有效性。为了进一步分析消费者对可追溯信息量的需求，按照苹果供应链将可追溯信息分为无可追溯信息、包含种植环节信息、包含种植和流通环节信息以及包含种植、流通和销售环节信息四个层次。

认证信息借助其独立性和权威性向消费者传递产品质量安全信息（何坪华等，2008）。认证农产品市场上，认证信息的差别不仅表现为政府与私人两种不同的认证主体，认证机构也具有来源国效应（Gao et al.，2019）。一些研究发现，中国消费者对欧盟有机标识的支付意愿远高于对中国有机标识的支付意愿（尹世久等，2015）。消费者对不同主体认证产品的偏好具有异质性。为了考察不同主体认证信息的消费者偏好，将认证信息分为无机构认证、政府认证、国内第三方机构认证和国际第三方机构认证四个层次。

原产地信息是消费者进行质量安全评价的重要线索。产品质量与产地所在区域的安全规制环境、行业标准和社会诚信程度等密切相关，而且水果的优劣品质还与产地的自然环境高度相关（王二朋和卢凌霄，2018；吴林海等，2018）。产地信息包含了口感、外观和新鲜度等感官属性信息，消费者通过消费体验能够进行验证，是水果购买决策过程中重要的事前质量保证信息。山东、陕西和新疆三个原产地是我国富士苹果的优势主产区，三个产地苹果的甜度、硬度和果汁密度等品质信息差别显著。因此，将原产地信息分为无原产地、山东、陕西和新疆四个层次。

为了测度信息价值，价格属性设定是选择实验方法的关键（吴林海等，2018）。通过实地走访大型超市、集贸市场、水果专卖店和农贸市场发现，六个调查城市的苹果平均价格约为 6 元/500 克。同时，借鉴郑风田等（2015）的调查结果，可追溯苹果的支付意愿为 1.85 元/500 克。因此，以 6 元/500 克为基础价格等距上浮 2 元/500 克，将富士苹果价格属性分为四个层次：6 元/500 克、8 元/500 克、10 元/500 克和 12 元/500 克。

5.2.1.2　选择集和选择任务

根据已设定的信息及层次水平，确定实验选择集和实验问卷。实验设计采用部分因子定义苹果轮廓，选择合适的信息选择集。虽然全因子设计可以保证产品构造无信息损失，而且各属性效应独立可估。然而，在本实验选择的 4 个信息和每个信息 4 个层次水平的情况下，如果采用全因子设计，总共将产生 256（4×4×4×4=256）种可追溯苹果轮廓。全部轮廓生成后，随机选取两个可追溯苹果轮廓选项，形成一个选择集。消费者需要在 256×255/2=32640 个选择集中进行比较选择。在真实情景中，参与者不可能对所有可能的产品组合进行比较选择。因此，为了降低参与者的认知负担和选择偏差（Burton & Rigby，2012），研究采用部分因子设计，根据正交设计原则[①]，以确保在减少参与者选择次数的同时，保证信息层次水

①　根据胡贝尔和兹维里纳（Huber & Zwerina，1996）的研究，为了提高实验设计效率，部分因子设计需要遵循四个原则：正交性、属性层次平衡、最小重叠和效用平衡。但其局限性在于四个原则难以同时实现。大量研究中选择实验以正交性和属性层次平衡作为基本原则进行设计，所以遵循这两个原则的部分因子设计被称为正交设计原则。

平分布的平衡性。然后剔除不符合实际的选择方案后，最终筛选出 120 个选择集。为了使实验更加符合真实的选择情境，在每一个选择集中加入一个"不买"选项。"不买"选项的设计还可以避免参与者"被迫选择"而造成的估计结果偏差（Gao et al.，2016）。

最后，根据正交设计原则，按照属性层次平衡和正交性准则，检验选择任务设计效率，检验结果如表 5 - 3 所示。表 5 - 3 中属性层次平衡检验结果表明所有属性水平的频次基本平衡。正交性准则分别通过线性模型和非线性模型模拟进行检验。其中，线性模型模拟结果表明，除高层次可追溯信息和原产地山东外，其他属性层次的实际标准差与理想标准差的差异均在 10% 以内。而非线性模型模拟选择多元 logit 模型进行估计，从检验结果可以看出，A 效率为 74%，而基于 D 误差的 D 效率达到 80%。

表 5 - 3　　　　　基于正交设计原则的选择实验设计功效检验

属性		属性层次	频次	实际标准差	理想标准差/模拟标准差	模型功效
线性模型（OLS 模型）	可追溯信息	低层次可追溯信息	60	0.2270	0.2346	1.0679
		中层次可追溯信息	60	0.2293	0.2346	1.0468
		高层次可追溯信息	60	0.2496	0.2346	0.8839
		无可追溯信息	60	—	—	—
	认证信息	政府认证	61	0.2277	0.2325	1.0426
		国内第三方机构认证	59	0.2391	0.2325	0.9458
		国际第三方机构认证	60	0.2341	0.2325	0.9865
		无机构认证	60	—	—	—
	原产地信息	山东	61	0.2456	0.2325	0.8958
		新疆	60	0.2386	0.2325	0.9496
		陕西	60	0.2341	0.2325	0.9862
		无原产地	59	—	—	—
	价格信息	12 元/500 克	59	0.2224	0.2294	1.0645
		10 元/500 克	60	0.2411	0.2294	0.9055
		8 元/500 克	60	0.2229	0.2294	1.0593
		6 元/500 克	61	—	—	—

属性		属性层次	频次	实际标准差	理想标准差/模拟标准差	模型功效
非线性模型（MNL模型）	可追溯信息	低层次可追溯信息		0.0264	0.0232	0.877
		中层次可追溯信息		0.0273	0.0236	0.865
		高层次可追溯信息		0.0290	0.0252	0.869
		无可追溯信息		—	—	—
	认证信息	政府认证		0.0279	0.0232	0.832
		国内第三方机构认证		0.0281	0.0240	0.854
		国际第三方机构认证		0.0282	0.0236	0.837
		无机构认证		—	—	—
	原产地信息	山东		0.0287	0.0247	0.859
		新疆		0.0281	0.0241	0.857
		陕西		0.0279	0.0237	0.848
		无原产地		—	—	—
	价格信息			0.0042	0.0036	0.878
	不买选项			0.0454	0.0517	0.877
	D误差			0.00031	0.00039	0.800
	A误差			0.0072	0.0097	0.742

注：线性模型检验中的理想标准差为符合正交设计原则的标准差。

5.2.1.3　选择实验问卷

在参与者有限认知资源的约束下，设计10个不同版本的问卷，每个版本包含12个选择集（样例见图5－2）。为了进一步减小排序效应对实验效度造成的影响，参照卢雷罗和昂伯格（Loureiro & Umberger，2007）和萨维特和瓦尔德曼（Savage & Waldman，2008）的研究，本章采用随机排序方式安排问卷中的选择集和选项。具体选择实验问卷参见附录消费者调查问卷。

5.2.1.4　结构化问卷

为了分析农产品追溯信息偏好异质性及其原因，需要进一步收集消费者基本特征、苹果消费特征、信息认知等方面相关数据。所以在选择实验问卷之后，进行结构化问卷调查。调查所获取的数据主要用于分析信息价值感知及其影响因素，因此相关问题及答项的设计已在第 4 章介绍，详见章节 4.2.1.2 和章节 4.2.2.2 论述。

选项 A	选项 B	选项 C
可追溯信息：种植+流通+市场 政府认证 山东 价格：12 元/500克 ◎	无可追溯信息 国际第三方认证 新疆 价格：10 元/500克 ◎	我不打算买 ◎

图 5-2　实验选择集样例

注：消费者根据个人偏好，在相应选项 ◎ 下面打√。

5.2.2　实验组织实施

选择实验于 2017 年 8 月在北京、上海、广州、西安、济南和哈尔滨六个城市展开。六个城市分布在我国东部、中部和西部，具有经济发展水平上的差异性，能够代表不同层次消费者的行为决策特点。实验调查城市选择在保证样本差异的同时，以国家级和省级追溯试点城市为对象，排除因为追溯食品可获得性差异而可能导致的消费者认知和行为偏差。然后，根据所选城市的地理区划，在每个城市选择位置不同、具有代表性的四个行政区。在进一步确定具体实验地点时，因为无法获取苹果购买群体的官方人口统计数据，我们按照胡等（Hu et al.，2004）的方法，选取有代表性的购买渠道作为具体实验地点。参照尼尔森 2015 年 10 月份发布的《中国生鲜电商市场研究白皮书》，与蔬菜、肉类和水产购买渠道比较传统相比，水果购买以超市和大卖场为最主要的购买渠道，其次为水果专卖店、网络和农贸市场。因此，实地实验调查主要选择在商超、水果专卖店和农贸市场进行。其中，50% 实验调查样本来自商超、30% 来自水果专卖店、20%

来自农贸市场。2017年7月份，在郑州进行了预实验，在此基础上，进一步修改完善实验方案，并在8月份相继在济南、北京、哈尔滨、广州、上海和西安六个城市展开正式实验调查，分别获得295份、408份、269份、383份、413份和324份有效问卷，共计2092份有效问卷。

实验调查按照选择性加入的方法，采取面对面直接访谈的方式进行。首先由经过培训的调研员随机选取受访对象，询问受访对象"是否年满18周岁，以及是否在过去六个月购买过苹果"，任一问题回答否定的消费者直接终止访问，不进入我们的样本。同时邀请进入样本的消费者参与苹果偏好和支付意愿的选择实验。每位参与者大概需要用15~20分钟完成实验，并获得20元作为参与实验的奖励。在实验开始前，由调研员向参与者详细讲解选择实验规则和描述选择情景。为了降低选择实验中可能存在的假想型偏误，本书设置了"廉价磋商"（cheap talk）（Cummings & Taylor，1999；Lusk，2003），即调研员会提醒参与者在完成实验任务时，尽可能像平时购买苹果一样，在考虑个人预算约束的情况下进行选择。实验结束后，参与者需填写个人和家庭特征、苹果消费特征和对可追溯农产品认知等内容的结构化问卷。

▶ 5.3 信息价值差异评估

5.3.1 基于信息价值感知的信息价值差异评估

5.3.1.1 潜类别logit模型

对于异质性影响因素的研究，许多文献运用随机参数logit模型，虽然能够估算出信息对每个消费者的效用分值，却不能为市场细分刻画消费者群体特点（Boxall & Adamowicz，2002）。而利用潜类别logit模型，能够对不同偏好类型下信息效用和消费者特征变量进行联合估计，并以概率形式给出各类消费者分布特征，有助于识别不同消费群体对可追溯农产品信息的需求差异，进而分析可追溯农产品的市场细分和市场绩效，所以更具有实际意义（Ortega et al.，2011；朱淀等，2015）。

根据兰开斯特（Lancaster）消费者理论，产品效用来自产品所具有的属性组合。令 U_{nit} 为消费者 n 在 t 情境下从 M 个选择集中选择苹果信息 i 所获得的效用，根据 McFadden 的随机效用理论，总效用 U_{nit} 由两部分构成：

$$U_{nit} = \beta x_{nit} + \varepsilon_{nit} \tag{5.1}$$

其中，βx_{nit} 为效用确定项，x_{nit} 表示可追溯苹果第 i 个信息，β 是信息效用权重向量，表示消费者偏好具有同质性。ε_{nit} 为随机项，当 ε_{nit} 独立且服从极值分布时，式（5.1）为条件 logit 模型（conditional logit）的效用函数。根据效用最大化原则，消费者 n 在 t 情境下选择苹果信息 i 的选择概率函数可以表示为：

$$P_{nit} = \frac{e^{\beta x_{nit}}}{\sum_{j=1}^{J} e^{\beta x_{njt}}} \tag{5.2}$$

可追溯苹果信息选择实验中，消费者 n 连续在 $T = 12$ 个情境中进行决策，选择信息 i 的联合概率函数为：

$$L_{ni} = \prod_{t=1}^{12} \frac{e^{\beta x_{nit}}}{\sum_{j=1}^{J} e^{\beta x_{njt}}} \tag{5.3}$$

放松消费者偏好同质性假设，属性效用权重向量 β 并非固定，而是服从某种分布。通过对 β 不同取值进行积分，可以将信息偏好异质性概率表示为：

$$P_{ni} = \int L_{ni}(\beta_n) f(\beta) \, d\beta \tag{5.4}$$

式（5.4）称为混合 logit 模型（mixed logit）的概率函数。其中，$f(\beta)$ 是 β 的概率密度函数。基于 $f(\beta)$ 的不同分布形式，混合 logit 模型能够模拟任何随机效用模型（McFadden & Train，2000）。当 $f(\beta)$ 服从连续型分布时，消费者偏好具有个体异质性。而假设 $f(\beta)$ 服从离散型分布，消费者异质性偏好则具有群体性特点。假设消费者分为 C 个不同类别，各类别中消费者具有同质性，可以构造潜类别 logit 模型（latent class logit），估计消费者偏好群体异质性。在假定消费者类别前提下，消费者 n 选择信息 i 的概率为：

$$P_{ni}(\beta_c) = \sum_{c=1}^{C} L_{ni}(\beta_c) H_{nc} \tag{5.5}$$

其中，β_c 为 c 类消费者群体对应属性系数的列向量，$L_{ni}(\beta_c)$ 为消费者 n 属于类别 c 情况下选择苹果信息 i 的先验概率，H_{nc} 表示消费者 n 属于类别 c 的先验概率，可表示为：

$$H_{nc} = \frac{e^{\theta_c z_n}}{\sum_r e^{\theta_r z_n}} \tag{5.6}$$

其中，z_n 是影响消费者 n 属于类别 c 的特征变量，θ_c 是类别 c 中消费者特征的参数向量。采用极大似然法对式（5.5）进行估计，得出 θ_c 和 β_c 的估计结果 $\hat{\theta}_c$ 和 $\hat{\beta}_c$。然后分别计算出消费者 n 属于类别 c 的先验概率 $\hat{H}_{nc}$，以及消费者 n 属于类别 c 情况下选择苹果信息 i 的先验概率 $\hat{L}_{ni}(\hat{\beta}_c)$。根据贝叶斯准则，可以得出选择苹果信息 i 的消费者 n 属于类别 c 的后验概率：

$$\hat{H}_{c|i} = \frac{\hat{H}_{nc}(\hat{\theta}_c) \hat{L}_{ni}(\hat{\beta}_c)}{\sum_{c=1}^{C} \hat{H}_{nc}(\hat{\theta}_c) \hat{L}_{ni}(\hat{\beta}_c)} \tag{5.7}$$

由式（5.7）可以计算出消费者 n 属于类别 c 的概率：

$$\eta_c = \frac{\sum_{n=1}^{N} \hat{H}_{c|i}}{N} \tag{5.8}$$

同时，由式（5.7）和式（5.8）可知，消费者类别概率由信息属性效用参数和消费者特征变量参数联合估计。通过对比两类参数估计值，就能发现消费者偏好异质性原因（Boxall & Adamowicz，2002）。为了分析可追溯苹果偏好异质性特点和原因，本章将考虑引入信息价值感知变量。信息价值感知变量包括：信息预测价值和信心价值。其中，信息预测价值感知是指消费者对可追溯信息、认证信息和原产地信息标识食品质量安全功能性的态度。信息信心价值感知包括消费者分别对三种信息识别能力的认知。

5.3.1.2 变量与数据

被解释变量是消费者对每个信息组合选项进行选择的虚拟变量。解释变量是富士苹果的可追溯信息、认证信息、原产地信息、价格和不买选项，伴随变量是信息价值感知。其中，"不买"选项为虚拟变量。价格是分类变量，为实验设计的四个价格水平。可追溯信息为富士苹果可追溯环节信息层次的分类变量，以无追溯信息作为参照；认证信息为富士苹果认证类别层次的分类变量，无认证信息作为参照；原产地信息为富士苹果原产地层次的分类变量，无原产地信息作为参照。三个信息层次变量采用虚拟编码进行赋值。信息价值感知变量包括可追溯信息、认证信息和原产地信息的预测价值感知分类变量，以及三个信息的信心价值感知虚拟变量。被解释变量与解释变量的赋值与描述如表5-4所示，伴随变量的赋值与描述详见第4章的表4-1和表4-3。

表5-4　　　　　　　　　　　变量赋值与统计描述

	变量	变量赋值	平均值	标准差
被解释变量	选项 A	选择 =1，不选 =0	0.419	0.493
	选项 B	选择 =1，不选 =0	0.421	0.494
	选项 C	选择 =1，不选 =0	0.160	0.367
解释变量	低层次可追溯信息	高层次可追溯信息 =0，中层次可追溯信息 =0，低层次可追溯信息 =1，无可追溯信息 =0	0.409	0.492
	中层次可追溯信息	高层次可追溯信息 =0，中层次可追溯信息 =1，低层次可追溯信息 =0，无可追溯信息 =0	0.463	0.499
	高层次可追溯信息	高层次可追溯信息 =1，中层次可追溯信息 =0，低层次可追溯信息 =0，无可追溯信息 =0	0.502	0.500
	无可追溯信息	高层次可追溯信息 =0，中层次可追溯信息 =0，低层次可追溯信息 =0，无可追溯信息 =1	0.302	0.459
	政府认证	政府认证 =1，国内第三方机构认证 =0，国际第三方机构认证 =0，无机构认证 =0	0.508	0.500
	国内第三方机构认证	政府认证 =0，国内第三方机构认证 =1，国际第三方机构认证 =0，无机构认证 =0	0.440	0.496
	国际第三方机构认证	政府认证 =0，国内第三方机构认证 =0，国际第三方机构认证 =1，无机构认证 =0	0.494	0.500
	无机构认证	政府认证 =0，国内第三方机构认证 =0，国际第三方机构认证 =0，无机构认证 =1	0.237	0.426

续表

变量		变量赋值	平均值	标准差
解释变量	原产地新疆	新疆 =1，山东 =0，陕西 =0，无原产地 =0	0.479	0.500
	原产地山东	新疆 =0，山东 =1，陕西 =0，无原产地 =0	0.464	0.499
	原产地陕西	新疆 =0，山东 =0，陕西 =1，无原产地 =0	0.481	0.500
	无原产地	新疆 =0，山东 =0，陕西 =0，无原产地 =1	0.252	0.434
	价格	价格 =6，价格 =8，价格 =10，价格 =12	7.076	3.671
	不买	选择 =1，不选 =0	0.160	0.367

注：由于每份选择实验问卷包括 12 个选择集，每个选择集由两个信息组合选项和一个不买选项组成。所以被解释变量中的选项 A 和选项 B 分别对应 12 个不同的信息组合，选项 C 则都表示"不买"选项。

本章研究所用的选择实验数据来自 2017 年 7～10 月在北京、上海、广州、西安、济南和哈尔滨六个城市所做的消费者实验调查。调查样本与第 4 章消费者对追溯农产品认知水平、信息信任程度和信息价值感知研究的调查样本相同。样本选择依据和样本消费者的统计特征描述参见第 4 章 4.2.1.2 部分的数据来源和表 4-2。

5.3.1.3 估计结果及分析

1. 模型拟合与类别选择

通过逐一增加类别数目，检验潜类别 logit 模型与数据的拟合性，并确定最优类别数，拟合性结果如表 5-5 所示。为了选择适合模型的最优类别数，可以采用赤池（Akaike）信息准则指标（AIC）、Akaike 似然比指数（ρ^2）和贝叶斯（Bayesian）信息准则指标（BIC）作为判断准则（Ben-Akiva et al.，1986）。与 ρ^2 相反，AIC 和 BIC 指标取值越小，潜类别模型拟合度越好。比较表 5-5 中模型拟合指标可以发现，随着潜类别数增加，ρ^2 从 0.12 增加到 0.18，AIC 值和 BIC 值持续下降。然而当类别从 3 类增加为 4 类时，三个指标变化程度都达到最大，表明模型拟合度获得最大程度改善。参照埃德尔等（Roeder et al.，1999）和博克斯奥和阿达莫维茨（Boxall & Adamowicz，2002）的研究结果，表明潜类别数为 4 时模型拟合改进最大。因此本章将消费者分为 4 类，分析可追溯苹果偏好异质性。

表 5 - 5				潜类别 logit 模型拟合性检验结果		
潜类别数	参数数量（P）	AIC	ρ^2	BIC	LL	LL（0）
2	23	39228. 20	0. 12	39358. 05	-19591. 10	-22303. 03
3	35	38662. 20	0. 13	38859. 81	-19296. 10	-22238. 90
4	47	37939. 55	0. 15	38204. 91	-18922. 78	-22268. 04
5	59	37611. 99	0. 15	37945. 10	-18746. 99	-22244. 19
6	71	37036. 72	0. 16	37437. 57	-18447. 36	-22174. 04
7	83	36965. 05	0. 17	37433. 66	-18399. 53	-22202. 84
8	95	36719. 58	0. 17	37255. 94	-18264. 79	-22196. 35
9	107	36536. 79	0. 18	37140. 90	-18161. 39	-22177. 16
10	119	36469. 73	0. 18	37141. 59	-18115. 87	-22125. 46

注：$AIC = -2LL + 2P$；$\rho^2 = 1 - AIC/[-2LL(0)]$；$BIC = -2LL + P \times \ln(N)$；LL 表示模型参数估计达到收敛时的对数似然值；LL（0）表示所有参数都为 0 时的对数似然值；样本量 N 是 2092 个消费者进行的 75312 次选择。

2. 偏好异质性检验

为了保证模型稳健性并进一步验证潜类别模型拟合程度，表 5 - 6 分别列出了条件 logit、混合 logit 和潜类别 logit 模型的估计结果。三个模型的显著性水平和系数估计值符号基本一致。而且根据 Log Likelihood 和 BIC 估计，考虑个体异质性偏好的混合 logit 模型比条件 logit 模型具有显著改进，而考虑群体异质性偏好的潜类别 logit 模型拟合程度最好。由此，验证了消费者偏好具有群体异质性的假设。

表 5 - 6				三种 logit 模型估计结果			
变量		条件 logit 模型	混合 logit 模型	潜类别 logit 模型			
				类别 1	类别 2	类别 3	类别 4
价格		-0. 1654 *** (0. 0042)	-0. 2484 *** (0. 0096)	-0. 0488 *** (0. 0086)	-0. 3075 ** (0. 1330)	-0. 3044 *** (0. 0132)	-0. 7352 *** (0. 0541)
不买		-0. 3789 *** (0. 0517)	-0. 5965 *** (0. 1058)	-0. 9041 *** (0. 1325)	3. 8986 *** (1. 4709)	-0. 1766 (0. 1511)	-6. 7391 *** (0. 5043)
可追溯信息	高层次可追溯	0. 8253 *** (0. 0290)	1. 1588 *** (0. 0505)	1. 0352 *** (0. 0433)	1. 0972 *** (0. 6676)	0. 8241 *** (0. 0707)	0. 8202 *** (0. 1407)
	中层次可追溯	0. 6323 *** (0. 0273)	0. 9004 *** (0. 0459)	0. 8405 *** (0. 0399)	0. 1299 (0. 7849)	0. 5730 *** (0. 0688)	0. 6425 *** (0. 1293)
	低层次可追溯	0. 4071 *** (0. 0264)	0. 5732 *** (0. 0384)	0. 5196 *** (0. 0363)	0. 2883 (0. 7116)	0. 3255 *** (0. 0683)	0. 5521 *** (0. 1280)

续表

变量		条件 logit 模型	混合 logit 模型	潜类别 logit 模型			
				类别 1	类别 2	类别 3	类别 4
认证类型	政府认证	1. 1653 *** (0. 0279)	1. 5940 *** (0. 0545)	1. 4717 *** (0. 0435)	1. 9076 ** (0. 8685)	1. 1540 *** (0. 0714)	0. 5969 *** (0. 1404)
	国内第三 方认证	0. 9378 *** (0. 0281)	1. 2614 *** (0. 0475)	1. 2011 *** (0. 0412)	0. 8353 (0. 9006)	0. 7910 *** (0. 0714)	0. 5886 *** (0. 1264)
	国际第三 方认证	1. 0589 *** (0. 0282)	1. 4555 *** (0. 0525)	1. 3613 *** (0. 0423)	0. 8351 (0. 9092)	0. 8615 *** (0. 0715)	0. 8976 *** (0. 1346)
原产地信息	新疆	0. 8977 *** (0. 0281)	1. 1848 *** (0. 0495)	1. 0793 *** (0. 0405)	0. 9735 (0. 7376)	1. 1045 *** (0. 0758)	0. 9933 *** (0. 1258)
	山东	0. 9434 *** (0. 0287)	1. 2607 *** (0. 0517)	1. 1256 *** (0. 0425)	1. 0854 (0. 7223)	1. 2764 *** (0. 0762)	0. 9465 *** (0. 1265)
	陕西	0. 9321 *** (0. 0279)	1. 2033 *** (0. 0468)	1. 0269 *** (0. 0419)	0. 0459 (0. 8984)	1. 3025 *** (0. 0756)	1. 1193 *** (0. 1282)
Log Likelihood		− 22307. 07	− 20700. 08	− 18922. 78			
BIC		44737. 66	41624. 75	38204. 91			

注: 括号内数字为稳健估计的标准误; *** 、** 和 * 分别表示 1%、5% 和 10% 的显著性水平。

3. 信息偏好估计

为了进一步考察信息偏好异质性及其影响因素，将信息价值感知变量引入潜类别 logit 模型，估计结果如表 5 – 7 所示。根据表 5 – 7 上半部分类别概率和信息偏好估计结果，可以将消费者分为价格敏感型、认证偏好型、原产地偏好型和信息怀疑型四个类别，潜类别概率分别为 0. 341、0. 294、0. 196 和 0. 168。结合表 5 – 7 下半部分偏好类别协变量估计结果，以价格敏感型消费者为参照，分析各类别消费者偏好异质性特点和影响因素。

表 5 – 7　　　加入信息价值感知的潜类别 logit 模型估计结果

变量		价格敏感型	认证偏好型	原产地偏好型	信息怀疑型
潜类别概率		0. 341	0. 294	0. 196	0. 168
信息 （层次）	价格	− 0. 757 *** (0. 058)	− 0. 051 *** (0. 008)	− 0. 307 *** (0. 013)	− 0. 296 ** (0. 134)
	不买	− 6. 995 *** (0. 536)	− 0. 905 *** (0. 132)	− 0. 195 (0. 150)	4. 063 *** (1. 507)

续表

变量		价格敏感型	认证偏好型	原产地偏好型	信息怀疑型
信息（层次）	低层次可追溯	0. 546 *** (0. 131)	0. 521 *** (0. 036)	0. 328 *** (0. 068)	0. 354 (0. 723)
	中层次可追溯	0. 656 *** (0. 133)	0. 839 *** (0. 040)	0. 575 *** (0. 069)	0. 031 (0. 855)
	高层次可追溯	0. 818 *** (0. 146)	1. 034 *** (0. 043)	0. 825 *** (0. 071)	1. 156 * (0. 679)
	政府认证	0. 581 *** (0. 140)	1. 468 *** (0. 043)	1. 150 *** (0. 071)	2. 023 ** (0. 918)
	国内第三方认证	0. 551 *** (0. 128)	1. 200 *** (0. 041)	0. 794 *** (0. 071)	0. 893 (0. 965)
	国际第三方认证	0. 864 *** (0. 136)	1. 361 *** (0. 042)	0. 862 *** (0. 071)	0. 943 (0. 960)
	产地新疆	0. 995 *** (0. 128)	1. 078 *** (0. 041)	1. 104 *** (0. 076)	0. 919 (0. 717)
	产地山东	0. 935 *** (0. 130)	1. 127 *** (0. 043)	1. 272 *** (0. 076)	0. 959 (0. 710)
	产地陕西	1. 106 *** (0. 135)	1. 028 *** (0. 042)	1. 306 *** (0. 075)	− 0. 017 (0. 882)
偏好类别协变量	预测价值 可追溯信息预测价值	—	0. 106 (0. 133)	− 0. 074 (0. 144)	− 0. 514 ** (0. 209)
	认证信息预测价值	—	0. 188 (0. 151)	− 0. 055 (0. 168)	− 0. 577 ** (0. 252)
	原产地信息预测价值	—	0. 015 (0. 158)	0. 091 (0. 173)	0. 065 (0. 263)
	信心价值 可追溯信息信心价值	—	0. 169 (0. 171)	0. 107 (0. 186)	0. 093 (0. 284)
	认证信息信心价值	—	0. 367 ** (0. 170)	0. 161 (0. 187)	0. 129 (0. 281)
	原产地信息信心价值	—	0. 345 *** (0. 097)	0. 369 *** (0. 108)	− 0. 231 (0. 164)
	常数项	—	− 0. 232 (0. 435)	− 0. 045 (0. 476)	1. 347 ** (0. 675)

注：括号内数字为稳健估计的标准误；*** 、** 和 * 分别表示1%、5%和10%的显著性水平；Log Likelihood 值和 BIC 值为 − 18573. 78 和 37877. 47。

第一，由于受价格约束影响最大，价格敏感型消费者显著偏好三种信息，但程度最低。价格属性和不买选项的估计系数在1%水平上显著为负，且相较于其他三类消费者，两个系数估计值的绝对值最大，表明对于价格敏感型消费者而言，价格和不买的负效用最强；同时与其他消费者相比，价格敏感型消费者对各信息的偏好程度较低。因此，在不买对该消费群体具有最大负效用的情况下，对价格最敏感，可能最终导致他们显著偏好各信息但程度不高。在所有质量安全信息层次中，价格敏感型消费者认为原产地陕西的效用最高。

第二，认证偏好型消费者显著偏好三种信息且最偏好认证信息。价格的估计系数显著为负，说明价格增加会降低认证偏好型消费者效用。但与其他类型消费者相比，价格属性的估计系数绝对值最小，表明认证偏好型消费者受到价格约束的程度最小。认证信息和原产地信息的信心价值估计系数分别在5%和1%水平上显著为正。因此，与价格敏感型消费者相比，认证偏好型消费者能够识别认证信息和原产地信息。

第三，对原产地偏好型消费者而言，三种信息都具有显著正效用，其中原产地信息的效用最高。原产地偏好型消费者偏好各层次原产地信息且最偏好原产地陕西。原产地信息信心价值的系数估计值在1%水平上显著为正。表明与价格敏感型消费者相比，原产地信息更容易被原产地偏好型消费者识别，更能够提高其效用值，从而最受该群体偏好。

第四，相比实验提供的三种信息组合的可追溯苹果，"不买"选项对信息怀疑型消费者而言，效用更高。在四类消费者中，只有信息怀疑型消费者"不买"选项的系数估计值为正且显著性水平为1%。同时，该类消费者也显著偏好政府认证和高层次可追溯信息，表明对于信息怀疑型消费者而言，为了提高可追溯苹果的效用值，生产者仅需提供政府认证信息、高层次可追溯信息，或者两种信息组合。该类消费者信息预测价值的估计系数显著为负，所以定义为信息怀疑型消费者，表明不相信可追溯信息和认证信息能够预测食品质量安全的消费者更可能归入该群体。

整体而言，信息价值感知有助于解释可追溯苹果偏好群体异质性。第一，认证信息和原产地信息的信心价值有助于区分认证偏好型和原产地偏好型消费者，两类消费者分别对认证信息和原产地信息的偏好程度更高。第二，可追溯信息和认证信息的预测价值对于理解信息怀疑型消费者至关重要。他们不认为可追溯信息和认证信息可以预测可追溯苹果质量安全，不愿意购买实验提供的信息组合的可追溯苹果，仅显著偏好高层次可追溯信息和政府认证信息。第三，原产地信息预测价值和可追溯信息信心价值的作用不显著。可能的原因是，原产地信息被认为是农产品最重要的质量安全线索（全世文等，2017），向消费者传递农产品口感、新鲜和人文社会环境等多种安全品质信息，满足不同消费者需求，所以原产地信息预测质量安全的功能性对消费者偏好异质性的影响可能并不显著。另外，可追溯信息为消费者提供农产品供应链各环节相关信息，降低了对消费者信息获取能力和成本投入要求，所以消费者使用可追溯信息的信心较高，对于消费者偏好差异不具有显著解释力。

4. 支付意愿估计

表 5-8 显示了 95% 的置信区间的信息支付意愿估计的平均值。观察表 5-8 估计结果可以发现，信息怀疑型消费者认为选择"不买"选项的效用最大，而且该类消费者对各信息支付意愿的估计值均不显著。因此，针对价格敏感型、认证偏好型和原产地偏好型消费者，进一步分析其支付意愿估计结果。

表 5-8　　　　　　　各类型消费者对信息支付意愿估计结果

信息层	价格敏感型	认证偏好型	原产地偏好型	信息怀疑型
低层次可追溯	0.721 [0.385, 1.058]	10.179 [6.634, 13.725]	1.070 [0.621, 1.518]	1.193 [-3.639, 6.026]
中层次可追溯	0.867 [0.529, 1.205]	16.395 [10.733, 22.057]	1.877 [1.404, 2.350]	0.106 [-5.541, 5.753]
高层次可追溯	1.080 [0.675, 1.486]	20.215 [13.425, 27.004]	2.691 [2.192, 3.190]	3.901 [-1.770, 9.572]
政府认证	0.767 [0.360, 1.174]	28.696 [19.000, 38.392]	3.750 [3.202, 4.298]	6.825 [-2.074, 15.723]

续表

信息层	价格敏感型	认证偏好型	原产地偏好型	信息怀疑型
国内第三方认证	0.727 [0.367, 1.087]	23.449 [15.520, 31.378]	2.591 [2.088, 3.093]	3.012 [-3.794, 9.817]
国际第三方认证	1.141 [0.724, 1.558]	26.599 [17.668, 35.530]	2.813 [2.309, 3.317]	3.181 [-3.696, 10.059]
产地新疆	1.314 [0.952, 1.676]	21.075 [13.834, 28.317]	3.602 [3.023, 4.182]	3.100 [-2.322, 8.523]
产地山东	1.235 [0.883, 1.586]	22.023 [14.420, 29.626]	4.149 [3.544, 4.753]	3.236 [-2.041, 8.512]
产地陕西	1.460 [1.123, 1.797]	20.085 [13.038, 27.133]	4.261 [3.671, 4.851]	-0.058 [-5.887, 5.771]

注：方括号内数字均表示95%的置信区间；信息怀疑型消费者各属性系数都不显著，其他类别消费者各属性系数在1%水平上显著。

第一，对这三类消费者而言，认证信息和原产地信息的溢价水平整体均高于可追溯信息。其中，价格敏感型和原产地偏好型消费者对原产地陕西具有最高支付意愿，溢价水平分别为1.46元/500克和4.26元/500克。政府认证是认证偏好型消费者支付意愿最高的信息，溢价水平为28.70元/500克。因此，这一估计结果说明，质量保证信息具有更强的增值作用，政府和生产经营者可以通过添加认证信息和原产地信息，提高可追溯苹果的市场价值。

第二，对三类消费者而言，三种信息具体层次的溢价水平排序各有特点。三类消费者对高层次可追溯信息的支付意愿最高，其次是中层次和低层次可追溯信息，说明消费者越来越重视苹果供应链各环节信息。三类消费者对认证属性三个层次支付意愿的排序不完全相同，消费者一致愿意为国际第三方认证支付高于国内第三方认证的溢价水平，但第三方认证和政府认证溢价水平的排序不同。根据本书调查数据，对食品安全监管部门持不信任（43.79%）和不确定态度（47.61%）的消费者占比高达91.4%，仅有8.6%消费者持信任态度。说明近年来中国不断爆发的食品安全事件，降低了消费者对监管部门和国内认证的信心，但提高了消费者对新兴的国际第三方认证的预期。三类消费者对原产地各层次信息支付意愿排序完全不同。可能是由于不同原产地意味着口感、硬度、甜度等品质属性不同，消费者对这些品质属性偏好各异。因此，可追溯信息各层次溢价水平排序具有一致性，不利于市场细分。而生产经营者可以根据认证信息，尤其是原产地信息不同层次溢价水平排序的差异性，根据细分市场特征，供给满足市场需求的信息层次组合可追溯苹果。

第三，三类消费者愿意为信息支付的溢价水平具有明显差异。价格敏感型消费者对各属性层次的支付意愿最低。认证偏好型消费者愿意为各属性层次支付的溢价水平最高，且明显高于真实购买中消费者愿意支付的价格水平。可能的原因包括：一方面，本章运用选择实验方法研究消费者支付意愿。为了降低选择性偏差，尽管我们采用广泛认可的"廉价磋商"法，并设置更接近真实的产品轮廓和选择情境，但与其他陈述性偏好方法一样，估计结果依然会存在选择性偏差。另一方面，根据认证偏好型消费者分布特征可知，与价格敏感型消费者相比，该类消费者对认证信息和原产地信息具有较高的信心价值。而且受到价格属性影响最小，所以支付意愿也相应更高。

5.3.2 基于购买经历的信息价值差异评估

5.3.2.1 模型

分别采用条件 logit 模型、随机参数 logit 模型，以及加入购买经历和属性交叉项的随机参数 logit 模型估计可追溯富士苹果的偏好和支付意愿。消费者 n 在选择任务 t 下选择第 j 个富士苹果轮廓所获得效用可以表示为：

$$U_{njt} = ASC + \alpha Price_{njt} + \beta \times CERTIFY_{njt} + \gamma \times TRACE_{njt} + \delta \times ORIGIN_{njt} + \varepsilon_{njt}$$

$$(5.9)$$

在式（5.9）中，ASC 是特定常数项，表示消费者选择了"不买"选项。$Price_{njt}$ 是数值变量，为实验设计的四个价格水平。$CERTIFY$ 是富士苹果认证类别的分类变量，包括政府认证（GOVERT）、国内第三方认证（DOTHCERT）、国际第三方认证（INTHCERT），无认证信息作为参照。*TRACE* 是富士苹果可追溯信息的分类变量，包括价值链的高层次追溯信息（HITRACE）、中层次追溯信息（MITRACE）和低层次追溯信息（LOTRACE），以无追溯信息为参照。*ORIGIN* 是富士苹果原产地的分类变量，包括山东（SD）、新疆（XJ）和陕西（SHX），无原产地信息作为参照。α 是价格属性的参数向量，β，γ 和 δ 是衡量受访者对非价格属性偏好的参数向量。参照乌比拉瓦和福斯特（Ubilava & Foster，2009）的方法，假设非价格参数向量随机且服从正态分布，而 *ASC* "不买"选项和价格的系数固定。

为了考察购买经历对消费者偏好异质性的影响，在 RPL 模型中加入购买经历与苹果属性之间的交叉项。效用模型可以表示为：

$$
\begin{aligned}
U_{njt} = {} & ASC + \alpha Price_{njt} + \beta \times CERTIFY_{njt} + \gamma \times TRACE_{njt} + \delta \times ORIGIN_{njt} \\
& + \eta \times EXP_n \times CERTIFY_{njt} + \theta \times EXP_n \times TRACE_{njt} + \sigma \\
& \times EXP_n \times ORIGIN_{njt} + \lambda \times UNSURE_n \times CERTIFY_{njt} + \omega \\
& \times UNSURE_n \times TRACE_{njt} + \varphi \times UNSURE_n \times ORIGIN_{njt} + \varepsilon_{njt} \quad (5.10)
\end{aligned}
$$

式（5.10）中，*EXP* 是消费者过去购买苹果的经验，包括购买过打蜡苹果的经验 *Nb*、购买过农药残留苹果的经验 *Np*、以及购买过假冒认证苹果的经验 *Nf*。交互项 *EXP × CERTIFY*、*EXP × TRACE* 和 *EXP × ORIGIN* 表示消费者购买过问题苹果的经验与认证类型、可追溯信息和原产地属性之间的交互效应。*UNSURE* 是消费者对是否购买过打蜡苹果 *Nbm*、农药残留苹果 *Npm* 和假冒认证苹果 *Nfm* 的不确定经验。其中 *UNSURE × CERTIFY*、*UNSURE × TRACE* 和 *UNSURE × ORIGIN* 的交叉项表示消费者对过去购买行为的不确定经验与非价格属性之间的交互效应。另外，以消费者没有购买过问题苹果的经验作为参照组。

根据条件 logit 模型、随机参数 logit 模型和引入属性交叉项的随机参数 logit 模型估计结果，利用公式 $WTP = -\dfrac{\beta_t}{\beta_p}$ 估算消费者对可追溯富士苹果各属性层次的支付意愿。其中，β_t 是第 *t* 个属性（非价格属性）层次的估计系数，β_p 是价格属性的估计系数。

5.3.2.2　变量与数据

表 5 - 9 显示了受访者的基本特征。在受访者中，男性的比例略高于女性。受访者的平均年龄约为 34 岁，受教育年限约为 14.57 年，平均月收入约为 6410.25 元/月，家庭月收入为 18210 元/月。表 5 - 9 中受访者过去购买经历数据表明，对于是否购买过打蜡苹果的消费经历，约 0.415 受访者表示购买过，约 0.324 受访者表示不确定或不知道，约 0.261 受访者表示没有。其中，只有 0.0949 济南受访者表示不确定或不知道自己是否购买过打蜡的苹果，其他五个城市受访者回答不确定或不知道的比例远高于济南。当受访者被问及是否购买过残留农药的苹果时，约 0.494 受访者表示不确定或不知道，约 0.371 受访者表示购买过，没有购买过残留农药苹果的受访者仅占样本总数的 0.136。其中，北京（0.613）、上海（0.559）和广州（0.520）的受访者不确定或不知道是否购买过农药残留苹果的比例高于哈尔滨（0.420）、西安（0.411）和济南（0.363）。表示购买过、不确定和没买过假冒认证苹果的受访者，分别占总样本比例的 0.076、0.542 和 0.382。而且，六个城市受访者表示不确定是否购买过假冒认证苹果的比例与总样本占比一致。

表 5 - 9　　　　　　　　样本的人口统计学特征和富士苹果购买经历

变量		定义	平均值	标准误差
性别		1 = 男，0 = 女	0.507	0.50
年龄		身体年龄	34.00	12.75
受教育程度		文化程度（年）	14.57	3.11
个人月收入		受访者人均收入（元/月）	6410.25	14069.65
家庭月收入		家庭人均收入（元/月）	18210.97	31436.82
消费者经验				
购买过打蜡苹果（自述）	Nb	1 = 买过，0 = 其他	0.415	0.49
	Nbm	1 = 不确定，0 = 其他	0.324	0.47
	no_Nb	1 = 没买过，0 = 其他	0.261	0.44

续表

变量		定义	平均值	标准误差
购买过有农药残留苹果（自述）	Np	1 = 买过，0 = 其他	0.370	0.48
	Npm	1 = 不确定，0 = 其他	0.494	0.50
	no_Np	1 = 没买过，0 = 其他	0.136	0.34
购买过假冒认证苹果（自述）	Nf	1 = 买过，0 = 其他	0.076	0.27
	Nfm	1 = 不确定，0 = 其他	0.542	0.50
	no_Nf	1 = 没买过，0 = 其他	0.382	0.49

5.3.2.3 估计结果及分析

1. 消费者个体偏好与支付意愿

根据前文定义的条件 logit 模型、随机参数 logit 模型和加入交叉项的随机参数 logit 模型，采用虚拟编码对非价格属性进行赋值①，应用 STATA 15.0 软件，运用 Halton 算法将六个中国城市消费者样本数据抽取 1000 次进行评估和模拟，结果如表 5 - 10 所示。

表 5 - 10　　　　　　　　　　　模型估计结果

变量		CL 模型	RPL 模型	RPL 交互模型	
		均值	均值	均值	标准误差
不买		- 0.38 *** (0.05)	- 0.49 *** (0.10)	- 0.49 *** (0.10)	
价格		- 0.17 *** (0.00)	- 0.22 *** (0.10)	- 0.22 *** (0.10)	
认证类型	政府认证	1.17 *** (0.03)	1.42 *** (0.05)	1.76 *** (0.13)	1.16 *** (0.06)
	国内第三方认证	0.94 *** (0.03)	1.16 *** (0.04)	1.43 *** (0.12)	0.71 *** (0.07)
	国际第三方认证	1.06 *** (0.03)	1.29 *** (0.05)	1.67 *** (0.14)	1.04 *** (0.06)

---

① 分类变量的赋值方法包括：虚拟编码（dummy coding）和效应编码（effect coding）。二者的区别在于参照变量的赋值不同。例如，本研究采用虚拟编码对认证类别参照变量"无认证 NOCERT"的赋值：GOVERT = 0，DOTHVERT = 0，INTHVERT = 0；如果采用效应编码赋值：GOVERT = - 1，DOTHVERT = - 1，INTHVERT = - 1。

续表

变量		CL 模型	RPL 模型	RPL 交互模型	
		均值	均值	均值	标准误差
可追溯信息	低层次可追溯	0.41 *** (0.03)	0.53 *** (0.04)	0.41 *** (0.009)	−0.02 (0.42)
	中层次可追溯	0.63 *** (0.03)	0.82 *** (0.04)	0.61 *** (0.11)	0.73 *** (0.07)
	高层次可追溯	0.83 *** (0.03)	1.04 *** (0.05)	0.77 *** (0.12)	0.80 *** (0.07)
原产地	新疆	0.90 *** (0.03)	1.10 *** (0.05)	1.25 *** (0.120)	0.91 *** (0.08)
	山东	0.94 *** (0.03)	1.15 *** (0.05)	1.27 *** (0.13)	0.90 *** (0.06)
	陕西	0.93 *** (0.03)	1.15 *** (0.04)	1.24 *** (0.12)	0.87 *** (0.06)
交互项	政府认证×购买过打蜡苹果	0.30 ** (0.12)			
	国内认证×购买过打蜡苹果	0.13 (0.11)			
	国际认证×购买过打蜡苹果	0.11 (0.12)			
	高层次×购买过打蜡苹果	0.19 (0.12)			
	中层次×购买过打蜡苹果	0.10 (0.11)			
	低层次×购买过打蜡苹果	0.00 (0.03)			
	新疆×购买过打蜡苹果	−0.17 (0.12)			
	山东×购买过打蜡苹果	−0.32 ** (0.13)			
	陕西×购买过打蜡苹果	−0.31 *** (0.12)			
	政府认证×不确定购买过打蜡苹果	0.43 *** (0.13)			
	国内认证×不确定购买过打蜡苹果	0.19 (0.12)			

变量		CL 模型	RPL 模型	RPL 交互模型	
		均值	均值	均值	标准误差
交互项	国际认证×不确定购买过打蜡苹果			0.19 (0.12)	
	高层次×不确定购买过打蜡苹果			0.12 (0.12)	
	中层次×不确定购买过打蜡苹果			0.03 (0.11)	
	低层次×不确定购买过打蜡苹果			-0.04 (0.03)	
	新疆×不确定购买过打蜡苹果			-0.04 (0.13)	
	山东×不确定购买过打蜡苹果			-0.40*** (0.13)	
	陕西×不确定购买过打蜡苹果			-0.11 (0.12)	
	政府认证×购买过农药残留苹果			-0.57*** (0.16)	
	国内认证×购买过农药残留苹果			-0.26 (0.14)	
	国际认证×购买过农药残留苹果			-0.26 (0.16)	
	高层次×购买过农药残留苹果			0.04 (0.15)	
	中层次×购买过农药残留苹果			0.02 (0.14)	
	低层次×购买过农药残留苹果			0.07 (0.11)	
	新疆×购买过农药残留苹果			-0.01 (0.15)	
	山东×购买过农药残留苹果			0.34** (0.17)	
	陕西×购买过农药残留苹果			0.25* (0.14)	
	政府认证×不确定购买过农药残留苹果			-0.71*** (0.15)	

续表

变量		CL 模型	RPL 模型	RPL 交互模型	
		均值	均值	均值	标准误差
交互项	国内认证 × 不确定购买过农药残留苹果			0.40 ***	
				(0.14)	
	国际认证 × 不确定购买过农药残留苹果			− 0.56 ***	
				(0.15)	
	高层次 × 不确定购买过农药残留苹果			− 0.01	
				(0.15)	
	中层次 × 不确定购买过农药残留苹果			0.01	
				(0.13)	
	低层次 × 不确定购买过农药残留苹果			0.06	
				(0.11)	
	新疆 × 不确定购买过农药残留苹果			− 0.05	
				(0.14)	
	山东 × 不确定购买过农药残留苹果			0.24	
				(0.16)	
	陕西 × 不确定购买过农药残留苹果			0.06	
				(0.14)	
	政府认证 × 购买过假冒认证苹果			0.11	
				(0.19)	
	国内认证 × 购买过假冒认证苹果			0.04	
				(0.17)	
	国际认证 × 购买过假冒认证苹果			0.01	
				(0.18)	
	高层次 × 购买过假冒认证苹果			0.14	
				(0.15)	
	中层次 × 购买过假冒认证苹果			0.12	
				(0.16)	
	低层次 × 购买过假冒认证苹果			0.25 **	
				(0.12)	
	新疆 × 购买过假冒认证苹果			0.19	
				(0.19)	
	山东 × 购买过假冒认证苹果			− 0.16	
				(0.17)	
	陕西 × 购买过假冒认证苹果			0.27	
				(0.17)	

续表

变量		CL 模型	RPL 模型	RPL 交互模型	
		均值	均值	均值	标准误差
交互项	政府认证 × 不确定购买过假冒认证苹果			-0.07 (0.10)	
	国内认证 × 不确定购买过假冒认证苹果			-0.16* (0.09)	
	国际认证 × 不确定购买过假冒认证苹果			-0.20** (0.09)	
	高层次 × 不确定购买过假冒认证苹果			0.25*** (0.09)	
	中层次 × 不确定购买过假冒认证苹果			0.27*** (0.09)	
	低层次 × 不确定购买过假冒认证苹果			0.12* (0.07)	
	新疆 × 不确定购买过假冒认证苹果			-0.09 (0.09)	
	山东 × 不确定购买过假冒认证苹果			-0.15* (0.09)	
	陕西 × 不确定购买过假冒认证苹果			-0.13 (0.09)	
受访者人数		2092	2092	2092	
观测值数		75312	75312	75312	
Log Likelihood		-22307.07	-2109.47	-21006.35	

注：括号内是稳健标准误。*** 、 ** 和 * 分别表示 1% 、 5% 和 10% 的显著性水平。

由表 5 - 10 可知，三个模型主效应变量的参数估计符号和显著性水平基本一致。与其他两个模型相比，加入交叉项的随机参数 logit 模型的 Log Likelihood 值（-21006.35）最大，模型的拟合程度最高，表明引入购买经历有助于提高模型对富士苹果消费行为的解释力度。因此，本书将依据加入交叉项的随机参数 logit 模型估计结果分析。表 5 - 10 估计结果显示，"不买"选项和价格的估计系数均为负值且在 1% 水平上显著，说明消费者选择任何一种可追溯苹果效用均大于"不买"效用且价格增加会导致消费者效用降低。表 5 - 10 中属性系数估计结果显示，富士苹果各属性层次系数估计值都在 1% 水平上显著，与预期一致。其中，消费者最偏好认证信息，其次分别是原产地信息和可追溯信息。系数标准差估计结果表明，除低层次可追溯信息以外，其他属性层次偏好具有异质性。

购买经历与属性交叉项系数估计结果表明，购买经历会影响富士苹果偏好，不同购买经历对偏好的影响存在一定差异。其中，消费者购买过打蜡苹果与认证类型的交叉项系数估计值均为正，购买过打蜡苹果与政府认证交叉项系数在5%水平上显著，而购买过打蜡苹果与国内第三方、国际第三方认证交叉项系数估计值均不显著，表明有过打蜡苹果购买经历的消费者更倾向于购买政府认证的富士苹果。可能的原因是目前中国消费者更加信任政府认证，这与白等（Bai et al.，2013）、吴等（Wu et al.，2017）和刘等（Liu et al.，2019）的研究结论一致。消费者购买过打蜡苹果与原产地的交叉项系数估计值均为负，购买过打蜡苹果与原产地山东、陕西的交叉项系数估计值均显著，而与原产地新疆的交叉项系数估计值不显著，表明购买过打蜡苹果的消费者不愿意购买山东和陕西的富士苹果。也就是说，对于有过购买打蜡苹果经历的消费者而言，苹果标注原产地山东或者陕西也无法提高富士苹果的质量安全效用。此外，消费者购买过打蜡苹果与可追溯信息交叉项系数估计值均为正但并不显著。表5-10中，不确定购买过打蜡苹果与认证类型的交叉项系数估计值也均为正，且与政府认证、国内第三方认证交叉项的系数估计值显著，表明当面对不确定性和信息不对称时，消费者更倾向于购买政府认证和国内第三方认证的富士苹果。不确定购买过打蜡苹果对原产地山东的富士苹果偏好具有显著负向影响，表明富士苹果生产经营者可以增加信息透明度，使消费者了解富士苹果没有打蜡，将有助于促进山东富士苹果的销售。

消费者购买农药残留苹果的经历会影响富士苹果偏好。购买过农药残留苹果与认证类型的交叉项系数估计值中，与政府认证、国内第三方认证交叉项的系数估计值均为负且分别在1%和5%水平上显著。表明消费者购买过农药残留苹果的负面经历降低了对政府认证和国内第三方认证富士苹果的偏好。这一结果符合目前中国食品市场情况且与预期一致。可能的原因是，中国消费者非常关注农产品的农药残留问题，过去的负面经历会降低消费者对认证的信任，最终降低对富士苹果的购买倾向。

这意味着，富士苹果生产者可以通过绿色或有机认证，减小消费者购买农药残留苹果的概率，将有助于增加消费者选购认证富士苹果的意愿。消费者购买过农药残留苹果的经验与原产地山东、陕西交叉项系数估计值为正且分别在5%和10%水平上显著。表明购买过农药残留苹果的消费者更有可能购买山东和陕西的富士苹果，可能的原因是消费者对这两个产地富士苹果的质量安全更加信任。表5－10中，不确定购买过农药残留苹果与认证属性交叉项系数估计值均为负且在1%水平上显著，表明当消费者不确定是否购买过农药残留苹果时，不会倾向于购买任何主体认证的富士苹果。这与不确定购买过打蜡苹果的影响结果相反，可能的原因是，相较于打蜡，消费者可能更担心农药残留对苹果质量安全的影响。因此，在消费者对农药残留信息不确定的情况下，即使获得机构认证，富士苹果销量也难以增加。

消费者有假冒认证苹果的购买经历会影响富士苹果偏好。消费者购买过假冒认证苹果与低层次可追溯信息交叉项系数估计值在5%水平上显著为正，表明购买过假冒认证苹果的消费者更有可能购买仅包含种植环节可追溯信息的富士苹果。所以，在消费者购买过假冒认证苹果的情况下，"越多越好"可能不是政策制定者和生产经营者提供可追溯信息的好策略。表5－10中，不确定购买过假冒认证苹果与认证类型交叉项系数估计值均为负，其中，与国内第三方认证、国际第三方认证交叉项的系数估计值分别在10%和5%水平上显著。结果表明，不确定是否购买过假冒认证苹果，会降低第三方认证富士苹果的效用。不确定购买过假冒认证苹果与高层次、中层次和低层次可追溯信息交叉项系数估计值均为正且分别在1%、1%和10%水平上显著。结果表明，不确定购买过假冒认证苹果的消费者更偏好包含可追溯信息的富士苹果，这与中国消费者的现状相符。因此，对于政策制定者来说，在消费者对认证信息不确定的情况下，富士苹果生产经营者可以提供各层次可追溯信息，以提高消费者购买富士苹果的概率。不确定购买过假冒认证苹果与原产地山东交叉项系数估计值为负且在10%水平上显著，表明不确定购买过假冒认证苹果会降低消费者购买山东富士苹果的意愿。

　　根据条件 logit 模型、随机参数 logit 模型和加入交叉项的随机参数 logit 模型的参数估计及其方差—协方差矩阵估计结果，参照克林斯基和罗布 (Krinsky & Robb，1986) 的方法，抽样产生参数随机数序列，进而计算支付意愿平均值和中值及其经验分布函数，再据此对支付意愿的置信区间进行估算。

　　表 5 - 11 汇报了三个模型支付意愿平均值和 95% 置信区间。结果显示，无论是否加入消费经验与苹果属性交叉项，消费者对可追溯富士苹果各属性层次均具有一定的支付意愿且溢价水平高低具有一致性。加入消费经验与可追溯富士苹果属性交叉项，并没有显著降低消费者支付意愿（可追溯信息属性支付意愿除外）。总体来说，消费者愿意为经过认证的富士苹果支付最高溢价，其次是原产地和可追溯信息。由表 5 - 11 中加入交叉项的随机参数 logit 模型估计结果可知，在保持其他属性不变的情况下，消费者愿意为经过政府认证的富士苹果支付最高溢价（7.86 元/500 克），其次分别是经过国际第三方认证（7.44 元/500 克）和国内第三方认证（6.38 元/500 克）的富士苹果。这一结果与中国目前情况一致，可能的原因是消费者更信任政府认证。相比于无可追溯信息的富士苹果，消费者愿意为包括种植、加工和销售各环节可追溯信息的富士苹果多支付 3.44 元/500 克。但与认证和原产地属性相比，可追溯信息的溢价水平最低，可能的原因是消费者不熟悉可追溯性和可追溯食品，不愿意为可追溯信息属性支付太多溢价。这在一定程度上也表明，目前中国食品追溯体系的建设和推广并没有达到预期目标。

表 5 - 11　　　　　　　　　　支付意愿估计结果

	变量	CL 模型	RPL 模型	RPL 交互模型
认证类型	政府认证	7.04 [6.59, 7.50]	6.38 [5.75, 7.01]	7.86 [6.58, 9.13]
	国内第三方认证	5.67 [5.25, 6.09]	5.22 [4.68, 5.76]	6.38 [5.23, 7.53]
	国际第三方认证	6.40 [5.95, 6.85]	5.77 [5.19, 6.36]	7.44 [6.10, 8.78]

续表

	变量	CL 模型	RPL 模型	RPL 交互模型
可追溯信息	低层次可追溯	2.46 [2.13，2.79]	2.39 [2.04，2.74]	1.81 [0.99，2.63]
	中层次可追溯	3.82 [3.45，4.20]	3.67 [3.21，4.13]	2.71 [1.70，3.71]
	高层次可追溯	4.99 [4.58，5.39]	4.66 [4.14，5.19]	3.44 [2.32，4.56]
原产地	新疆	2.46 [2.13，2.79]	2.39 [2.04，2.74]	1.81 [0.99，2.63]
	山东	3.82 [3.45，4.20]	3.67 [3.21，4.13]	2.71 [1.70，3.71]
	陕西	4.99 [4.58，5.39]	4.66 [4.14，5.19]	3.44 [2.32，4.56]
交互项	政府认证×购买过打蜡苹果		1.36 [0.30，2.41]	
	国内认证×购买过打蜡苹果		0.56 [-0.38，1.51]	
	国际认证×购买过打蜡苹果		0.50 [-0.54，1.54]	
	高层次×购买过打蜡苹果		0.83 [-0.18，1.84]	
	中层次×购买过打蜡苹果		0.43 [-0.49，1.34]	
	低层次×购买过打蜡苹果		0.00 [-0.77，0.77]	
	新疆×购买过打蜡苹果		-0.74 [-1.78，0.30]	
	山东×购买过打蜡苹果		-1.43 [-2.55，-0.31]	
	陕西×购买过打蜡苹果		-1.37 [-2.39，-0.36]	
	政府认证×不确定购买过打蜡苹果		1.90 [0.75，3.05]	
	国内认证×不确定购买过打蜡苹果		0.86 [-0.15，1.86]	
	国际认证×不确定购买过打蜡苹果		0.85 [-0.24，1.93]	

续表

变量		CL 模型	RPL 模型	RPL 交互模型
交互项	高层次×不确定购买过打蜡苹果		0.54 [-0.53, 1.61]	
	中层次×不确定购买过打蜡苹果		0.14 [-0.83, 1.11]	
	低层次×不确定购买过打蜡苹果		0.16 [0.96, 0.65]	
	新疆×不确定购买过打蜡苹果		0.16 [-1.26.0.94]	
	山东×不确定购买过打蜡苹果		-1.77 [-2.91, 0.63]	
	陕西×不确定购买过打蜡苹果		-0.47 [-1.55, 0.61]	
	政府认证×购买过农药残留苹果		-2.53 [-3.93, 1.13]	
	国内认证×购买过农药残留苹果		-1.17 [-2.43, 0.08]	
	国际认证×购买过农药残留苹果		-1.16 [-2.56, 0.24]	
	高层次×购买过农药残留苹果		0.13 [-1.11, 1.51]	
	中层次×购买过农药残留苹果		0.08 [-1.13, 1.29]	
	低层次×购买过农药残留苹果		-0.33 [-0.65, 1.31]	
	新疆×购买过农药残留苹果		-0.03 [-1.34, 1.28]	
	山东×购买过农药残留苹果		1.52 [0.08, 2.97]	
	陕西×购买过农药残留苹果		1.12 [-0.11, 2.36]	
	政府认证×不确定购买过农药残留苹果		-3.17 [-4.51, -1.82]	
	国内认证×不确定购买过农药残留苹果		-1.76 [-2.97, -0.56]	
	国际认证×不确定购买过农药残留苹果		-2.51 [-3.87, -1.15]	

续表

变量		CL 模型	RPL 模型	RPL 交互模型
交互项	高层次 × 不确定购买过农药残留苹果		−0.03 [−1.31, 1.25]	
	中层次 × 不确定购买过农药残留苹果		0.04 [−1.11, 1.20]	
	低层次 × 不确定购买过农药残留苹果		0.27 [−0.66, 1.21]	
	新疆 × 不确定购买过农药残留苹果		−0.21 [−1.47, 1.03]	
	山东 × 不确定购买过农药残留苹果		1.07 [−0.31, 2.44]	
	陕西 × 不确定购买过农药残留苹果		0.25 [−0.93, 1.43]	
	政府认证 × 购买过假冒认证苹果		0.49 [−1.16, 2.15]	
	国内认证 × 购买过假冒认证苹果		0.20 [−1.27, 1.66]	
	国际认证 × 购买过假冒认证苹果		0.06 [−1.51, 1.63]	
	高层次 × 购买过假冒认证苹果		0.63 [−0.72, 1.98]	
	中层次 × 购买过假冒认证苹果		0.54 [−0.83, 1.91]	
	低层次 × 购买过假冒认证苹果		1.09 [0.05, 2.14]	
	新疆 × 购买过假冒认证苹果		0.86 [−0.83, 2.55]	
	山东 × 购买过假冒认证苹果		−0.69 [−0.18, 0.80]	
	陕西 × 购买过假冒认证苹果		1.21 [−0.29, 2.71]	
	政府认证 × 不确定购买过假冒认证苹果		−0.33 [−0.18, 0.53]	
	国内认证 × 不确定购买过假冒认证苹果		−0.70 [−1.44, 0.05]	
	国际认证 × 不确定购买过假冒认证苹果		−0.88 [−0.70, −0.07]	

续表

变量		CL 模型	RPL 模型	RPL 交互模型
交互项	高层次 × 不确定购买过假冒认证苹果		1.13 [0.31，1.95]	
	中层次 × 不确定购买过假冒认证苹果		1.19 [0.43，1.94]	
	低层次 × 不确定购买过假冒认证苹果		0.54 [-0.07，1.16]	
	新疆 × 不确定购买过假冒认证苹果		-0.42 [-1.23，0.40]	
	山东 × 不确定购买过假冒认证苹果		-0.69 [-1.49，0.12]	
	陕西 × 不确定购买过假冒认证苹果		-0.56 [-1.37，0.26]	

注：方括号内的数字代表95%的置信区间，基于克林斯基和罗布（Krinsky & Robb，1986）提出的参数自展方法（parametric bootstrapping technique）估算。

2. 消费者群体偏好与支付意愿

为了考察消费者偏好是否具有群体异质性及其原因，将以消费者偏好一致性为假设前提条件的 logit 模型为基准模型，再采用加入消费者社会统计特征和消费经验变量的潜类别 logit 模型，检验消费者对可追溯富士苹果偏好的群体异质性及其原因。

在采用潜类别模型进行参数估计前，需要先利用模型适配指标来检验并确定最佳潜类别数。以 1 个类别的潜类别模型为基准模型，潜类别模型适配检验将类别从 2 到 10 逐一增加，反复检验各类别模型与数据之间的拟合情况，直到找到最佳模型为止。赤池信息准则（Akaike information criterion，AIC）和贝叶斯信息准则（Bayesian information criterion，BIC）（Allenby，1990）两个信息准则可以用来确定潜在偏好类别的最优数量。而参照博克索尔和阿达莫维奇（Boxall & Adamowicz，2002）的方法，也可以根据参数估计可信度，以及 AIC 和 BIC 值的边际改善程度来确定最佳潜类别数量模型。检验结果表明，当潜类别数从两类增加为三类时，AIC 和 BIC 的边际变化量最大，所以，选择类别数三的潜类别 logit 作为分析的理想模型。

表 5 – 12 汇报了三类潜类别 logit 模型估计结果。偏好类别一、二、三组的潜类别概率分别为 0.656、0.194 和 0.150。消费者的年龄、受教育程度、家庭收入、不确定购买过农药残留苹果和购买过假冒认证苹果的经历会影响消费者偏好类别的确定，而购买打蜡苹果、农药残留苹果，以及不确定购买过打蜡苹果和假冒认证苹果的经历对偏好类别的确定没有显著影响。根据表 5 – 12 下半部分偏好类别协变量估计结果，以第三类消费者为参照，进一步分析消费者群体偏好异质性特点和影响因素。

表 5 – 12　　　　　　　　　潜类别模型估计结果

变量		第一类 认证偏好型	第二类 原产地偏好型	第三类 不感兴趣型
潜类别概率		0.656	0.194	0.15
属性（层次）	价格	− 0.09 *** (0.01)	− 0.12 ** (0.02)	− 0.71 *** (0.04)
	不买	0.9 *** (0.10)	2.41 *** (0.26)	4.89 *** (0.41)
认证类型	政府认证	1.40 *** (0.04)	1.22 *** (0.12)	0.66 *** (0.12)
	国内第三方认证	1.13 *** (0.04)	0.80 *** (0.12)	0.55 *** (0.10)
	国际第三方认证	1.29 *** (0.04)	0.89 *** (0.12)	0.76 *** (0.10)
可追溯信息	低层次可追溯	0.51 *** (0.03)	0.33 *** (0.11)	0.26 ** (0.10)
	中层次可追溯	0.82 *** (0.04)	0.61 *** (0.11)	0.22 ** (0.11)
	高层次可追溯	1.02 *** (0.04)	0.94 *** (0.11)	0.39 *** (0.11)
原产地	新疆	1.06 *** (0.04)	1.11 *** (0.13)	1.08 *** (0.10)
	山东	1.10 *** (0.04)	1.31 *** (0.12)	1.00 *** (0.10)
	陕西	1.01 *** (0.04)	1.05 *** (0.13)	1.44 *** (0.11)

续表

变量		第一类 认证偏好型	第二类 原产地偏好型	第三类 不感兴趣型
偏好 类别 协变量	年龄	−0.02*** (0.00)	−0.02*** (0.01)	
	受教育水平	0.07*** (0.02)	0.02 (0.02)	
	家庭月收入	0.00** (0.00)	0.00** (0.00)	
	购买过打蜡苹果	−0.03 (0.18)	0.18 (0.29)	
	不确定购买过打蜡苹果	−0.12 (0.18)	0.11 (0.28)	
	购买过农药残留苹果	−0.18 (0.23)	−0.11 (0.45)	
	不确定购买过农药残留 苹果	−0.40* (0.20)	−0.05 (0.38)	
	购买过假冒认证苹果	0.70** (0.31)	0.09 (0.42)	
	不确定购买过假冒认证 苹果	−0.06 (0.14)	0.06 (0.19)	
常数项		1.89*** (0.26)	−0.30 (0.00)	
观测值数		75312	75312	75312
群组数		25104	25104	25104

注：括号内是标准误差。***、**和*分别表示1%、5%和10%的显著性水平。

由表5−12可知，第一类消费者显著偏好认证、可追溯和原产地三种信息属性且最偏好认证信息，可以称为认证偏好型消费者。认证偏好型消费者的价格估计系数显著为负，说明价格增加会降低认证偏好型消费者效用。但与其他类型消费者相比，价格属性的估计系数绝对值最小，表明认证偏好型消费者受到价格约束的程度最小。该类型消费者对于食品质量和价格偏好程度，与饶（Rao，2005）、乔等（Qiao et al.，2012）和本尼等（El Benni et al.，2019）的研究结果一致，即高价格可能意味着高品质，反映了中国消费者"便宜没好货"的观点。另外，与第三类消费者相比，认证偏好型消费者可能更年轻，家庭月收入更高，受教育程度更高。而且，根据偏好类别协变量估计结果还可以发现，他们更可能购买过假冒认证苹果，但不确定购买过农药残留苹果。

对第二类消费者而言，三种信息属性都具有显著正效用，其中原产地信息的效用最高，所以，可以被称为原产地偏好型消费者。原产地偏好型消费者偏好各层次原产地信息，且最偏好原产地陕西。这一研究结果与吴等（Wu et al.，2017）和刘等（Liu et al.，2020）大多数研究结论一致。这对中国新鲜水果生产者具有重要意义，保护和区分水果产地可能是促进消费者采取购买决策的重要方法。此外，与第三类消费者相比，原产地偏好型消费者更年轻，家庭月收入更高。

相比实验提供的三种信息属性组合的可追溯苹果，"不买"选项对第三类消费者而言，效用更高，所以是不感兴趣型消费者。在三类消费者中，该类消费者"不买"选项的系数估计值最高且在1%显著性水平上为正，可以称为不感兴趣型消费者，表明不太认为认证信息、可追溯信息和原产地信息能够提高食品质量安全的消费者更可能归入该群体。

表5-13报告了各类别消费者对富士苹果属性支付意愿的估计值。结果表明，富士苹果支付意愿在不同属性和消费类别之间存在明显差异。例如，政府认证是认证偏好型消费者支付意愿最高的信息属性，溢价水平为16.14元/500克。而原产地偏好型消费者和不感兴趣型消费者分别愿意为政府认证信息多支付7.93元/500克和0.93元/500克。

表5-13　　　　　　　　潜类别模型估计的支付意愿

	变量	第一类认证偏好型	第二类原产地偏好型	第三类不感兴趣型
认证类型	政府认证	16.14 [13.36, 18.92]	7.93 [4.85, 11.01]	0.93 [0.56, 1.30]
	国内第三方认证	13.10 [10.79, 15.40]	6.78 [3.98, 9.58]	0.77 [0.46, 1.08]
	国际第三方认证	14.92 [12.29, 17.54]	7.58 [4.64, 10.52]	1.08 [0.77, 1.38]

续表

变量		第一类 认证偏好型	第二类 原产地偏好型	第三类 不感兴趣型
可追溯信息	低层次可追溯信息	5.90 [4.71，7.09]	2.80 [0.82，4.79]	0.36 [0.07，0.65]
	中层次可追溯信息	9.49 [7.72，11.25]	5.13 [2.68，7.59]	0.31 [-0.01，0.63]
	高层次可追溯信息	11.80 [9.71，13.89]	7.69 [4.51，10.87]	0.55 [0.21，0.90]
原产地	新疆	12.22 [10.04，14.41]	9.41 [5.61，13.20]	1.52 [1.18，1.87]
	山东	12.67 [10.44，14.90]	10.08 [6.89，15.28]	1.41 [1.07，1.75]
	陕西	11.63 [9.60，13.67]	8.87 [5.25，12.49]	2.04 [1.65，2.43]

注：方括号内的数字代表95%的置信区间，使用克林斯基和罗布（Krinsky & Robb，1986）的参数 bootstrapping 程序估计置信区间。

5.4　信息价值关系评估

除了分析信息属性的异质性偏好和差异价值评估，进一步考察追溯信息属性之间的相互关系，估计信息之间的价值关系。即以富士苹果为例，考察新鲜食品的可追溯信息、认证信息和原产地信息之间的相互关系。

5.4.1　引入属性交叉项的随机参数 logit 模型

本章将分别采用条件 logit 模型、随机参数 logit 模型和引入属性交叉项的随机参数 logit 模型估计可追溯富士苹果的偏好和支付意愿。消费者 n 从选择集 C 中选择第 i 个富士苹果属性所获得效用可以表示为：

$$U_{nit} = ASC + \beta_1 Price_{nit} + \beta_{2n}HITRACE_{nit} + \beta_{3n}MITRACE_{nit} + \beta_{4n}LOTRACE_{nit}$$
$$+ \beta_{5n}GOVERT_{nit} + \beta_{6n}DOTHCERT_{nit} + \beta_{7n}INTHCERT_{nit} + \beta_{8n}XJ_{nit}$$
$$+ \beta_{9n}SD_{nit} + \beta_{10n}SHX_{nit} + \varepsilon_{nit} \tag{5.11}$$

其中，ASC 是特定常数项，表示消费者选择了"不买"选项。$Price_{nit}$ 是数值变量，为实验设计的四个价格水平。高层次追溯信息（$HITRACE_{nit}$）、中层次追溯信息（$MITRACE_{nit}$）和低层次追溯信息（$LOTRACE_{nit}$）是富士苹果可追溯信息的分类变量，以无追溯信息为参照。政府认证（$GOVERT_{nit}$）、国内第三方认证（$DOTHCERT_{nit}$）、国际第三方认证（$INTHCERT_{nit}$）是富士苹果认证类型的分类变量，无认证信息作为参照。山东（SD_{nit}）、新疆（XJ_{nit}）和陕西（SHX_{nit}）是富士苹果原产地区域的分类变量，无原产地信息作为参照。

$\beta_{2n}, \cdots, \beta_{10n}$ 是衡量受访者对非价格属性偏好的参数向量，参照乌比拉瓦和福斯特（Ubilava & Foster，2009）的方法，假设非价格参数向量随机且服从正态分布，而 ASC "不买"选项和价格系数固定。随机项 ε_{nit} 服从 I 型极值分布。

为了考察可追溯富士苹果属性之间的相互关系，在 RPL 模型中加入苹果属性之间的交叉项。效用模型可以表示为：

$$U_{nit} = ASC + \beta_1 Price_{nit} + \beta_{2n}HITRACE_{nit} + \beta_{3n}MITRACE_{nit} + \beta_{4n}LOTRACE_{nit}$$
$$+ \beta_{5n}GOVERT_{nit} + \beta_{6n}DOTHCERT_{nit} + \beta_{7n}INTHCERT_{nit} + \beta_{8n}XJ_{nit}$$
$$+ \beta_{9n}SD_{nit} + \beta_{10n}SHX_{nit} + \beta_{11}LOT_{it} \times GOV_n + \beta_{12}LOT_{it} \times DOTH_n$$
$$+ \beta_{13}LOT_{it} \times INTH_n + \beta_{14}MIT_{it} \times GOV_n + \beta_{15}MIT_{it} \times DOTH_n$$
$$+ \beta_{16}MIT_{it} \times INTH_n + \beta_{17}HIT_{it} \times GOV_n + \beta_{18}HIT_{it} \times DOTH_n$$
$$+ \beta_{19}HIT_{it} \times INTH_n + \beta_{20}LOT_{it} \times XJ_n + \beta_{21}LOT_{it} \times SD_n$$
$$+ \beta_{22}LOT_{it} \times SHX_n + \beta_{23}MIT_{it} \times XJ_n + \beta_{24}MIT_{it} \times SD_n$$
$$+ \beta_{25}MIT_{it} \times SHX_n + \beta_{26}HIT_{it} \times XJ_n + \beta_{27}HIT_{it} \times SD_n$$
$$+ \beta_{28}HIT_{it} \times SHX_n + \beta_{29}GOV_{it} \times XJ_n + \beta_{30}GOV_{it} \times SD_n$$
$$+ \beta_{31}GOV_{it} \times SHX_n + \beta_{32}DOTH_{it} \times XJ_n + \beta_{33}DOTH_{it} \times SD_n$$
$$+ \beta_{34}DOTH_{it} \times SHX_n + \beta_{35}INTH_{it} \times XJ_n + \beta_{36}INTH_{it} \times SD_n$$
$$+ \beta_{37}INTH_{it} \times SHX_n + \varepsilon_{nit} \tag{5.12}$$

其中，$\beta_{11},\cdots,\beta_{37}$是富士苹果可追溯源信息属性、认证类型属性和原产地属性之间的交叉项系数。同样，假定交叉项系数固定。

根据条件 logit 模型、随机参数 logit 模型和引入属性交叉项的随机参数 logit 模型估计结果，可以利用公式 $WTP = -\dfrac{\beta_k}{\beta_p}$ 进一步估算消费者对可追溯富士苹果各属性层次的支付意愿。其中，β_k 是第 k 个属性（非价格属性）层次的估计系数，β_p 是价格属性的估计系数。此外，采用虚拟编码对非价格属性进行赋值，对非价格属性使用虚拟编码，并参照克林斯基和罗布（Krinsky & Robb，1986）的方法，估算支付意愿 95% 的置信区间。

5.4.2 估计结果及分析

由表 5-14 可知，三个模型主效应变量的参数估计符号和显著性水平基本一致。然而，与其他两个模型相比，加入属性交叉项的随机参数 logit 模型的 Log Likelihood 值最大，模型的拟合程度最高，且能够提高模型对富士苹果属性偏好异质性的解释力度。因此，本章将依据加入交叉项的随机参数 logit 模型估计结果进行分析。表 5-14 估计结果显示，"不买"选项的估计系数为负值且在 1% 水平上显著，说明消费者选择任何一种可追溯苹果效用均大于"不买"效用。价格的估计系数也在 1% 水平上显著为负值，表明价格增加会导致消费者效用降低，与预期一致。表 5-14 中属性系数估计结果显示，除低层次可追溯信息系数估计值以外，富士苹果各属性层次系数估计值都在 1% 水平上显著。其中，消费者最偏好原产地信息，其次分别是认证信息和可追溯信息。

表 5-14   模型估计结果

变量	CL 模型	RPL 模型	RPL 交互模型
不买	-0.38 ***	-0.49 ***	-0.94 ***
价格	-0.17 ***	-0.22 ***	-0.22 ***

续表

变量		CL 模型	RPL 模型	RPL 交互模型
可追溯信息	低层次可追溯	0. 41 ***	0. 53 ***	− 0. 22 *
	中层次可追溯	0. 63 ***	0. 82 ***	0. 31 ***
	高层次可追溯	0. 83 ***	1. 04 ***	0. 66 ***
认证类型	政府认证	1. 17 ***	1. 42 ***	0. 87 ***
	国内第三方认证	0. 94 ***	1. 16 ***	0. 85 ***
	国际第三方认证	1. 06 ***	1. 29 ***	0. 84 ***
原产地	新疆	0. 90 ***	1. 10 ***	0. 97 ***
	山东	0. 94 ***	1. 15 ***	1. 00 ***
	陕西	0. 93 ***	1. 15 ***	1. 00 ***
交互项	低层次×政府认证			0. 81 ***
	低层次×国内认证			0. 32 ***
	低层次×国际认证			0. 58 ***
	中层次×政府认证			0. 68 ***
	中层次×国内认证			0. 24 **
	中层次×国际认证			0. 43 ***
	高层次×政府认证			0. 60 ***
	高层次×国内认证			0. 34 ***
	高层次×国际认证			0. 43 ***
	低层次×新疆			0. 45 ***
	低层次×山东			0. 34 ***
	低层次×陕西			0. 34 ***
	中层次×新疆			0. 27 **
	中层次×山东			0. 15
	中层次×陕西			0. 11
	高层次×新疆			0. 01
	高层次×山东			− 0. 06
	高层次×陕西			0. 06
	政府认证×新疆			− 0. 09
	政府认证×山东			0. 01
	政府认证×陕西			0. 08
	国内认证×新疆			0. 04

变量		CL 模型	RPL 模型	RPL 交互模型
交互项	国内认证×山东			0.16
	国内认证×陕西			0.00
	国际认证×新疆			-0.07
	国际认证×山东			0.06
	国际认证×陕西			0.2
参与者人数		2092	2092	2092
观测值数		75312	75312	75312
Log Likelihood		-22307	-21091	-21034

注：***、** 和 * 分别表示 1%、5% 和 10% 的显著性水平。

表 5-14 中可追溯信息属性估计结果显示，高层次和中层次可追溯信息系数估计值均在 1% 水平上显著为正，而低层次可追溯信息系数估计值在 10% 水平上显著为负。结果表明，与无可追溯信息相比，消费者更倾向于选择包含种植、加工和销售环节，或只包含种植和加工环节可追溯信息的富士苹果，这与刘等（Liu et al.，2019）和吴等（Wu et al.，2016）研究结论相似，他们发现消费者对更高层次可追溯信息的估值更高。从属性系数标准差估计结果（见表 5-15）看，高度显著的高层次和中层次可追溯信息属性系数估计值标准差表明，消费者对两个层次可追溯信息偏好存在显著异质性。而与无可追溯信息相比，消费者不愿意选择只包含种植信息的可追溯富士苹果。这与消费者可能偏好包含较少可追溯信息的富士苹果的预期不相符，可能的原因是消费者认为低层次可追溯信息无法给其带来更多效用。而且低层次可追溯信息属性系数估计值标准差不显著，即消费者对低层次可追溯信息偏好无差异，表明对所有消费者而言，低层次可追溯信息无法提高其效用。这一发现意味着对于消费者而言，仅标注包含种植环节的可追溯信息传递方式可能无效。

表 5-15　　　　　　　　模型属性系数标准差估计结果

变量		RPL 模型	RPL 交互模型
可追溯信息	低层次可追溯	0.03	0.07
	中层次可追溯	0.74 ***	0.75 ***
	高层次可追溯	0.79 ***	0.78 ***

续表

变量		RPL 模型	RPL 交互模型
认证类型	政府认证	1. 17 ***	1. 19 ***
	国内第三方认证	0. 71 ***	0. 71 ***
	国际第三方认证	1. 03 ***	1. 05 ***
原产地	新疆	0. 89 ***	0. 87 ***
	山东	0. 90 ***	0. 92 ***
	陕西	0. 86 ***	0. 87 ***

注：*** 、** 和 * 分别表示1%、5% 和10% 的显著性水平。

认证属性中，三个认证层次系数和标准差估计值均显著。表明与无认证信息相比，消费者更偏好政府认证、国内第三方认证和国际第三方认证的富士苹果且对三个认证属性层次的偏好都存在显著异质性。这与白等（Bai et al.，2013）和吴等（Wu et al.，2017）的研究结论一致。由此说明，消费者普遍认为认证产品的质量更有保证，不过，消费者偏好与认证机构认证的产品却不相等。

对于原产地属性，原产地新疆、山东和陕西的系数估计值和标准差都非常显著。表明消费者更有可能购买标注原产地信息的富士苹果，而不是没有原产地信息的富士苹果。这与巴扎尼等（Bazzani et al.，2017）、达比等（Darby et al.，2008）和胡等（Hu et al.，2012）的研究结果一致。需要注意的是，本书将省级边界作为划分富士苹果原产地区域空间的界限，即包括新疆、山东和陕西省，将对于样本城市消费者而言的本地产概念缩小范围。这与米斯等（Meas et al.，2015）的研究将国内所有地区都视为本地产的定义不同，但其研究并没有发现，标注本地产有助于产品营销。可能的原因是，越来越多消费者对本地产概念的界定更加狭义化，认为不同省级区域生产的食品是"地区性的"，而不都是"本地的"（Haas et al.，2013；Onozaka et al.，2010）。此外，消费者对原产地属性层次的偏好具有高度异质性。

在属性交叉项中，所有可追溯信息层次与认证类型之间交叉项系数估计值都显著为正，意味着两种信息属性之间存在互补关系。可追溯信息与认证信息互为互补关系，说明在向消费者传递富士苹果价值时，两种信息可以彼此辅助。对于富士苹果生产经营者和政府食品政策制定者来说，应该注意到，在食品可追溯体系建设过程中，需要认证机构提供可追溯信息真实性认证，提高消费者对可追溯信息的信任和偏好。另外，仅包含种植环节的低层次可追溯信息与原产地之间交叉项系数估计值显著为正，包含种植和加工环节的中层次可追溯信息与原产地新疆之间交叉项系数估计值显著为正，中层次可追溯信息与原产地山东和陕西交叉项系数估计值为正，但不显著。这表明低层次可追溯信息与新疆、山东和陕西三个原产地之间存在互补关系，中层次可追溯信息与原产地新疆之间存在互补关系。因此，低层次可追溯信息需要辅以原产地信息，中层次可追溯信息需要辅以原产地新疆，才能提高富士苹果消费者效用，赢得消费者的青睐。研究发现的属性之间正相关偏好与已有研究结论不一致，伯德等（Bond et al.，2008）、科斯塔尼格罗等（Costanigro et al.，2011）和米斯等（Meas et al.，2015）研究表明，属性之间存在替代关系，即两属性的整体价值小于单个属性的价值之和。两个属性体现产品价值时具有重叠作用（Bond et al.，2008；Costanigro et al.，2011；Meas et al.，2015）。

表5-16显示了根据条件logit、随机参数logit和加入属性交叉项的随机参数logit模型估计结果模拟估算的属性层次支付意愿。基于加入属性交叉项的随机参数logit模型的支付意愿估算结果，与无可追溯信息的富士苹果相比，消费者愿意为具有包含种植、加工和销售环节高层次可追溯信息的富士苹果多支付2.93元/500克。然而，对于仅包含种植环节信息的富士苹果，消费者支付意愿为负值。由表5-16中认证属性和原产地属性支付意愿估计结果可知，消费者对认证属性和原产地属性具有支付意愿。其中，相较于无认证信息，消费者愿意为经过政府认证的富士苹果支付最高溢价（3.89元/500克）。在保持其他属性不变情况下，消费者对原产地属性支付意愿最高，为4.32~4.68元的溢价水平。

表 5 – 16 消费者支付意愿估计值的统计结果

变量		CL 模型	RPL 模型	RPL 交互模型
可追溯信息	低层次可追溯	2.46 [2.13, 2.79]	2.39 [2.04, 2.74]	− 0.98 [− 2.00, 0.04]
	中层次可追溯	3.82 [3.45, 4.20]	3.67 [3.21, 4.13]	1.4 [0.45, 2.35]
	高层次可追溯	4.99 [4.58, 5.39]	4.66 [4.14, 5.19]	2.93 [1.82, 4.05]
认证类型	政府认证	7.04 [6.59, 7.50]	6.38 [5.75, 7.01]	3.89 [2.83, 4.95]
	国内第三方认证	5.67 [5.25, 6.09]	5.22 [4.68, 5.76]	3.79 [2.78, 4.81]
	国际第三方认证	6.40 [5.95, 6.85]	5.77 [5.19, 6.36]	3.74 [2.61, 4.88]
原产地	新疆	5.43 [5.00, 6.14]	4.95 [4.41, 5.48]	4.32 [3.26, 5.38]
	山东	5.70 [5.26, 6.14]	5.14 [4.58, 5.70]	4.47 [3.32, 5.62]
	陕西	5.63 [5.20, 6.07]	5.15 [4.63, 5.68]	4.68 [3.41, 5.52]
交互项	低层次×政府认证			3.61 [2.52, 4.70]
	低层次×国内认证			1.41 [0.33, 2.49]
	低层次×国际认证			2.61 [1.56, 3.65]
	中层次×政府认证			3.04 [1.99, 4.09]
	中层次×国内认证			1.08 [0.09, 2.07]
	中层次×国际认证			1.91 [0.87, 2.96]
	高层次×政府认证			2.70 [1.63, 3.76]
	高层次×国内认证			1.53 [0.52, 2.53]
	高层次×国际认证			1.92 [0.88, 2.96]

续表

变量		CL 模型	RPL 模型	RPL 交互模型
交互项	低层次×新疆			1.99 [0.98, 2.97]
	低层次×山东			1.52 [0.48, 2.55]
	低层次×陕西			1.50 [0.48, 2.53]
	中层次×新疆			1.22 [0.22, 2.23]
	中层次×山东			0.69 [−0.32, 1.69]
	中层次×陕西			0.51 [−0.46, 1.47]
	高层次×新疆			0.05 [−0.92, 1.02]
	高层次×山东			−0.26 [−1.32, 0.80]
	高层次×陕西			0.28 [−0.81, 1.38]
	政府认证×新疆			−0.41 [−1.52, 0.69]
	政府认证×山东			0.03 [−1.06, 1.11]
	政府认证×陕西			0.38 [−0.63, 1.39]
	国内认证×新疆			0.17 [−0.90, 1.24]
	国内认证×山东			0.71 [−0.43, 1.84]
	国内认证×陕西			−0.01 [−1.10, 1.08]
	国际认证×新疆			−0.29 [−1.45, 0.87]
	国际认证×山东			0.27 [−0.91, 1.44]
	国际认证×陕西			0.90 [−0.21, 2.01]

注：方括号内数字代表 95% 的置信区间，该置信区间是使用克林斯基和罗布（Krinsky & Robb, 1986）的参数 bootstrapping 程序估计的。

属性层次支付意愿受到交叉项影响，也具有互补和替代效应。由表 5－16 属性交叉项支付意愿估计结果可知，所有层次可追溯信息和认证信息具有互补关系，认证信息增加了富士苹果可追溯信息支付意愿，溢价水平为从 1.08 元/500 克至 3.61 元/500 克。还可以发现，仅包含种植环节的低层次可追溯信息和原产地信息之间也具有互补关系。即使可追溯富士苹果仅包含低层次可追溯信息，但当标注产自新疆、山东或陕西的原产地信息时，消费者愿意为每 500 克富士苹果支付约 1.50～1.99 元的溢价。此外，原产地新疆能够为包含种植和加工环节可追溯信息的富士苹果增加 1.22 元/500 克溢价。

具有显著交互作用的两个属性的联合支付意愿应该等于单个属性支付意愿和与两属性整体支付意愿的总和（Meas et al.，2015）。由表 5－16 属性交叉项支付意愿估计结果可知，与无可追溯信息和认证信息的富士苹果相比，标注低层次可追溯信息与政府认证的富士苹果的联合溢价为 6.52 元/500 克（低层次可追溯信息 －0.98 元/500 克 ＋3.89 元/500 克 ＋二者互补效应 3.61 元/500 克），而不是 2.91 元/500 克（低层次可追溯信息 －0.98 元/500 克 ＋3.89 元/500 克）。因此，在不考虑属性之间相互作用的情况下，属性联合支付意愿的估计可能会产生偏误。

为了比较分析中国六个城市消费者对富士苹果属性偏好的异同，表 5－17 报告了各城市随机参数 logit 模型与加入交叉项的随机参数 logit 模型的估计结果。同样，两个模型的 Log Likelihood 值表明，加入交叉项的随机参数 logit 模型与各城市样本数据拟合度最好，所以接下来仍然依据加入交叉项的随机参数 logit 模型估计结果进行分析。表 5－17 估计结果表明，除西安外，其他五个城市"不买"选项估计系数均显著为负值，表明五个城市消费者选择任何一种富士苹果效用均大于"不买"效用。六个城市价格系数均为负且在 1% 水平上显著。说明在其他条件相同的情况下，价格增加会导致消费者效用降低。

六个城市可追溯信息属性系数估计结果显示，上海和西安消费者对可追溯信息属性偏好表现出高度相似性，广州和济南消费者偏好具有相似性。具体而言，基于上海、西安、广州和济南的样本，高层次可追溯信息的系数估计值显著为正，而且上海和西安，广州和济南大约分别接近0.70和0.96。此外，对于北京的样本，中层次和高层次可追溯信息系数估计值也显著为正，而低层次可追溯信息的系数估计值为负但不显著。这与哈尔滨样本数据估计结果正好相反，低层次可追溯信息的系数估计值显著，而中层次和高层次可追溯信息系数估计值不显著。由可追溯属性层次系数标准差估计值（见表5-18）可知，所有城市中层次和高层次信息的系数标准差估计值显著，基于北京、上海、广州和济南的样本，高层次信息的系数标准差估计值也显著，而西安和哈尔滨不显著。这表明，北京、上海、广州和济南消费者对低层次可追溯信息偏好具有异质性，然而，西安和哈尔滨消费者对这一属性具有相同偏好。

对于认证属性而言，六个城市认证属性层次系数和标准差估计值符号与总样本一致。由此可见，各城市消费者对政府认证、国内第三方认证和国际第三方认证的富士苹果具有较强的异质性偏好。

除了济南，其他五个城市对各原产地属性层次系数估计值显著为正，而六个城市原产地属性层次标准差估计值均为正且显著（见表5-18中变量新疆、山东和陕西）。这表明除济南外，其他五个城市消费者对原产地新疆、山东和陕西的富士苹果有偏好且偏好具有异质性。对于济南消费者，原产地山东的系数估计值显著为正，而新疆和陕西的系数估计值不显著，表明济南消费者明显偏好本地区生产的富士苹果，而不是来自其他地区的富士苹果。此外，模型估计结果显示，西安消费者对原产地陕西的富士苹果的偏好程度高于其他地区（即山东和新疆）的苹果。而对于其他四个非原产地地区城市，消费者对富士苹果三个原产地的偏好程度差异不大。这与罗马拉（Luomala，2007）、斯库拉斯和瓦克鲁（Skuras & Vakrou，2002）以及洛等（Van Loo et al.，2019）的研究结论一致，即特定地区或国家的消费者更偏好该地区或国家产的产品。可能的原因是，相信"本土主义"的消费者认为本地产食品美味、营养、更值得信赖，且对当地社区有益（Reich et al.，2018；Zhang et al.，2020）。

表 5 - 17　六个城市模型估计结果

变量		北京 RPL	北京 RPL 交互	上海 RPL	上海 RPL 交互	广州 RPL	广州 RPL 交互	西安 RPL	西安 RPL 交互	济南 RFL	济南 RPL 交互	哈尔滨 RPL	哈尔滨 RPL 交互
不买		-0.46**	-0.98***	-0.59***	-0.90***	-0.62***	-1.22***	0.14	-0.10	-0.66**	-1.42***	-0.91***	-1.50***
价格		-0.26***	-0.27***	-0.19***	-0.19***	-0.25***	-0.26***	-0.22***	-0.22***	-0.25***	-0.24***	-0.20***	-0.21***
可追溯信息	低层次可追溯	0.35***	-0.41	0.55***	-0.06	0.89***	0.00	0.59***	-0.45***	0.39***	-0.13***	0.36***	-0.87***
	中层次可追溯	0.81***	0.47*	0.76***	0.38	1.06***	0.38	0.74***	0.14	0.85***	0.14	0.71***	0.02
	高层次可追溯	1.04***	0.56*	1.06***	0.71***	1.36***	0.95***	1.15***	0.72***	0.93***	0.97***	0.81***	0.10
认证类型	政府认证	1.54**	0.88***	1.34***	1.05***	1.54***	0.92***	1.47***	0.94***	1.54***	0.53*	1.42***	0.98***
	国内第三方认证	1.13***	0.55***	0.96***	0.67***	1.26***	1.20***	1.38***	1.19***	1.18***	0.60**	1.19***	0.84***
	国际第三方认证	1.42***	1.00***	1.18***	0.84***	1.47***	1.06***	1.39***	0.94***	1.35***	0.68**	1.09***	0.61*
原产地	新疆	1.21***	1.29***	1.04***	0.99***	1.13***	0.80***	1.14***	1.50***	1.16***	0.36	1.22***	1.05***
	山东	1.16***	0.91***	0.94***	1.05***	0.97***	0.77***	1.06***	1.57***	1.99***	1.15***	1.15***	0.69***
	陕西	1.07***	1.12***	0.89***	0.75***	1.06***	0.65**	2.25***	2.26***	0.98***	0.48	0.96***	1.03***
交互项	低层次×政府认证	—	0.66**	—	0.53**	—	1.13***	—	1.15***	—	0.75**	—	0.99***
	低层次×国内认证	—	0.64**	—	-0.01	—	-0.07	—	0.81**	—	0.36	—	0.43
	低层次×国际认证	—	0.50*	—	0.41	—	0.46	—	1.29***	—	0.33	—	0.88***
	中层次×政府认证	—	0.76***	—	0.48	—	0.68**	—	0.62*	—	0.97***	—	0.85***
	中层次×国内认证	—	0.47*	—	0.27	—	0.04	—	0.28	—	0.14	—	0.63**
	中层次×国际认证	—	0.43	—	0.43	—	0.29	—	0.85**	—	0.33	—	0.65**
	高层次×政府认证	—	0.77***	—	0.55**	—	0.66**	—	0.74**	—	0.32	—	0.58*
	高层次×国内认证	—	0.86***	—	0.53**	—	-0.02	—	0.58*	—	-0.33	—	0.55*
	高层次×国际认证	—	0.56**	—	0.34	—	0.39	—	0.82**	—	-0.16	—	0.53*

续表

变量	北京 RPL	北京 RPL交互	上海 RPL	上海 RPL交互	广州 RPL	广州 RPL交互	西安 RPL	西安 RPL交互	济南 RPL	济南 RPL交互	哈尔滨 RPL	哈尔滨 RPL交互
交互项 低层次×新疆	—	0.38	—	0.62**	—	0.70***	—	0.31	—	0.50	—	0.62**
低层次×山东	—	0.43	—	0.17	—	0.40	—	-0.01	—	0.38	—	1.08***
低层次×陕西	—	0.15	—	0.49**	—	0.77***	—	0.43	—	-0.01	—	0.45
中层次×新疆	—	0.13	—	0.15	—	0.40	—	0.31	—	0.78***	—	-0.07
中层次×山东	—	-0.06	—	-0.06	—	0.44	—	0.08	—	0.36	—	0.57*
中层次×陕西	—	-0.41*	—	0.09	—	0.64**	—	0.27	—	0.17	—	-0.01
高层次×新疆	—	-0.09	—	0.05	—	0.10	—	-0.27	—	0.33	—	0.09
高层次×山东	—	-0.10	—	-0.35	—	-0.11	—	-0.38	—	-0.03	—	0.54*
高层次×陕西	—	-0.20	—	0.15	—	0.38	—	0.02	—	-0.23	—	0.40
政府认证×新疆	—	-0.24	—	-0.22	—	0.07	—	-0.36	—	0.34	—	-0.04
政府认证×山东	—	0.38	—	-0.29	—	-0.09	—	-0.34	—	0.62**	—	-0.06
政府认证×陕西	—	0.15	—	-0.06	—	0.03	—	0.21	—	0.71**	—	-0.31
国内认证×新疆	—	-0.07	—	-0.01	—	0.22	—	-0.36	—	0.54	—	0.02
国内认证×山东	—	0.35	—	0.03	—	-0.02	—	-0.43	—	1.04***	—	0.25
国内认证×陕西	—	0.01	—	0.12	—	-0.16	—	-0.39	—	0.39	—	-0.12
国际认证×新疆	—	-0.27	—	-0.22	—	-0.05	—	-0.69*	—	0.29	—	0.38
国际认证×山东	—	0.18	—	0.19	—	0.10	—	-0.52	—	0.86**	—	-0.31
国际认证×陕西	—	0.28	—	0.07	—	0.21	—	-0.04	—	0.73**	—	-0.11
参与者人数	408	408	413	413	383	383	324	324	295	295	269	269
观测值个数	14688	14688	14688	14688	13788	13788	11664	11664	10620	10620	9684	9684
Log Likelihood	-4193.29	-4169.81	-4217.11	-4199.03	-3718.20	-3692.44	-3165.11	-3145.38	-2825.13	-2806.46	-2622.14	-2598.39

注：***、**和*分别表示1%、5%和10%的显著性水平。

表5-18 六个城市模型属性系数标准差估计结果

	变量	北京 RPL	北京 RPL交互	上海 RPL	上海 RPL交互	广州 RPL	广州 RPL交互	西安 RPL	西安 RPL交互	济南 RPL	济南 RPL交互	哈尔滨 RPL	哈尔滨 RPL交互
可追溯信息	低层次可追溯	0.47	0.51***	0.35***	0.37***	0.31	0.39**	0.21	0.21	0.44*	0.48***	0.10	0.12
	中层次可追溯	0.91***	0.93***	0.68***	0.68***	0.72***	0.73***	0.90***	0.94***	0.86***	0.93***	0.43***	0.42***
	高层次可追溯	1.12***	1.13***	0.64***	0.62***	0.86***	0.84***	0.83***	0.81***	0.45	0.37*	0.48*	0.51***
认证类型	政府认证	1.16***	1.20***	1.02***	1.04***	1.13***	1.18***	1.44***	1.51***	1.17***	1.21***	1.28***	1.29***
	国内第三方认证	0.88***	0.91***	0.62***	0.61***	0.75***	0.71***	0.40*	0.39***	0.82***	0.86***	0.71***	0.75***
	国际第三方认证	1.34***	1.35***	0.93***	0.93***	1.37***	1.41***	1.45***	1.50***	0.97***	0.99***	0.81***	0.88***
原产地	新疆	0.78***	0.73***	0.84***	0.83***	0.92***	0.92***	0.98***	0.96***	0.74***	0.71***	0.93***	0.93***
	山东	0.77***	0.81***	0.71***	0.72***	0.86***	0.88***	1.06***	1.07***	1.25***	1.35***	0.79***	0.83***
	陕西	0.41	0.39**	0.65***	0.65***	0.65***	0.67***	1.43***	1.50***	0.65	0.63***	0.68***	0.67***

注：***、**和*分别表示1%、5%和10%的显著性水平。

　　交叉项系数估计值在六个城市样本中表现出了显著差异，说明消费者对属性的偏好关系会因为区域不同而有所差异。首先，总的来说，可追溯信息和认证类型之间的交叉项系数估计值为正，表明两种属性之间存在互补关系。北京（除交叉项中层次可追溯×国际第三方认证外）、西安（除交叉项中层次追溯×国内第三方认证外）和哈尔滨（除交叉项低层次可追溯×国内第三方认证外）这两种属性之间的交叉项系数估计值均为正且显著。而且，在广州、上海（除交叉项中层次可追溯×政府认证外）和济南（除交叉项高层次可追溯×政府认证外）样本中，各层次可追溯信息与政府认证之间的交叉项系数均显著为正。其次，上海、广州、济南和哈尔滨消费者对一些可追溯信息与原产地属性层次之间具有显著正相关偏好，也说明这些属性层次之间存在互补关系。然而，对于北京来说，包含种植和加工环节的中层次可追溯信息与原产地陕西（交叉项中层次可追溯×陕西）之间存在替代关系。此外，在西安，可追溯信息与原产地属性之间没有显著的相互关系。最后，根据认证类型和原产地属性之间交叉项系数估计结果可知，只有济南消费者对一些认证类型与原产地属性层次之间具有显著正相关偏好。这表明，对于济南消费者来说，这些属性层次相互补充增加富士苹果效用。相比而言，对于西安消费者而言，国际第三方认证与原产地新疆之间的偏好显著负相关（交叉项国际第三方认证×新疆），说明国际第三方认证与原产地新疆的整体效用小于二者单独的个体效用。另外，北京、上海、广州和哈尔滨的消费者对这两种属性之间偏好没有显著的相互影响。

　　表5-19显示了根据随机参数logit和加入交互项的随机参数logit模型估计结果模拟的六个城市消费者支付意愿。由加入交互项的随机参数logit模型估计结果模拟的支付意愿估算结果，相较于无可追溯信息富士苹果，六个城市消费者愿意为高层次可追溯信息（包含种植、加工和销售环节）的富士苹果支付0.49元/500克（哈尔滨）至3.95元/500克（济南）。相反，与无可追溯信息富士苹果相比，除广州外，其他五个城市的消费者对仅包含种植环节低层次可追溯信息的富士苹果支付意愿为负值，0.33元/500克（上海）至4.21元/500克（哈尔滨）。六个城市消费者对认证类型的

表5-19 六个城市消费者支付意愿

变量		北京 RPL	北京 RPL交互	上海 RPL	上海 RPL交互	广州 RPL	广州 RPL交互
可追溯信息	低层次可追溯	1.33 [0.65, 2.00]	-1.51 [-3.54, 0.51]	2.90 [2.00, 3.80]	-0.33 [-2.86, 2.21]	3.52 [2.65, 4.39]	0.02 [-2.09, 2.13]
	中层次可追溯	3.12 [2.20, 4.04]	1.72 [-0.06, 3.50]	3.95 [2.76, 5.15]	1.98 [-0.46, 4.42]	4.18 [3.17, 5.20]	1.44 [-0.51, 3.40]
	高层次可追溯	4.01 [2.96, 5.06]	2.06 [-0.08, 4.20]	5.56 [4.13, 6.98]	3.76 [0.96, 6.56]	5.35 [4.16, 6.55]	3.65 [1.36, 5.94]
认证类型	政府认证	5.92 [4.70, 7.15]	3.25 [1.29, 5.20]	7.00 [5.34, 8.66]	5.54 [2.90, 8.18]	6.09 [4.81, 7.36]	3.53 [1.41, 5.64]
	国内第三方认证	4.36 [3.37, 5.35]	2.02 [0.06, 3.98]	5.01 [3.69, 6.33]	3.54 [0.93, 6.16]	4.99 [3.86, 6.11]	4.62 [2.52, 6.71]
	国际第三方认证	5.48 [4.32, 6.63]	3.70 [1.66, 5.73]	6.15 [4.68, 7.62]	4.40 [1.68, 7.13]	5.81 [4.47, 7.14]	4.06 [1.81, 6.31]
原产地	新疆	4.61 [3.57, 5.66]	4.77 [2.83, 6.72]	5.46 [4.03, 6.88]	5.20 [2.61, 7.79]	4.48 [3.44, 5.52]	3.08 [0.99, 5.17]
	山东	4.47 [3.45, 5.49]	3.36 [1.29, 5.42]	4.91 [3.58, 6.23]	5.52 [2.76, 8.29]	3.85 [2.88, 4.81]	2.96 [0.75, 5.16]
	陕西	4.11 [3.18, 5.05]	4.16 [2.28, 6.04]	4.67 [3.43, 5.91]	3.94 [1.35, 6.52]	4.18 [3.23, 5.12]	2.49 [0.44, 4.54]

续表

变量		北京		上海		广州
		RPL	RPL交互	RPL	RPL交互	RPL	RPL交互
交互项	低层次×政府认证	—	2.43 [0.48, 4.38]	—	2.80 [0.13, 5.48]	—	4.35 [2.13, 6.57]
	低层次×国内认证	—	2.38 [0.25, 4.51]	—	-0.08 [-2.93, 2.77]	—	-0.28 [-2.62, 2.06]
	低层次×国际认证	—	1.86 [-0.10, 3.83]	—	2.14 [-0.53, 4.82]	—	1.77 [-0.47, 4.01]
	中层次×政府认证	—	2.80 [0.91, 4.68]	—	2.55 [-0.09, 5.19]	—	2.62 [0.47, 4.76]
	中层次×国内认证	—	1.74 [-0.15, 3.63]	—	1.44 [-1.16, 4.05]	—	0.15 [-1.96, 2.25]
	中层次×国际认证	—	1.57 [-0.33, 3.47]	—	2.29 [-0.39, 4.97]	—	1.10 [-1.08, 3.28]
	高层次×政府认证	—	2.85 [0.92, 4.77]	—	2.88 [0.19, 5.56]	—	2.52 [0.34, 4.69]
	高层次×国内认证	—	3.17 [1.17, 5.17]	—	2.77 [0.09, 5.46]	—	-0.09 [-2.26, 2.09]
	高层次×国际认证	—	2.06 [0.12, 4.00]	—	1.77 [-0.88, 4.41]	—	1.49 [-0.70, 3.68]

续表

	变量	北京		上海		广州	
		RPL	RPL 交互	RPL	RPL 交互	RPL	RPL 交互
交互项	低层次×新疆	—	1.42 [-0.46, 3.30]	—	3.25 [0.73, 5.77]	—	2.70 [0.66, 4.74]
	低层次×山东	—	1.58 [-0.39, 3.55]	—	0.90 [-1.68, 3.47]	—	1.55 [-0.51, 3.62]
	低层次×陕西	—	0.57 [-1.37, 2.51]	—	2.56 [-0.02, 5.15]	—	2.97 [0.84, 5.10]
	中层次×新疆	—	0.49 [-1.41, 2.38]	—	0.79 [-1.74, 3.31]	—	1.52 [-0.55, 3.58]
	中层次×山东	—	-0.21 [-2.10, 1.69]	—	-0.34 [-2.88, 2.21]	—	1.69 [-0.37, 3.75]
	中层次×陕西	—	-1.55 [-3.32, 0.23]	—	0.46 [-1.92, 2.84]	—	2.47 [0.51, 4.43]
	高层次×新疆	—	-0.32 [-2.22, 1.58]	—	0.26 [-2.26, 2.77]	—	0.38 [-1.68, 2.44]
	高层次×山东	—	-0.39 [-2.42, 1.65]	—	-1.86 [-4.48, 0.77]	—	-0.40 [-2.52, 1.71]
	高层次×陕西	—	-0.75 [-2.77, 1.27]	—	0.79 [-1.91, 3.50]	—	1.47 [-0.76, 3.69]

续表

变量	北京 RPL	北京 RPL 交互	上海 RPL	上海 RPL 交互	广州 RPL	广州 RPL 交互
交互项 政府认证×新疆	—	-0.90 [-3.01, 1.21]	—	-1.14 [-3.85, 1.56]	—	0.27 [-1.98, 2.53]
政府认证×山东	—	1.42 [-0.65, 3.49]	—	-1.54 [-4.08, 1.01]	—	-0.36 [-2.50, 1.78]
政府认证×陕西	—	0.55 [-1.52, 2.63]	—	-0.29 [-2.99, 2.40]	—	0.12 [-2.07, 2.32]
国内认证×新疆	—	-0.27 [-2.30, 1.76]	—	-0.05 [-2.68, 2.59]	—	0.83 [-1.31, 2.97]
国内认证×山东	—	1.31 [-0.83, 3.44]	—	0.18 [-2.55, 2.91]	—	-0.08 [-2.30, 2.13]
国内认证×陕西	—	0.04 [-2.12, 2.20]	—	0.61 [-2.24, 3.46]	—	-0.60 [-2.87, 1.67]
国际认证×新疆	—	-1.00 [-3.10, 1.10]	—	-1.15 [-3.83, 1.52]	—	-0.19 [-2.45, 2.07]
国际认证×山东	—	0.67 [-1.50, 2.85]	—	1.02 [-1.71, 3.75]	—	0.39 [-1.91, 2.69]
国际认证×陕西	—	1.04 [-1.03, 3.11]	—	0.39 [-2.30, 3.08]	—	0.82 [-1.40, 3.04]

续表

变量		西安 RPL	西安 RPL交互	济南 RPL	济南 RPL交互	哈尔滨 RPL	哈尔滨 RPL交互
可追溯信息	低层次可追溯	2.65 [1.76, 3.55]	-2.06 [-5.06, 0.95]	1.60 [0.72, 2.48]	-0.53 [-3.01, 1.95]	1.81 [0.81, 2.80]	-4.21 [-7.24, -1.19]
	中层次可追溯	3.34 [2.11, 4.57]	0.65 [-2.25, 3.56]	3.48 [2.26, 4.70]	0.56 [-1.68, 2.80]	3.55 [2.18, 4.92]	0.11 [-2.54, 2.76]
	高层次可追溯	5.16 [3.71, 6.60]	3.31 [0.17, 6.45]	3.80 [2.55, 5.05]	3.95 [1.23, 6.67]	4.04 [2.61, 5.46]	0.49 [-2.63, 3.61]
认证类型	政府认证	6.59 [4.85, 8.33]	4.35 [1.14, 7.55]	6.30 [4.62, 7.97]	2.18 [-0.25, 4.61]	7.11 [4.95, 9.27]	4.74 [1.77, 7.71]
	国内第三方认证	6.18 [4.61, 7.75]	5.47 [2.46, 8.49]	4.82 [3.39, 6.25]	2.44 [-0.04, 4.91]	5.95 [4.14, 7.76]	4.08 [1.17, 6.99]
	国际第三方认证	6.26 [4.67, 7.85]	4.31 [1.03, 7.60]	5.52 [4.06, 6.99]	2.78 [0.22, 5.34]	5.47 [3.70, 7.23]	2.97 [-0.05, 6.00]
原产地	新疆	5.14 [3.72, 6.56]	6.89 [3.74, 10.03]	4.72 [3.37, 6.07]	1.46 [-1.04, 3.96]	6.10 [4.17, 8.02]	5.08 [2.14, 8.01]
	山东	4.76 [3.39, 6.13]	7.21 [3.85, 10.57]	8.14 [6.05, 10.24]	4.70 [2.14, 7.26]	5.74 [3.84, 7.65]	3.37 [0.39, 6.35]
	陕西	10.12 [7.92, 12.32]	10.40 [7.23, 13.56]	4.01 [2.68, 5.33]	1.94 [0.51, 4.40]	4.82 [3.26, 6.37]	5.02 [2.19, 7.85]

续表

变量		西安		济南		哈尔滨	
		RPL	RPL 交互	RPL	RPL 交互	RPL	RPL 交互
交互项	低层次×政府认证	—	5.31 [2.27, 8.35]	—	3.07 [0.43, 5.70]	—	4.80 [1.68, 7.93]
	低层次×国内认证	—	3.72 [0.64, 6.81]	—	1.49 [-1.37, 4.35]	—	2.11 [-1.26, 5.48]
	低层次×国际认证	—	5.92 [2.85, 9.00]	—	1.35 [-1.28, 3.99]	—	4.28 [1.13, 7.42]
	中层次×政府认证	—	2.86 [-0.12, 5.84]	—	3.97 [1.42, 6.52]	—	4.11 [1.08, 7.14]
	中层次×国内认证	—	1.28 [-1.54, 4.11]	—	0.55 [-2.02, 3.13]	—	3.04 [0.05, 6.03]
	中层次×国际认证	—	3.93 [0.89, 6.97]	—	1.34 [-1.27, 3.95]	—	3.15 [0.10, 6.20]
	高层次×政府认证	—	3.39 [0.43, 6.35]	—	1.32 [-1.26, 3.90]	—	2.83 [-0.25, 5.90]
	高层次×国内认证	—	2.66 [-0.20, 5.52]	—	-1.35 [-3.96, 1.25]	—	2.68 [-0.36, 5.72]
	高层次×国际认证	—	3.79 [0.88, 6.69]	—	-0.64 [-3.24, 1.97]	—	2.56 [-0.42, 5.55]

续表

变量		西安 RPL	西安 RPL交互	济南 RPL	济南 RPL交互	哈尔滨 RPL	哈尔滨 RPL交互
交互项	低层次×新疆	—	1.41 [−1.31, 4.14]	—	2.04 [−0.43, 4.51]	—	5.24 [2.16, 8.31]
	低层次×山东	—	−0.05 [−2.93, 2.82]	—	1.54 [−0.99, 4.07]	—	2.18 [−0.83, 5.20]
	低层次×陕西	—	1.96 [−0.89, 4.81]	—	−0.06 [−2.53, 2.42]	—	−0.33 [−3.31, 2.65]
	中层次×新疆	—	1.41 [−1.46, 4.28]	—	3.17 [0.53, 5.82]	—	−0.33 [−3.31, 2.65]
	中层次×山东	—	0.38 [−2.46, 3.22]	—	1.45 [−1.14, 4.04]	—	2.76 [−0.24, 5.76]
	中层次×陕西	—	1.23 [−1.55, 4.02]	—	0.70 [−1.66, 3.06]	—	−0.07 [−2.79, 2.65]
	高层次×新疆	—	−1.23 [−3.94, 1.47]	—	1.33 [−1.17, 3.83]	—	0.46 [−2.49, 3.41]
	高层次×山东	—	−1.75 [−4.65, 1.15]	—	−0.12 [−2.75, 2.51]	—	2.60 [−0.48, 5.69]
	高层次×陕西	—	0.11 [−2.89, 3.12]	—	−0.93 [−3.56, 1.70]	—	1.94 [−1.21, 5.09]

续表

变量		西安		济南		哈尔滨
		RPL	RPL 交互	RPL	RPL 交互	RPL	RPL 交互
交互项	政府认证×新疆	—	-1.67 [-4.99, 1.65]	—	1.40 [-1.31, 4.12]	—	-0.22 [-3.43, 2.99]
	政府认证×山东	—	-1.55 [-4.79, 1.70]	—	2.53 [0.01, 5.06]	—	-0.30 [-3.32, 2.72]
	政府认证×陕西	—	0.96 [-2.34, 4.27]	—	2.91 [0.20, 5.62]	—	-1.49 [-4.61, 1.62]
	国内认证×新疆	—	-1.67 [-4.74, 1.40]	—	2.19 [-0.43, 4.81]	—	0.09 [-2.97, 3.16]
	国内认证×山东	—	-1.99 [-5.24, 1.25]	—	4.25 [1.42, 7.08]	—	1.20 [-1.96, 4.36]
	国内认证×陕西	—	-1.79 [-5.01, 1.44]	—	1.58 [1.24, 4.40]	—	-0.56 [-3.84, 2.71]
	国际认证×新疆	—	-3.16 [-6.48, 0.15]	—	1.17 [-1.48, 3.82]	—	1.86 [-1.30, 5.02]
	国际认证×山东	—	-2.39 [-5.78, 1.00]	—	3.53 [0.77, 6.30]	—	-1.49 [-4.69, 1.70]
	国际认证×陕西	—	-0.20 [-3.49, 3.08]	—	2.98 [0.33, 5.64]	—	-0.55 [-3.46, 2.55]

注：方括号内数字代表 95% 的置信区间，该置信区间是使用克林斯基和罗布（Krinsky & Robb, 1986）的参数 bootstrapping 程序估计的。

支付意愿也具有差异性。例如，与无认证信息相比，上海和哈尔滨的消费者愿意为政府认证的富士苹果支付最高溢价，分别为 5.54 元/500 克和 4.74 元/500 克。而西安和广州的消费者对国内第三方认证的富士苹果支付意愿最高，分别为 5.47 元/500 克和 4.62 元/500 克。此外，六个城市消费者对原产地属性支付意愿也相同。具体来说，与无原产地信息相比，哈尔滨、北京和广州消费者愿意为原产地新疆富士苹果支付最高溢价，分别为 5.08 元/500 克、4.77 元/500 克和 3.08 元/500 克。西安消费者对陕西产的富士苹果具有最高支付意愿 10.40 元/500 克。

对六个城市消费者总体而言，可追溯信息和认证类型之间支付意愿主要是互补关系。例如，由北京样本交叉项低层次可追溯×政府认证支付意愿估计结果可知，经过政府认证提高了包含低层次可追溯信息富士苹果的支付意愿，每 500 克增加 2.43 元。与之相反，对于广州和济南的消费者，高层次可追溯信息与国内第三方认证（见交叉项高层次可追溯×国内第三方认证）之间存在替代效应，这意味着国内第三方认证降低了包含高层次可追溯信息富士苹果的溢价水平。而且，对于济南消费者而言，高层次可追溯信息与国际第三方认证（见交叉项高层次可追溯×国际第三方认证）之间也存在替代效应，即国际第三方认证也会降低高层次可追溯信息的溢价水平，每 500 克减少 1.35 元。

六个城市消费者对可追溯信息和原产地之间的支付意愿存在明显差异。对于北京和上海消费者而言，低层次可追溯信息和原产地属性之间是互补关系，标注原产地信息会提高低层次可追溯信息的支付意愿，其中，北京消费者愿意支付的溢价水平为 0.57 元/500 克至 1.42 元/500 克。然而，同样是对于北京消费者来说，中层次可追溯信息和原产地陕西、山东，以及高层次可追溯信息和原产地之间存在替代效应，这表明标注原产地信息会降低中、高层次可追溯信息溢价水平，每 500 克减少 0.21 元至 1.55 元。而标注原产地会增加广州消费者对包含原产地信息富士苹果的支付意愿，各层次可追溯信息和原产地之间存在互补关系（除了交叉项高层系可追溯×山东）。此外，西安、济南和哈尔滨消费者对可追溯信息和原产地之间相互作用的支付意愿也存在显著差异。

　　六个城市消费者对认证类型和原产地之间支付意愿的估计结果既存在地区差异性也有层次差异性。对于西安消费者而言，各层次认证类型和原产地之间存在替代关系（除了交叉项政府认证×陕西），而对于济南消费者则是互补关系。对于其他四个城市消费者，两类属性不同层次之间支付意愿估计值差异很大。例如，标注原产地陕西会增加北京和上海消费者对国内第三方认证富士苹果的支付意愿，溢价水平分别为 0.04 元/500 克和 0.61 元/500 克，所以国内第三方认证与陕西之间存在互补关系。然而，对于广州和哈尔滨消费者来说，这两个属性层次之间是替代关系，标注原产地陕西会降低国内第三方认证的溢价水平，分别降低 0.56 元/500 克和 0.60 元/500 克。

5.5　本章小结

　　本章利用选择实验法，在对六个城市 2092 个消费者调查的基础上，通过潜类别 logit 和随机参数 logit 模型，估计消费者对可追溯信息、认证信息和原产地信息组合的可追溯富士苹果的异质性偏好和支付意愿差异。并从信息价值感知和购买经历角度，进一步分析可追溯富士苹果偏好异质性的群体特征和原因。然后进一步估计可追溯信息、认证信息和原产地信息之间的交互关系，得出以下四个研究结论。

　　第一，按照类别概率从高到低的顺序，消费者分为价格敏感型、认证偏好型、原产地偏好型和信息怀疑型四类群体。受价格强烈显著影响，价格敏感型消费者对信息组合的可追溯富士苹果购买意愿最强，但支付水平最低。认证偏好型消费者，受价格约束的程度最低，愿意为各层次信息支付的溢价水平最高。其次为原产地偏好型消费者。信息怀疑型消费者对三种信息组合的可追溯苹果没有购买意愿，对各信息的支付意愿不显著。

　　第二，信息价值感知和购买经历能够解释消费者的异质性偏好。与价格敏感型消费者相比，认证偏好型消费者更能够识别认证信息和原产地信息。认为原产地信息具有最高信心价值的消费者属于原产地偏好型消费者的概率更大。怀疑可追溯信息和认证信息功能性的消费者更可能成为信息怀疑型消费者。购买经历与属性交叉项的估计结果进一步验证了购买经历影响消费者选择行为：如果消费者购买过打蜡苹果，那么他们更倾向于购买经过政府认证的富士苹果，而不愿意购买来自山东和陕西的富士苹果。而如果消费者不确定是否购买过打蜡苹果，则对政府认证、国内第三方认证和来自山东的富士苹果偏好程度更低。如果消费者购买过农药残留苹果，他们更愿意购买原产地山东和陕西的富士苹果，购买政府认证和国内第三方认证富士苹果的可能性较小。不确定购买过农药残留苹果的消费者不愿意购买任何经过认证的富士苹果。购买过假冒认证苹果的消费者，更愿意购买只包括种植环节可追溯信息的富士苹果，而不确定购买过假冒认证苹果的消费者认为国内、国际第三方认证以及原产地山东的富士苹果的效用较低。

第三，与可追溯信息相比，认证信息和原产地信息的溢价水平较高。其中，原产地陕西是原产地偏好型和价格敏感型消费者支付意愿最高的信息。认证偏好型消费者愿意为政府认证支付最高溢价。高层次可追溯信息是所有消费者愿意支付最高溢价水平的可追溯信息。

第四，追溯信息之间具有相互关系且具有地区差异性。消费者对仅包含种植环节的低层次可追溯信息支付意愿为负值，但当该属性层次与认证信息、原产地信息相结合时，其具有正的溢价水平。这表明，通过进一步辅以认证信息和原产地信息，中国食品可追溯体系将更加有效。此外，信息属性之间的相互关系具有区域差异性。那么，生产经营者、政府制定者，以及多属性食品偏好研究者，应考虑多属性之间可能存在的关联，从而减小营销策略、政策实施和价值评估的偏误。

因此，根据以上研究结论，为更好满足可追溯水果的市场需求，可以采用可追溯信息和质量保证信息组合，同时需要考虑消费者偏好异质性特点。首先，生产经营者既要考虑消费者对高层次可追溯信息的共同需求，也可以利用认证信息和原产地信息具体层次的异质性偏好，提供满足不同消费群体需求的可追溯水果。其次，由于多种信息组合必然导致可追溯水果价格上升，考虑消费者支付意愿，采取不同的追溯形式，例如，标签说明、合格证明、包装说明等，降低信息传递、显示和识别的成本和价格，满足更多消费者需求。最后，通过完善规制环境，培养市场主体诚信意识，并加强对可追溯水果的宣传，提高消费者对可追溯水果信息的预测价值和信心价值，可追溯水果才能获得更多消费者认可和信任，提高市场竞争力。

第6章

消费者对农产品质量安全追溯行为

　　农产品质量安全追溯有助于提高农产品市场的违规发现概率，发挥信息传递的有效性，实现农产品市场的分离均衡。因此，消费者对农产品的追溯行为成为农产品质量安全追溯机制发挥作用的重要因素，进而影响可追溯农产品市场的建立和有效运行。那么，在农产品质量安全追溯利用信息传递机制，保证信息透明，降低消费者信息搜寻成本的前提下，消费者的追溯行为如何，受到哪些因素影响。第 5 章研究发现消费者对可追溯信息的偏好程度和支付意愿较低，那么消费者的追溯经历是否对可追溯信息支付意愿产生影响。本章将以苹果为例，从消费者查询信息和投诉索赔角度，实证考察目前我国消费者对可追溯农产品的追溯行为及其影响因素，以及追溯经历对可追溯信息价值评估的作用。

▶ 6.1 追溯行为分析

　　根据计划行为理论（Ajzen，1985），消费者对农产品质量安全的追溯行为受到消费者追溯意愿的影响，而影响消费者追溯意愿的因素包括：消费者对追溯行为的态度、消费者感知对追溯行为的控制程度、对其他主体影响其采取追溯行为的认知，以及标识信息产品相关购买经历。同时，消费者社会经济特征等因素也会影响消费者追溯意愿，并最终影响消费者追溯行为。

追溯意愿是消费者采取信息查询行为和投诉索赔行为的主观意愿。这里主要是指消费者对农产品可追溯信息的关注以及发现质量安全问题后采取行动的倾向（文晓巍和李慧良，2012；赵智晶和吴秀敏，2013）。农产品质量安全追溯利用信号传递机制，一方面，为消费者提供农产品质量安全信息保证信息，降低消费者信息搜寻成本的同时，有助于消费者识别不同质量安全水平的农产品；另一方面，根据供应链各环节信息，明确问题农产品责任主体，提高风险控制和责任追查的效率。因此，消费者查询信息，以及在发生农产品质量安全问题时，进行投诉索赔的行为是农产品质量安全追溯能够产生激励约束的原因之一，促进追溯机制作用的发挥。

消费者对查询信息的态度是指消费者对查询信息的看法评价。消费者对查询信息的可能结果会影响消费对信息查询行为的评估。为了获得最大化的农产品质量安全效用，消费者对追溯信息预测农产品质量安全功能的评价形成了消费者对查询信息的态度。而消费者查询信息的态度会直接影响其查询意愿和查询行为。因此，认知水平和可追溯信息预测价值对消费者查询信息行为有正向影响。

消费者感知对查询信息的控制程度是指消费者对使用信息容易或困难的知觉。消费者对信息使用的信心有助于提高消费者感知对查询信息的控制程度，进而会提高消费者进行信息查询的意愿和行为。

对其他主体影响消费者查询信息的认知是指消费者对影响其信息查询的相关外在主体的认知。农产品质量安全追溯是特定制度环境下的具体追溯形式，其成功建立与运行需要整个规制环境的支持（Golan，2004；胡庆龙等，2009）。作为规制主体，政府需要采取相应的法律制度措施来保证追溯信息的真实性和完整性。所以，消费者对政府监管的认可程度正向影响消费者信息查询认知，进而增强消费者信息查询意愿和行为。

消费者的产品购买经历是指消费者对产品的以往购买经历。在消费者行为决策中，购买经历能够体现消费者对产品的认知程度和熟悉程度，进而影响消费者对信息的反应和行为决策（Burnkrant et al.，1991）。对于消费者信息查询行为而言，消费者购买过假冒信息标识产品的经历会增强消费者信息查询行为。对于农产品购买经历来说，除了可能有过信息标识虚假农产品购买经历，消费者也可能会买过外观和品质问题的农产品，这些购买经历受到行为效率影响，消费者更可能会采取购后对食品采取清洗、削皮等后续加工处理行为，来进行自我保护（全世文和曾寅初，2014）。所以，非信息标识问题食品购买经历可能不会影响消费者的信息查询行为。

消费者投诉索赔行为主要受到消费者对政府监管认可度的影响。当发生农产品质量安全问题时，农产品质量安全追溯虽然能够迅速准确地追溯到问题农产品及相关责任人，但是消费者对问题产品进行投诉索赔，需要考虑在特定的法律法规体系、食品安全监管机构等组成的规制环境中维权的成本和收益。对消费者来说，如果政府监管不到位，规制环境不完善，即使发现农产品存在质量安全问题，但由于较高的维权追责成本和低惩罚力度，消费者也不会采取投诉索赔行为（费威，2013）。因此，消费者对政府监管的认可程度对消费者投诉索赔行为有正向影响。

6.1.1　模型及变量

根据以上分析，影响消费者对农产品追溯行为的因素主要分为四类：消费者对追溯行为的态度、消费者感知对追溯行为的控制程度、对其他主体影响其采取追溯行为的认知、购买经历以及消费者特征。为完整地考察消费者对农产品追溯行为，本章将分别建立消费者查询信息行为和投诉索赔行为的计量经济模型：

$$Y_1 = \alpha_m + \beta_{m1}Pv + \beta_{m2}Cv + \beta_{m3}Reg + \beta_{m4}Exp + \gamma_m X + \varepsilon_m \qquad (6.1)$$

$$Y_{II} = \alpha_n + \beta_n Reg + \gamma_n X + \varepsilon_n \qquad (6.2)$$

在式（6.1）和式（6.2）中，被解释变量 Y_I 和被解释变量 Y_{II} 分别为消费者查询信息和投诉索赔的行为，都是二值分类变量。Pv、Cv、Reg 和 Exp 为关键解释变量。其中，Pv 是分类变量，为可追溯信息的预测价值。Cv 是二值分类变量，为可追溯信息的信心价值。Reg 是分类变量，为政府监管认可程度。Exp 是二值分类变量，为消费者购买经历，包括消费者是否购买过打蜡苹果、消费者是否购买过有农药残留的苹果，以及消费者是否购买过假冒的认证苹果三种购买经历。基于已有研究对消费者追溯意愿和行为影响因素的分析，选取一组消费者特征和苹果消费特征变量作为控制变量 X，具体包括：受访者性别、年龄、家庭收入水平、受教育程度和家中是否有 18 岁以下孩子的消费者特征变量，以及苹果购买频次、苹果质量安全感知以及对质量安全问题关注程度的苹果消费特征变量。ε_m 和 ε_n 是随机扰动项。α_m、β_{m1}、β_{m2}、β_{m3}、β_{m4}、γ_m、α_n、β_n 和 γ_n 是模型待估参数。式（6.1）和式（6.2）中模型的被解释变量都是二值分类变量，因此将选择 logit 模型形式，并采用极大似然法进行参数估计。

模型中被解释变量和解释变量的设置情况如表 6 - 1 所示。将是否对加贴可追溯标签的食品进行过信息查询和是否会对问题食品进行投诉索赔定义为被解释变量。在解释变量中，消费者对可追溯信息预测食品质量安全功能性的态度、对是否购买过提供可追溯信息或加贴可追溯标签食品的判断、对食品质量安全的政府监管的态度以及购买经历是关键解释变量，而其他消费者特征和苹果消费特征变量则作为控制变量。

表 6 - 1　　　　　　　　　　变量设置

	变量	定义	赋值
被解释变量	消费者查询信息	消费者是否对加贴可追溯标签的食品进行过信息查询	是 = 1，否 = 0
	消费者投诉索赔	消费者对有问题的食品是否会投诉索赔	会 = 1，不会 = 0

	变量	定义	赋值
关键解释变量	可追溯信息预测价值	消费者对可追溯信息预测食品质量安全功能性的态度	不可以 = 1, 不确定 = 2, 可以 = 3
	可追溯信息信心价值	消费者对是否购买过提供可追溯信息或加贴可追溯标签的食品的判断	是、否 = 1, 不知道 = 0
	政府监管认可度	消费者认为政府对食品质量安全的监管程度	根本不到位 = 1, 不是很到位 = 2, 一般 = 3, 到位 = 4, 非常到位 = 5
	购买过打蜡苹果	消费者购买过打蜡苹果的经历	没买过/不确定 = 0, 买过 = 1
	购买过农药残留苹果	消费者购买过农药残留苹果的经历	没买过/不确定 = 0, 买过 = 1
	购买过假冒认证苹果	消费者购买过假冒认证苹果的经历	没买过/不确定 = 0, 买过 = 1
控制变量	消费者特征	受访者性别、年龄、家庭收入水平、受教育程度、家中是否有 18 岁以下孩子	详见表 4 - 1
	苹果消费特征	苹果购买频次、苹果质量安全感知，以及对质量安全问题关注程度	详见表 4 - 1

6.1.2 数据描述

本章研究所用数据来自 2017 年 7 至 10 月在北京、上海、广州、西安、济南和哈尔滨六个城市所做的消费者问卷调查。调查样本与第 4 章消费者对追溯农产品认知水平、信息信任程度和信息价值感知研究的调查样本相同。表 6 - 2 描述了六个城市消费者对农产品的追溯行为、政府监管认可度和购买经历。总体上，对农产品采取追溯行为的消费者占比不高。总样本中查询过信息的消费者占比为 33.56%，进行投诉索赔的消费者占比为 30.02%，不足 1/3。其中，北京、广州和哈尔滨的样本消费者中进行过信息查询的消费者占比高于总样本消费者占比，分别为 38.24%、34.73% 和 36.80%。北京、上海和济南的样本消费者在发现问题农产品后，会进行投诉索赔的消费者占比高于总样本消费者占比，但也都不足 1/3，分别为 31.86%、32.69% 和 31.53%。表 6 - 2 中消费者对政府监管认可度的统计结果显示，认为政府监管到位的总样本消费者占比不足10%，其中，仅有0.38%的消费者认为政府监管非常到位。而认为政府监管不是很到位的消费者占比为30.64%，仍有13.15%消费者认为政府监管根本不到位。城市消费者中济南和广州的样本消费者对政府监管的评价高于其他城市消费者，认为政府监管到位的两个城市的消费者占比高于总样本占比，而认为政府监管不到位的消费者占比低于总样本占比。表6－2中消费者购买经历的统计结果显示，总样本中购买过打蜡苹果的消费者占比41.49%，其次是购买过农药残留苹果和购买过假冒认证苹果的消费者占比，分别为37.05%和7.60%。其中，北京有过购买打蜡苹果经历的消费者占比高于总样本占比，而有购买农药残留苹果和假冒认证苹果经历的消费者占比都低于总样本占比。广州有购买假冒认证苹果经历的消费者占比略高于总样本占比，而其他两种购买经历的消费者占比都低于总样本占比。西安有购买农药残留苹果经历的消费者占比高于总样本占比，其他两种购买经历的消费者占比都低于总样本占比。广州购买过农药残留苹果的消费者占比，和济南购买过假冒认证苹果的消费者占比分别都低于总样本占比，其他两种购买经历占比都高于总样本占比。而哈尔滨有过三种购买经历的消费者占比都高于总样本占比。

表6－2　　　　六个城市样本消费者追溯行为、政府认可程度
和购买经历对比分析　　　　　　　　　　　单位：%

行为、认可度和购买经历		北京 (N=408)	上海 (N=413)	广州 (N=383)	西安 (N=324)	济南 (N=295)	哈尔滨 (N=269)	总样本 (N=2092)
消费者查询信息行为	查询	38.24	28.33	34.73	33.33	30.17	36.80	33.56
	不查询	61.76	71.67	65.27	66.67	69.83	63.20	66.44
消费者投诉索赔行为	会	31.86	32.69	29.50	26.85	31.53	26.02	30.02
	不会	68.14	67.31	70.50	73.15	68.47	73.98	69.98
政府监管认可度	根本不到位	13.73	14.04	8.88	15.12	10.51	17.47	13.15
	不是很到位	33.33	30.99	26.89	34.57	26.78	30.86	30.64
	一般	44.85	48.91	51.96	44.75	48.81	45.72	47.61
	到位	7.60	5.57	12.01	5.56	13.22	5.58	8.22
	非常到位	0.49	0.48	0.26	0	10.68	0.37	0.38

续表

行为、认可度和购买经历		北京 (N=408)	上海 (N=413)	广州 (N=383)	西安 (N=324)	济南 (N=295)	哈尔滨 (N=269)	总样本 (N=2092)
购买过打蜡苹果	没买过/不确定	56.86	56.90	59.53	62.65	57.63	57.99	58.51
	买过	43.14	43.10	40.47	37.35	42.37	42.01	41.49
购买过农药残留苹果	没买过/不确定	67.16	69.25	69.19	54.32	55.25	56.88	62.95
	买过	32.84	30.75	30.81	45.68	44.75	43.12	37.05
购买过假冒认证苹果	没买过/不确定	94.85	89.35	92.17	93.52	95.25	89.22	92.40
	买过	5.15	10.65	7.83	6.48	4.75	10.78	7.60

查询信息的消费者与不查询信息的消费者在可追溯信息预测价值、可追溯信息信心价值、对政府监管程度的认知、购买经历以及基本特征方面有差异，具体如表6-3所示。可以看出，查询信息的消费者的年龄显著小于不查询信息的消费者，家庭收入水平、受教育程度、苹果购买频次、苹果质量安全感知和对质量安全问题关注程度都显著大于不查询信息的消费者，而在性别方面，查询信息的消费者和不查询信息的消费者相似。在对可追溯信息预测价值的态度和能够识别使用可追溯信息的信心方面，查询信息的消费者显著更高。在对政府监管程度的认知方面，查询信息的消费者明显高于不查询信息的消费者。在购买经历方面，选择查询信息的消费者明显更可能购买过假冒认证苹果。

表6-3　　　　　　　样本地区不同查询信息行为消费者特征对比

消费者特征	不查询信息消费者	查询信息消费者	均值差	t值
政府监管程度	2.457	2.647	-0.190	-4.928 ***
可追溯信息预测价值	2.338	2.410	-0.072	-2.471 **
可追溯信息信心价值	0.624	0.715	-0.091	-4.164 ***
购买过打蜡苹果	0.417	0.410	0.007	0.307
购买过农药残留苹果	0.370	0.372	-0.002	-0.090
购买过假冒认证苹果	0.066	0.095	-0.029	-2.386 **
性别	0.512	0.497	0.015	0.651

消费者特征	不查询信息消费者	查询信息消费者	均值差	t 值
年龄	2.540	2.309	0.231	3.772***
家庭收入水平	3.137	3.319	-0.182	-2.554**
受教育程度	2.688	2.900	-0.213	-5.459***
苹果购买频次	4.553	4.751	-0.198	-3.093***
苹果质量安全感知	3.273	3.301	-0.028	-0.829
对质量安全问题关注程度	2.341	2.429	-0.088	-3.189***
样本数	1390	702	—	—

注：***、**和*分别表示在1%、5%和10%的显著性水平。

会采取投诉索赔行为的消费者与不会采取投诉索赔行为的消费者在对政府监管程度的认知和基本特征方面存在差异，具体如表6-4所示。可以看出，会采取投诉索赔行为的消费者的性别明显不同于不采取投诉索赔行为的消费者。与采取查询信息的消费者特点相同，会采取投诉索赔行为的消费者的年龄小于不会采取投诉索赔行为的消费者，家庭收入水平、受教育程度和对质量安全问题关注程度大于不会采取投诉索赔行为的消费者，这是会采取投诉索赔行为的消费者和不会采取投诉索赔行为的消费者的基本特征差异。在对政府监管程度的认知方面，会采取投诉索赔的消费者也显著高于不会采取投诉索赔的消费者。

表6-4　　　　　　　样本地区不同投诉索赔行为消费者特征对比

消费者特征	不投诉索赔消费者	投诉索赔消费者	均值差	t 值
政府监管程度	2.499	2.572	-0.073	-1.830*
性别	0.488	0.553	-0.065	-2.723***
年龄	2.582	2.185	0.397	6.331***
家庭收入水平	3.097	3.435	-0.338	-4.625***
受教育程度	2.705	2.885	-0.180	-4.489***
苹果购买频次	4.624	4.608	0.015	0.232
苹果质量安全感知	3.283	3.280	0.003	0.073
对质量安全问题关注程度	2.351	2.416	-0.065	-2.273**
样本数	1464	628	—	—

注：***、**和*分别表示在1%、5%和10%的显著性水平。

6.1.3 追溯行为影响因素估计结果

表 6-5 显示消费者对农产品追溯行为的影响因素估计结果。列（1）、列（2）、列（3）是消费者信息查询行为影响因素的估计结果，列（4）是消费者投诉索赔行为影响因素的估计结果。其中，列（1）考察消费者对追溯行为的态度、消费者感知对追溯行为的控制程度和政府监管影响其采取追溯行为的认知对消费者信息查询行为的影响，列（2）考察政府监管影响其采取追溯行为的认知和购买经历对消费者信息查询行为的影响，列（3）是消费者对追溯行为的态度、消费者感知对追溯行为的控制程度、政府监管影响其采取追溯行为的认知和购买经历四个消费者信息查询行为影响因素估计结果。从三个模型统计结果来看，三个模型的 Wald 值分别为 100.62、87.12 和 107.96，都通过了 1% 水平的显著性检验。三个模型的 Pseudo R^2 值分别为 0.0422、0.0360 和 0.0453。列（3）Wald 值和 Pseudo R^2 值最大，表明列（3）具有更高拟合度和解释力。

表 6-5　　　　消费者对农产品追溯行为的影响因素估计结果

变量	查询行为模型			投诉索赔行为模型
	（1）	（2）	（3）	（4）
政府监管认可度	0.343 *** (5.443)	0.353 *** (5.579)	0.352 *** (5.495)	0.164 *** (2.613)
可追溯信息预测价值	0.136 * (1.752)	—	0.151 * (1.950)	—
可追溯信息信心价值	0.478 *** (4.619)	—	0.468 *** (4.485)	—
购买过打蜡苹果	—	-0.0718 (-0.687)	-0.113 (-1.073)	—
购买过农药残留苹果	—	0.0123 (0.114)	0.006 (0.056)	—
购买过假冒认证苹果	—	0.511 *** (3.015)	0.482 *** (2.774)	—

续表

变量	查询行为模型			投诉索赔行为模型
	(1)	(2)	(3)	(4)
性别	-0.070 (-0.722)	-0.0594 (-0.621)	-0.074 (-0.767)	0.249 ** (2.517)
年龄	-0.134 *** (-3.183)	-0.120 *** (-2.876)	-0.140 *** (-3.323)	-0.251 *** (-5.522)
家庭收入水平	0.053 * (1.739)	0.0489 (1.628)	0.052 * (1.711)	0.124 *** (3.967)
受教育程度	0.240 *** (3.677)	0.248 *** (3.811)	0.243 *** (3.722)	0.068 (1.022)
苹果购买频次	0.099 *** (2.695)	0.103 *** (2.845)	0.099 *** (2.691)	0.015 (0.413)
苹果质量安全感知	-0.094 (-1.274)	-0.0704 (-0.972)	-0.096 (-1.312)	-0.078 (-1.079)
对质量安全问题关注程度	0.260 ** (3.040)	0.252 *** (2.975)	0.260 *** (3.027)	0.256 *** (2.794)
Constant	-3.459 *** (-7.941)	-2.984 *** (-7.239)	-3.486 *** (-7.943)	-1.815 *** (-4.323)
Observations	2092	2092	2092	2092
Log pseudo likelihood	-1278.488	-1286.734	-1274.336	-1236.480
Pseudo R^2	0.0422	0.0360	0.0453	0.0327
Wald χ^2检验	100.62	87.12	107.96	74.44

注：括号内数字为稳健估计的 z 值；*** 、** 和 * 分别表示1%、5%和10%的显著性水平。

从表6-5中列（3）消费者查询行为模型的关键解释变量估计结果来看，可追溯信息预测价值在10%水平上显著异于0，可追溯信息信心价值和政府监管认可度则在1%水平上显著异于0，并对查询信息行为产生显著正向影响，即对可追溯信息预测价值和信心价值较高，认为政府监管程度较高的消费者更可能查询农产品追溯信息。购买过假冒认证苹果的经历在1%水平上显著为正，即有过假冒认证苹果购买经历的消费者更可能查询农产品追溯信息。与此同时，购买过打蜡苹果和农药残留苹果的经历对消费者查询行为并没有显著影响。该结果说明，消费者在购买打蜡苹果和农药残留苹果后，可以采取削皮和清洗等后续加工处理行为，即自我保护行为，与标识选择行为相比，自我保护行为属于劳动密集型策略（全世文和曾寅初，2014），不需要更高的知识水平，也不会对消费者查询信息行为产生显著影响。表6-5中列（4）消费者投诉索赔行为模型的关键解释变量估计结果显示，政府监管认可度变量在1%水平上显著异于0，且显著正向影响消费者投诉索赔行为，即认可政府监管有助于消费者在发现问题农产品时进行投诉索赔。这表明对于消费者而言，可追溯信息发挥作用的前提仍主要是政府监管认可度（南关前，2011）。先进的信息技术通过质量信息采集、整理、披露和共享，虽然能够实现信息透明，但仍无法保障这些信息的完整、真实和可靠（汪鸿昌等，2013）。在信息不确定的状态下，保障生产经营者提供真实可靠信息需要利用激励相容机制，而激励相容机制发挥作用离不开监管法规、体制和机制构成的政府监管体系。所以当消费者认为政府监管程度较低时，消费者无法根据可追溯信息确知农产品质量安全状况，在发现质量安全问题时，低的发现概率和惩罚力度导致其维权收益小于维权成本，因此，查询信息行为和对问题农产品投诉索赔的行为都会受到政府监管认可度影响。此外，消费者查询信息行为还受到可追溯信息预测价值和信心价值显著影响。可追溯信息能够预测农产品质量安全，降低消费者对农产品质量安全风险与损失的感知，提高消费者效用，消费者才会进行信息查询。同时，当消费者对识别和使用信息有信心时，查询信息成本会降低，消费者进行信息查询的可能性则会提高。

从表6-5中控制变量的估计结果来看，性别、年龄、家庭收入水平、受教育程度、苹果购买频次和消费者对质量安全问题的关注程度对农产品追溯行为有显著作用。比较两个模型控制变量估计结果发现，年龄、家庭收入水平和消费者对质量安全问题的关注程度同时显著影响查询信息行为和投诉索赔行为，其中，年龄对两个被解释变量具有显著负向影响，即随着年龄增长，消费者查询信息和进行投诉索赔的可能性下降。家庭收入水平和消费者对质量安全问题的关注程度对两个被解释变量具有显著正向影响，即家庭收入水平越高和对质量安全问题越关注的消费者，更可能进行信息查询，以及发现问题农产品后投诉索赔。此外，受教育程度和苹果购买频次显著正向影响消费者查询信息的行为，性别显著正向影响消费者投诉索赔的行为。即受教育程度较高和经常购买苹果的消费者更可能查询农产品追溯信息，与女性相比，男性消费者发现问题农产品时，进行投诉索赔的可能性更高。苹果质量安全感知变量对信息查询行为和投诉索赔行为的作用不显著，但变量估计的符号为负，表明认为苹果质量不安全的消费者更可能采取追溯行为，符合预期。

6.2　追溯经历影响可追溯信息价值评估

6.2.1　模型及变量

离散选择模型是研究消费者偏好和支付意愿的基本方法。根据随机效用理论（Mcfadden，1974），以消费者行为理性为基本假设，消费者将在收入预算约束下，选择不同信息属性组合的可追溯富士苹果，以达到个人效用最大化。若消费者从某种信息属性中获得的效用最大，则该种属性被选择的概率最高（Mcfadden，1974）。令 U_{nit} 表示消费者 n 在 t 情形下，从选择集 C 的子集 J 中选择第 i 个富士苹果信息属性所获得的效用：

$$U_{nit} = \beta x_{nit} + \varepsilon_{nit} \tag{6.3}$$

式（6.3）中，U_{nit} 由可观测项 βx_{nit} 和随机项 ε_{nit} 两个部分构成。β 是效用权重向量，x_{nit} 是第 i 个信息属性的可观测向量。假设消费者对于信息属性的偏好具有同质性；随机项 ε_{nit} 相互独立且服从 I 型极值分布，其选择概率可表示为：

$$P_{nit} = \frac{e^{\beta x_{nit}}}{\sum_j e^{\beta x_{njt}}} \tag{6.4}$$

若放松消费者同质性偏好的假设，消费者 n 在 t 情形下，从选择集 C 的子集 J 中选择第 i 个信息属性的随机效用函数为：

$$U_{nit} = (\beta + \eta_n) x_{nit} + \varepsilon_{nit} \tag{6.5}$$

其概率可以用如下形式进行估计：

$$P_{nit} = \int \frac{e^{(\beta+\eta_n)x_{nit}}}{\sum_j e^{(\beta+\eta_n)x_{njt}}} f(\beta)\,d\beta \tag{6.6}$$

式（6.6）称为随机参数 logit 模型（random parameters logit，RPL）或者混合 logit 模型。β 是效用权重向量的平均值，η_n 是消费者 n 的效用权重向量均值偏差，$f(\beta)$ 为 β 的概率密度函数。在现实中，消费者偏好具有异质性特征，因此，RPL 模型更符合实际，是日前研究消费者偏好的主流模型（Mcfadden & Train，2000；Ortega et al.，2011）。

在许多运用 RPL 模型的研究中，一般假定产品属性的消费者异质性效用向量总体上服从多元正态分布（MVN）。然而，卢维耶尔等（Louviere et al.，1999）认为，RPL 模型中常用的 MVN 分布设定有误。因为属性权重的异质性很大程度上是由纯比例效应引起的（所有属性权重在消费者之间同比例增加或减少）。这意味着，一些消费者异质性的误差项比例比其他人更显著，这种情况称为比例异质性。因此，比例异质性多项 logit 模型（S-MNL）应运而生，其效用函数为：

$$U_{nit} = (\sigma_n\beta)x_{nit} + \varepsilon_{nit} \tag{6.7}$$

在式（6.7）中，σ_n 是消费者 n 的效用权重向量 β 的比例因子。RPL 模型和 S-MNL 模型不仅系数异质性分布形式不同，而且由于随机变量 σ_n 的待估参数数量比随机向量 η_n 的待估参数大大减少，所以 S-MNL 模型更容易估计（Fiebig et al.，2010）。

为了进一步解决离散选择模型中异质性分布形式问题，菲比格等（Fiebig et al.，2010）开发了一个嵌套 S-MNL 模型和 RPL 模型的广义多项 logit 模型（G-MNL），其效用函数为：

$$U_{nit} = [\sigma_n\beta + \gamma\,\eta_n + (1-\gamma)\sigma_n\,\eta_n]x_{nit} + \varepsilon_{nit} \tag{6.8}$$

在式（6.8）中，σ_n 代表个人属性偏好的异质性比例，应该为正值，所以假设服从均值为 1，标准差为 τ 的对数正态分布（Fiebig et al.，2010）。$\gamma \in [0,1]$，当 $\gamma = 1$ 时，$\beta_n = \sigma_n\beta + \eta_n$，为 G-MNL-I 模型；当 $\gamma = 0$ 时，$\beta_n = \sigma_n(\beta + \eta_n)$，为 G-MNL-II 模型。二者的区别在于 G-MNL-I 模型

中η_n的标准差独立于σ_n，而G-MNL-Ⅱ模型中η_n的标准差与σ_n成比例。

将消费者追溯经历引入模型进一步分析可追溯信息偏好影响的作用机制。随机效用模型能够估计不同信息属性的效用值，但由于消费者追溯经历不随信息属性变化而变化，所以无法通过将消费者追溯经历直接引入效用函数表达式来估计追溯经历对可追溯信息属性效用的影响效果（Train，2003）。另一种方法是采用随机效用模型先估算每个消费者的偏好和支付意愿，再将支付意愿估计值作为因变量，估计消费者追溯经历对追溯信息支付意愿的影响（全世文等，2017）。但该方法需要根据支付意愿估计误差对追溯经历的估计参数再进行修正。最终，采用在随机效用模型中设置消费者追溯经历与可追溯信息属性交互项的方法，通过估计交互项系数来分析消费者追溯经历对可追溯信息偏好和支付意愿的影响。

为了考察追溯经历对消费者选择的影响，并保证模型估计的稳健性，设定不同模型进行对比分析。模型1为RPL模型，模型2是G-MNL-Ⅱ模型，模型3和模型4分别在模型1和模型2基础上加入追溯经历交叉项。具体而言，模型设定为：

$$
\begin{aligned}
U_{nit} = {} & ASC + \beta_{0p} Price_{nit} + \sum_{k=2}^{4} \beta_{1k} \times Trace_{nitk} + \sum_{k=2}^{4} \beta_{2k} Certify_{nitk} \\
& + \sum_{k=2}^{4} \beta_{3k} Origin_{nitk} + \sum_{k=2}^{4} \beta_{4k} Ref_{nit} Trace_{nitk} \\
& + \sum_{k=2}^{4} \beta_{5k} Comp_{nit} Trace_{nitk} + \varepsilon_{nit}
\end{aligned}
\tag{6.9}
$$

在式（6.9）中，U_{nit}为消费者n在t情境下，选择第i个富士苹果信息属性的效用。k是富士苹果某一信息属性的第k个层次。ASC是特定常数项，表示消费者选择了"不买"选项。$Price_{nit}$是分类变量，为实验设计的四个价格水平。$Trace_{nitk}$为富士苹果可追溯信息的分类变量，以无追溯信息作为参照；$Certify_{nitk}$为富士苹果认证类别的分类变量，无认证信息作为参照；$Origin_{nitk}$为富士苹果原产地的分类变量，无原产地信息作为参照；Ref_{nit}是消费者查询信息经历的变量；$Comp_{nit}$是消费者投诉索赔经历的变量；β_{4k}和β_{5k}是可追溯信息属性变量与追溯经历变量交叉项的系数。借鉴菲比格等（Fiebig et al.，2017）的研究，假设可追溯信息、认证类别和原产地三个属性变量的系数 β_{1k}，β_{2k} 和 β_{3k} 随机且服从正态分布，ASC[①]（"不买"选项）、价格以及交叉项的系数是固定的。ε_{nit} 为随机误差项。

根据 RPL 模型和 G-MNL-Ⅱ 模型估计结果，利用公式 $WTP = -\dfrac{\beta_k}{\beta_p}$ 估算消费者对可追溯富士苹果各信息属性层次的支付意愿。其中，β_k 是第 k 个信息属性（非价格属性）层次的估计系数，β_p 是价格属性的估计系数。

6.2.2　数据描述

本章研究所用的选择实验数据来自 2017 年 7 月至 10 月在北京、上海、广州、西安、济南和哈尔滨六个城市所做的消费者实验调查。调查样本与第 4 章消费者对追溯农产品认知水平、信息信任程度和信息价值感知研究的调查样本相同。样本选择依据和样本消费者的统计特征描述参见第 4 章 4.2.1.2 部分的数据来源和表 4 - 2。样本消费者对富士苹果信息属性选择情况的描述参见第 5 章 5.4 部分的变量与数据和表 5 - 4，六个城市消费者对农产品的追溯行为和政府监管认可度的描述参见第 6 章 6.1.2 部分的数据描述和表 6 - 2。

查询信息和不查询信息的消费者对信息属性层次的选择情况如表 6 - 6 所示。由于不查询信息的消费者几乎是查询信息消费者的两倍，不查询信息的消费者对各信息属性层次的选择普遍多于查询信息消费者，然而，除了无机构认证和"不买"，查询信息消费者选择其他各信息属性层次的平均值都高于不查询信息消费者。表 6 - 6 中，查询信息消费者和不查询信息消费者对可追溯信息属性各层次的选择表明，两类消费者选择高层次可追溯信息的平均值最高，其次分别是中层次可追溯信息、低层次可追溯信息

---

① 根据菲比格等（Fiebig et al.，2010）研究发现，与其他可观测的属性不同，ASC 不应该被比例化。理论上，消费者对价格和信息属性偏好的异质性表现为程度不同，即比例不同。而 ASC 表示无法观测的产品属性，对于不同消费者，它的效用可能为正也可能为负，所以不能采用统一的符号进行比例化。实证分析也表明，与 ASC 同质化处理相比，ASC 比例化的估计结果更差，会导致各属性系数 β 和比例 σ_n 的标准差增大。所以本书模型 2 和模型 4 对 ASC 采取了去比例化的估计方法。

和无可追溯信息。对认证信息的选择表明，两类消费者对政府认证选择的平均值都高于对第三方机构认证的选择，对无机构认证选择的平均值最低。查询信息消费者和不查询信息的消费者对原产地选择差异较大，除了对无原产地选择的均值都最小外，查询信息消费者选择原产地新疆的平均值最高，而不查询信息消费者选择原产地陕西的平均值最高。两类消费者对价格层次选择的排序一致，选择次数从高到低依次为6元/500克、8元/500克、10元/500克和12元/500克，查询信息消费者对价格选择的平均值整体高于不查询信息消费者。两类消费者选择"不买"选项的均值都不高。

表6-6　　　　　　消费者对信息属性层次的选择与查询信息经历

信息类型	信息层次	查询信息			不查询信息		
		观察值	平均值	标准差	观察值	平均值	标准差
可追溯信息	低层次可追溯信息	1848	0.425	0.494	3469	0.401	0.490
	中层次可追溯信息	1991	0.473	0.499	3821	0.458	0.498
	高层次可追溯信息	2221	0.527	0.499	4076	0.489	0.500
	无可追溯信息	1277	0.314	0.464	2373	0.295	0.456
认证信息	政府认证	2266	0.538	0.499	4106	0.493	0.500
	国内第三方机构认证	1941	0.459	0.498	3578	0.430	0.495
	国际第三方机构认证	2225	0.528	0.499	3982	0.476	0.499
	无机构认证	905	0.216	0.411	2073	0.248	0.432
原产地信息	原产地新疆	2088	0.496	0.500	3914	0.470	0.499
	原产地山东	2067	0.484	0.500	3846	0.454	0.498
	原产地陕西	2073	0.491	0.500	3973	0.476	0.499
	无原产地	1109	0.267	0.443	2006	0.244	0.430
价格信息	6元/500克	2342	7.392	3.486	4679	6.916	3.751
	8元/500克	2116			3874		
	10元/500克	1627			2971		
	12元/500克	1252			2215		
	不买	1087	0.129	0.335	2941	0.176	0.381

投诉索赔和不投诉索赔的消费者对信息属性层次的选择情况如表6-7所示。不会采取投诉索赔的消费者是会采取投诉索赔消费者的两倍多，不

会采取投诉索赔的消费者对各信息属性层次选择的绝对值普遍高于采取投诉索赔的消费者，然而，会采取投诉索赔的消费者选择各信息属性层次的平均值并不都低于不会采取投诉索赔的消费者。表6-7中，会采取投诉索赔的消费者和不会采取投诉索赔的消费者对可追溯信息属性各层次的选择表明，两类消费者选择高层次可追溯信息的平均值最高，其次分别是中层次可追溯信息、低层次可追溯信息和无可追溯信息。对认证信息的选择表明，会采取投诉索赔的消费者对政府认证选择的平均值高于对第三方机构认证的选择，对无机构认证选择的平均值最低。不会采取投诉索赔的消费者对政府认证和国际第三方机构认证选择的平均值一样，都高于国内第三方机构认证和无机构认证。对投诉索赔采取不同行为的两类消费者对原产地选择差异最大，除了对无原产地选择的均值都最小外，会采取投诉索赔的消费者选择原产地山东的平均值最高，其次分别是原产地陕西和原产地新疆，而不会采取投诉索赔的消费者选择原产地陕西的平均值最高，然后依次分别为原产地新疆和原产地山东。两类消费者对价格层次选择的排序一致，选择次数从高到低依次为6元/500克、8元/500克、10元/500克和12元/500克，会采取投诉索赔的消费者对价格选择的平均值整体高于不会采取投诉索赔的消费者。两类消费者选择"不买"选项的均值也都不高。

表6-7 消费者对信息属性层次的选择与投诉索赔经历

信息类型	信息层次	投诉索赔			不投诉索赔		
		观察值	平均值	标准差	观察值	平均值	标准差
可追溯信息	低层次可追溯信息	1635	0.420	0.494	3682	0.404	0.491
	中层次可追溯信息	1781	0.473	0.499	4031	0.459	0.498
	高层次可追溯信息	1964	0.518	0.500	4333	0.495	0.500
	无可追溯信息	1052	0.291	0.454	2598	0.306	0.461
认证信息	政府认证	2043	0.541	0.498	4329	0.494	0.500
	国内第三方机构认证	1616	0.430	0.495	3903	0.444	0.497
	国际第三方机构认证	1865	0.494	0.500	4342	0.494	0.500
	无机构认证	908	0.241	0.428	2070	0.236	0.425

续表

信息类型	信息层次	投诉索赔			不投诉索赔		
		观察值	平均值	标准差	观察值	平均值	标准差
原产地信息	原产地新疆	1788	0.473	0.499	4214	0.481	0.500
	原产地山东	1836	0.480	0.500	4077	0.457	0.498
	原产地陕西	1788	0.478	0.500	4258	0.483	0.500
	无原产地	1020	0.274	0.446	2095	0.242	0.429
价格信息	6 元/500 克	2059	7.264	3.619	4962	6.995	3.690
	8 元/500 克	1805			4185		
	10 元/500 克	1436			3162		
	12 元/500 克	1132			2335		
	不买	1104	0.146	0.354	2924	0.166	0.372

6.2.3 估计结果及分析

模型参数和参数标准差估计结果分别见表 6 - 8 和表 6 - 9。表 6 - 8 显示，四个模型似然比检验在 1% 的水平上，拒绝了所有系数均为零的原假设。四个模型的显著性水平和系数估计值的符号基本一致，表明参数估计较为稳健。与模型 1 和模型 3 相比，模型 2 和模型 4 的 Log Likelihood 值和 AIC 值表明，加入了消费者追溯经历和可追溯信息属性交互项的模型拟合程度更高。而由于模型 4 考虑了消费者偏好比例异质性，其 Log Likelihood 值和 AIC 值表明模型 4 的拟合程度最好。表 6 - 8 和表 6 - 9 的估计结果表明，除了中低层次可追溯信息和国内认证，消费者对富士苹果的其他信息属性层次具有异质性偏好。比例异质性（τ/tau）在 1% 的水平上显著，说明消费者偏好具有比例异质性。

表 6 - 8　　　　　　　　　　模型参数估计结果

变量	模型 1（RPL）	模型 2（G - MNL - Ⅱ）	模型 3（RPL + 交互项）	模型 4（G - MNL - Ⅱ + 交互项）
不买（ASC）	- 0.596 ***	- 3.150 ***	- 0.490 ***	- 3.152 ***
价格	- 0.248 ***	- 0.559 ***	- 0.223 ***	- 0.553 ***

续表

	变量	模型1 （RPL）	模型2 （G - MNL - Ⅱ）	模型3 （RPL + 交互项）	模型4 （G - MNL - Ⅱ + 交互项）
可追溯信息	高层次可追溯	1.159 ***	1.066 ***	0.866 ***	0.860 ***
	中层次可追溯	0.900 ***	0.677 ***	0.687 ***	0.545 ***
	低层次可追溯	0.573 ***	0.346 ***	0.406 ***	0.252 ***
认证信息	政府认证	1.594 ***	1.752 ***	1.428 ***	1.745 ***
	国内第三方认证	1.261 ***	1.155 ***	1.165 ***	1.136 ***
	国际第三方认证	1.455 ***	1.386 ***	1.290 ***	1.366 ***
原产地信息	新疆	1.185 ***	1.156 ***	1.103 ***	1.129 ***
	山东	1.261 ***	1.278 ***	1.150 ***	1.273 ***
	陕西	1.203 ***	1.207 ***	1.152 ***	1.193 ***
交互项	高层次可追溯×查询信息	—	—	0.322 ***	0.412 ***
	中层次可追溯×查询信息	—	—	0.239 ***	0.133
	低层次可追溯×查询信息	—	—	0.227 ***	0.227 **
	高层次可追溯×投诉索赔	—	—	0.243 **	0.232 **
	中层次可追溯×投诉索赔	—	—	0.186 **	0.219 **
	低层次可追溯×投诉索赔	—	—	0.179 **	0.052
τ/tau		—	1.114 ***	—	1.115 ***
参与者人数		2092	2092	2092	2092
观测值数		75312	75312	75312	75312
Log Likelihood		- 20700.08	- 19749.67	- 21061.67	- 19732.8
AIC		41440.16	39541.33	42175.35	39519.59

注：*** 、** 和 * 分别表示1%、5%和10%的显著性水平。

　　表6-8中可追溯信息属性估计结果显示，各层次可追溯信息系数估计值都在1%水平上显著异于0，并对消费者效用有显著正向影响。其中，与无可追溯信息相比，高层次可追溯信息系数估计值最大，其次为中层次和低层次可追溯信息。即消费者对不同层次可追溯信息的偏好序从高到低，依次为高层次可追溯信息、中层次可追溯信息和低层次可追溯信息。这与金和周（Jin & Zhou，2014）和吴林海等（2014）的研究结论相符。与模型1和模型3相比，在加入消费者追溯经历与可追溯信息交互项后，模型2和模型4各层次可追溯信息系数估计值均下降，这说明交互项解释了一部

分消费者偏好可追溯信息的原因。模型 3 中消费者信息查询经历与可追溯信息的交互项在 1% 水平上显著正向影响消费者效用，这表明消费者信息查询经历有助于提高各层次可追溯信息效用。模型 3 中消费者投诉索赔与可追溯信息的交互项在 5% 水平上显著正向影响消费者效用，这表明消费者投诉索赔能够增加其对各层次可追溯信息偏好。考虑比例异质性，模型 4 中消费者的信息查询经历与高层次和低层次可追溯信息交互项分别在 1% 和 5% 水平上显著正向影响消费者效用，这表明消费者的信息查询经历有助于增加高低层次可追溯信息比例异质性偏好。模型 4 中消费者投诉索赔与高层次和中层次可追溯信息交互项均在 5% 水平上显著正向影响消费者效用，这表明消费者投诉索赔有助于增加高中层次可追溯信息比例异质性偏好。而且从表 6 - 9 估计结果来看，消费者对高层次可追溯信息的偏好具有比例异质性，但对中低层次可追溯信息的偏好差异不具有异质性。

表 6 - 9　　　　　　　　　模型属性系数标准差估计结果

信息类型		模型 1（RPL）	模型 2（G - MNL - Ⅱ）	模型 3（RPL + 交互项）	模型 4（G - MNL - Ⅱ + 交互项）
可追溯信息	高层次可追溯	0.898 ***	0.522 ***	0.783 ***	0.454 ***
	中层次可追溯	0.894 ***	0.239	0.736 ***	0.092
	低层次可追溯	- 0.401 ***	0.139	- 0.075	0.214 **
认证信息	政府认证	1.338 ***	1.564 ***	1.165 ***	1.532 ***
	国内第三方认证	0.907 ***	0.057 ***	0.704 ***	- 0.021
	国际第三方认证	1.257 ***	1.018 ***	1.027 ***	0.964 ***
原产地信息	新疆	1.194 ***	1.344 ***	0.896 ***	1.327 ***
	山东	1.237 ***	1.581 ***	0.899 ***	1.571 ***
	陕西	1.186 ***	1.350 ***	0.865 ***	1.332 ***

注：***、** 和 * 分别表示 1%、5% 和 10% 的显著性水平。

从表 6 - 8 中价格属性、"不买"选项和其他信息属性估计结果来看，价格和"不买"选项的估计系数均为负值且在 1% 的水平上显著，说明价格的增加会导致消费者效用降低，且消费者选择任何一种信息组合的可追溯苹果得到的效用都大于"不买"的效用。认证信息属性中，三个认证层次的系数和标准差估计值都很显著。其中，国内第三方认证的系数估计值最小，政府认证的估计系数最大，这表明与无认证信息相比，消费者最偏好政府认证。这与奥特加等（Ortega et al.，2011）、白等（Bai et al.，2013）和吴等（Wu et al.，2017）的研究结论一致。这一结论表明，尽管近年来不断爆发的食品安全事件降低了公众对政府监管的信心，但相较于第三方认证，中国消费者更偏好政府认证。对于原产地信息，新疆、山东和陕西的估计系数分别为 1.129、1.273 和 1.193 且都在 1% 水平上显著。这说明与无原产地信息相比，消费者更愿意选择山东的富士苹果，其次分别是陕西和新疆的富士苹果。从表 6 - 9 估计结果来看，除了模型 4 中国内第三方认证的标准差估计值不显著，其他认证信息和所有原产地的标准差估计值都在 1% 水平上显著，说明消费者对于政府认证、国际第三方认证和原产地偏好具有很强的异质性。因此在产品营销中加入这些信息将有助于细分市场（Bazzani et al.，2017）。

表 6 - 10 显示了四个模型估计的信息属性支付意愿。由于模型 4 的拟合程度最好，信息属性支付意愿研究将主要依据模型 4 的估计结果进行分析。

表 6 - 10　　　　　　　　　支付意愿估计结果

信息类型		模型 1 （RPL）	模型 2 （G - MNL - Ⅱ）	模型 3 （RPL + 交互项）	模型 4 （G - MNL - Ⅱ + 交互项）
可追溯信息	高层次可追溯	4.67 [4.14, 5.19]	1.91 [1.72, 2.09]	3.884 [3.281, 4.487]	1.553 [1.327, 1.779]
	中层次可追溯	3.62 [3.17, 4.08]	1.21 [1.00, 1.42]	3.079 [2.523, 3.636]	0.984 [0.768, 1.201]
	低层次可追溯	2.31 [1.96, 2.66]	0.62 [0.45, 0.79]	1.821 [1.381, 2.260]	0.456 [0.239, 0.672]
认证信息	政府认证	6.42 [5.79, 7.05]	3.13 [2.92, 3.35]	6.401 [5.772, 7.029]	3.153 [2.938, 3.367]
	国内第三方认证	5.08 [4.55, 5.60]	2.07 [1.89, 2.24]	5.222 [4.683, 5.761]	2.053 [1.885, 2.222]
	国际第三方认证	5.86 [5.27, 6.45]	2.48 [2.27, 2.69]	5.783 [5.196, 6.369]	2.468 [2.269, 2.667]

续表

信息类型		模型1（RPL）	模型2（G-MNL-Ⅱ）	模型3（RPL+交互项）	模型4（G-MNL-Ⅱ+交互项）
原产地信息	新疆	4.77 [4.25, 5.29]	2.07 [1.85, 2.29]	4.946 [4.411, 5.482]	2.041 [1.829, 2.252]
	山东	5.08 [4.52, 5.63]	2.29 [2.06, 2.51]	5.154 [4.594, 5.714]	2.300 [2.074, 2.525]
	陕西	4.84 [4.34, 5.35]	2.16 [1.96, 2.35]	5.165 [4.636, 5.695]	2.156 [1.959, 2.353]
交互项	高层次可追溯×查询信息	—	—	1.442 [0.597, 2.286]	0.744 [0.406, 1.082]
	中层次可追溯×查询信息	—	—	1.070 [0.307, 1.832]	0.241 [-0.085, 0.567]
	低层次可追溯×查询信息	—	—	1.016 [0.350, 1.683]	0.409 [0.075, 0.744]
	高层次可追溯×投诉索赔	—	—	1.088 [0.195, 1.981]	0.420 [0.085, 0.754]
	中层次可追溯×投诉索赔	—	—	0.836 [0.025, 1.646]	0.396 [0.078, 0.713]
	低层次可追溯×投诉索赔	—	—	0.803 [0.071, 1.535]	0.094 [-0.234, 0.423]

注：方括号中是支付意愿估计均值95%的置信区间。由于无可追溯信息、无认证信息和无原产地信息是各对应属性的参照组。所以，各属性层次的支付意愿是对各参照组属性层次的溢价。

由表6-10中模型4估计结果可知，在保持其他属性不变的情况下，消费者愿意为经过政府认证的富士苹果支付最高溢价（3.153元/500克），其次分别是经过国际第三方认证的富士苹果（2.468元/500克）和原产地山东的富士苹果（2.300元/500克）。同时可知，相较于无可追溯信息的富士苹果，消费者愿意为包含高层次可追溯信息的富士苹果多支付1.553元/500克，以及为包含种植、流通环节的富士苹果多支付0.984元/500克，而对于仅包含种植环节的低层次可追溯信息的富士苹果，消费者支付意愿为0.456元/500克。由此可见，消费者对认证属性的支付意愿最高，其次是原产地属性，而对可追溯信息属性的支付意愿普遍不高。模型 4 中交互项估计结果表明，消费者追溯经历对提高各层次可追溯信息具有促进作用。有查询信息经历的消费者，愿意为高层次可追溯信息、中层次可追溯信息和低层次可追溯信息分别多支付 0.744 元/500 克、0.241 元/500 克和 0.409 元/500 克，而对于投诉索赔的消费者，三种层次可追溯信息的溢价水平分别增加 0.420 元/500 克、0.396 元/500 克和 0.094 元/500 克。

▶ 6.3　本章小结

消费者追溯行为是可追溯信息促成农产品市场分离均衡，发挥农产品追溯体系激励约束机制的重要条件。本章以苹果为例，利用北京、上海、广州、西安、济南和哈尔滨六个城市 2092 个消费者调查数据，分别建立信息查询行为和投诉索赔行为模型，采用 logit 模型实证分析了影响消费者追溯行为的主要因素，并在此基础上通过 RPL 模型和 G-MNL-Ⅱ模型，进一步考察了消费者追溯经历对农产品可追溯信息支付意愿的影响。主要结论有三点。

第一，对农产品质量安全采取追溯行为的消费者占比较低。查询信息的消费者占比为 33.56%，而在发现农产品质量安全问题后，会采取投诉索赔的消费者占比为 30.02%。与此同时，消费者对政府监管的认可度较低，近 1/3 消费者认为政府监管不到位，超过 10% 消费者认为政府监管根本不到位，而认为政府监管到位的消费者占比不足 10%，仅有 0.38% 消费者非常认可政府在农产品质量安全方面发挥的监管作用。

第二，政府监管认可度对消费者追溯行为具有显著正向影响。政府监管认可度越高，消费者查询信息，以及发现农产品质量安全问题后进行投诉索赔的可能性越高。此外，可追溯信息的预测价值和信心价值，以及消费者购买过假冒认证苹果的经历对消费者查询信息行为产生促进作用。因此，在政府主导的农产品质量安全追溯体系建设过程中，首先，利用信息技术，开发手机、电脑等多样化的信息查询终端，探索使用不同追溯形式，例如，标签说明、合格证明、包装说明等，降低信息传递、显示和识别的成本和价格，提高消费者查询可追溯信息的便利程度，增强消费者对可追溯信息的信心价值，进而提高消费者查询信息行为的可能性。其次，构建农产品追溯信息管理制度，保障传递信息的完整性和真实可靠性，提高信息和政府监管的可信度，增强可追溯信息的预测价值，进而提高消费者查询信息的可能性。最后，完善规制环境，加强政府监管。降低消费者维权成本，提高消费者对问题农产品进行投诉索赔的可能性。

第三，消费者追溯经历有助于增加可追溯信息偏好和支付意愿。整体而言，与认证信息和原产地信息相比，可追溯信息属性的偏好和支付意愿不高，但消费者查询信息和投诉索赔对各层次可追溯信息偏好和支付意愿均有正向影响。其中，消费者查询信息和投诉索赔分别能够为高层次可追溯信息增加 0.774 元/500 克和 0.420 元/500 克的溢价水平。因此，消费者追溯比例较低是可追溯信息支付意愿较低的重要原因。政府通过技术利用和制度建设提高消费者查询信息和投诉索赔可能性的同时，也有助于增加可追溯信息需求。

第7章

农产品质量安全追溯中的
信任机制构建

　　为了解决农产品质量安全问题，政府提出农产品质量安全追溯，通过信息透明和责任追溯的方式提升监管能力，抑制生产经营主体的机会主义行为，增强消费者对农产品的消费信心。然而第4章、第5章和第6章的实证研究表明，消费者对农产品追溯和政府监管本身缺乏信任，导致消费者对追溯农产品质量安全信息的感知价值、支付意愿和追溯意愿都不高。构建信任机制成为保障农产品质量安全追溯信息质量和政府监管获得认可的方法，那么如何提高信息真实性、准确性和可靠性，以及政府监管效率，增强消费者信任程度成为需要进一步探讨的问题。本章通过分析农产品质量安全追溯中存在的信任问题进一步研究信任生成机制和保障机制的构建，并由此实现农产品质量安全追溯的有效运行。

▶ 7.1 信任机制有效性及其存在的问题

7.1.1 内涵

信任是一种信念和预期，其产生与不确定性、风险、机会主义行为等密切相关（Bhattacharya，1998）。不确定性和风险存在的情况下，行为主体信任对经济交易、组织活动和社会关系等产生直接作用，影响甚至决定经济效率（福山，1998）。有关影响信任形成的实证研究表明，缓解信息不对称影响信任的建立（Fisman & Khanna，1999）。为了解决农产品质量安全问题，追溯体系的作用机理是通过信息披露和责任追溯，缓解信息不对称，提高消费者信任度。但由于农产品质量安全的信任品属性和治理困境，仍无法避免信息非对称和机会主义行为，因此信任不仅是影响农产品质量安全问题解决的重要因素，也是解决农产品质量安全追溯治理困境的必然选择。

农产品质量安全追溯中的信任是指消费者对质量安全追溯农产品所持有的消费不会危害人体健康，能够满足消费者对追溯农产品声明的特性需求的信念。在政府主导建立农产品质量安全追溯体系的条件下，这一信念建立在消费者对共享信息和政府信任的基础上，或者说，是以生产经营者提供真实、准确和可靠的质量安全信息，以及当追溯信息共享和追溯农产品出现问题时，政府能够有效抑制生产经营者机会主义行为的基础上。共享信息信任指追溯农产品消费者对生产经营者会采集、传递和标识农产品的真实信息，不会采用欺骗消费者的信息与实物不符，损害消费者健康和以次充好的机会主义行为的预期和信心。这一微观层面的预期和信心嵌入在政府监管的宏观层面的信任中，并受到政府监管信任的影响（Grayson et al.，2008；Mutz，2005；王晓玉等，2017）。在共享信息和农产品质量安全不确定的条件下，政府监管信任是指追溯农产品消费者对政府采取监管措施保证共享信息可靠性，控制损害消费者健康的风险和保障消费者利益的信心和预期。

农产品质量安全追溯中的信任机制是指为了保障农产品质量安全追溯体系全程可控和高效运行，解决生产经营者信息供给和政府监管过程中可能出现的欺诈行为和渎职行为，以信任为主要手段来协调农产品追溯体系各主体之间的关系，减少对正式契约的依赖，降低交易费用，实现农产品质量安全追溯体系信息可查询和责任可追究功能，保障农产品质量安全目标的一种机制。

7.1.2 有效性

有效的信任机制是改善消费者对农产品质量安全追溯预期的必要条件。农产品质量安全追溯中的信任机制有效性是指普通农产品与追溯农产品，以及信息真实可靠的追溯农产品与信息欺诈的追溯农产品能够被有效区分，从而实现价格与质量安全匹配。农产品质量安全市场上的信息不对称问题，不仅仅是因为信息无法验证等信息不对称，还有分散的市场结构等原因。农产品质量安全追溯作用的前提是信息披露，和以信息披露为基础的责任追溯，但又面临信息质量和无法改变的农产品市场结构分散的问题，所以消费者对追溯农产品的购买也需要建立在信任基础之上，追溯农产品交易仍需要有效的信任机制。

农产品质量安全追溯是以信息系统为基础，通过农产品质量安全信息采集、传递、披露和应用等来实现追溯农产品价值。对于消费者来说，追溯农产品的可追溯信息属性和质量安全信息属性是难以识别验证的，追溯农产品生产者如何证明其农产品与普通农产品的区别，成为农产品质量安全追溯中信任有效性问题的一个方面。而另一方面，在追溯农产品市场上，消费者难以验证可追溯信息的真实性、准确性和可靠性，信息真实可靠的追溯农产品生产者如何将其农产品与信息欺诈的追溯农产品进行区分，这也是农产品质量安全追溯中信任有效性问题。由此，有效的信任机制包括两个方面：一方面是追溯农产品能够获得相应溢价，补偿信息共享和优质农产品生产的成本支出；另一方面是优价能够得到信息与实物相符的追溯农产品，激励生产经营者供给信息真实可靠的追溯农产品。借鉴陶善信和周应恒（2012）对食品安全的信任机制研究，通过简化的农产品生产经营者质量行为决策模型，分别从信任产生和保障机制两个方面分析农产品质量安全追溯中信任机制构建所需条件。

在追溯农产品市场上可追溯信息难以验证的条件下，农产品生产者有多种质量安全生产行为可以选择。在我国以小型分散生产经营为主体的农产品市场上，农产品生产者的决策独立，假设生产者风险偏好中性，通过比较每种质量安全生产行为的成本和收益，根据平均期望值进行质量安全生产行为的选择决策。假设生产者提供的农产品有三种：普通农产品、普通追溯农产品和优质追溯农产品。生产者的质量安全决策行为分为以普通农产品价格供给普通农产品、以普通追溯农产品价格供给普通追溯农产品、以优质追溯农产品的价格供给信息实物一致的农产品、以优质追溯农产品价格提供信息与实物不符的普通追溯农产品。假设没有流通环节，所有生产者也是销售者，不同农产品生产者具有相同的成本收益构成。可设普通农产品的价格为 P，单位生产成本为 C；普通追溯农产品的价格为 $P + \Delta P_t$，单位生产成本为 $C + \Delta C_t$，其中，ΔP_t 表述共享追溯信息产生的溢价，而 ΔC_t 表示信息共享成本，$\Delta C_t > 0$，否则农产品将无差异；优质追溯农产品的价格为 $P + \Delta P_t + \Delta P$，单位生产成本 $C + \Delta C_t + \Delta C$，其中，$\Delta P$ 表示质量安全提高产生的溢价额 ΔC 则表示相较于普通农产品，生产每单位优质农产品所增加的质量安全成本。在存在众多生产者的农产品市场中，可以假设三种农产品销售量都为 N。

质量安全决策行为 Ⅰ：以普通农产品的价格提供普通农产品。普通农产品生产者的总收益为：$\pi_1 = PN - CN$。

质量安全决策行为 Ⅱ：以普通追溯农产品的价格提供普通追溯农产品。生产者的总收益为：$\pi_2 = (P + \Delta P_t)N - (C + \Delta C_t)N$。

质量安全决策行为 Ⅲ：以优质追溯农产品的价格提供信息与实物一致的优质追溯农产品。而与普通追溯农产品相比，优质追溯农产品的成本除了包括每单位优质农产品生产需要增加的成本以外，还包括产品质量安全认证、标识等差异化成本。令 ΔC_h 代表优质追溯农产品的差异化成本，生产者的总收益为：$\pi_3 = (P + \Delta P_t + \Delta P)N - (C + \Delta C_t + \Delta C + \Delta C_h)N$。

质量安全决策行为Ⅳ：以优质追溯农产品的价格提供信息与实物不符的普通追溯农产品。如果生产者的信息欺诈行为没有被发现，生产者将只需付出普通追溯农产品的单位生产成本 $C + \Delta C_t$，获得信息与实物一致的优质追溯农产品的单位收益 $P + \Delta P_t + \Delta P$。如果普通追溯农产品生产者的机会主义行为在 θ 概率下被市场或是政府监管发现，将只能按照普通追溯农产品的价格进行销售。与此同时，生产者会受到市场或是政府惩罚，为每单位信息与实物不符的追溯农产品支付罚款 D。生产者的单位净收益为：$\pi_4 = (1 - \theta)[P + \Delta P_t + \Delta P - (C + \Delta C_t)]N + \theta[(P + \Delta P_t) - (C + \Delta C_t) - D]N$。

如果 $\pi_2 > \pi_1$，$(P + \Delta P_t)N - (C + \Delta C_t)N > PN - CN$，即 $\Delta P_t > \Delta C_t$ 时，生产者就会选择生产追溯农产品。如果 $\pi_3 > \pi_2$，$(P + \Delta P_t + \Delta P)N - (C + \Delta C_t + \Delta C + \Delta C_h)N > (P + \Delta P_t)N - (C + \Delta C_t)N$，即 $\Delta P > \Delta C_h$ 时，追溯农产品生产者会选择生产优质追溯农产品。因此，信任机制生成包括以下两个方面：当信息共享的溢价能够弥补其成本时，信任机制有效，促成农产品市场分离均衡。在此基础上，当优质追溯农产品的溢价能够补偿其差异化成本时，信任机制有效，农产品追溯市场实现分离均衡。如果 $\pi_3 > \pi_4$，$(P + \Delta P_t + \Delta P)N - (C + \Delta C_t + \Delta C + \Delta C_h)N > (1 - \theta)[P + \Delta P_t + \Delta P - (C + \Delta C_t)]N + \theta[(P + \Delta P_t) - (C + \Delta C_t) - D]N$，即 $\theta(\Delta P + D) > \Delta C + \Delta C_h$ 时，优质追溯农产品的溢价水平较高，且信息欺诈行为的发现概率及其受到市场和政府的惩罚力度较大时，信任机制才能得到保障。

7.1.3　存在的问题

由于信任品本身及其信息都面临识别困境，信息和质量安全溢价难以实现，信任与追溯农产品陷入新的逆向选择循环。农产品质量安全追溯通过将农产品的质量安全信息揭示和传递给消费者，仅解决了信息传递的问题，并未克服信任品信息验证成本过高的困境。质量安全甄别问题转变为信息甄别问题。所以与普通农产品相比，普通追溯农产品具有的降低消费者信息搜寻成本的优势获得信息共享溢价的能力有限。而相较于普通追溯农产品，优质追溯农产品同样面临质量安全信任品属性识别困境：一方面，消费者无法在购买前判断产品质量，所以无法通过拒绝购买等方式对共享信息与实物不符的生产经营者进行即时惩罚；另一方面，即使消费后出现问题，由于难以识别并证明问题来源，所以无法利用产品责任制对问题农产品生产经营者进行事后惩罚。普通追溯农产品和优质追溯农产品市场将陷入社会监督激励不足的问题，进而导致追溯农产品生产经营者为了降低追溯信息成本，选择退出追溯体系或采用信息欺诈方式，由此进一步降低消费者信任程度和支付意愿，于是整个追溯农产品市场陷入"低信任—低溢价—低质量—低信任"的逆向选择循环。

违规发现概率和加大处罚力度依然是追溯体系信任机制建立的保障。而完全依靠政府提高违规发现概率和加大处罚力度实现农产品质量安全治理有效性仍存在许多问题。第一，政府监管有效性隐含了规制成本为零且没有权力寻租行为的前提假设。而正是由于较高的规制成本和规制俘获等问题，削弱了政府监管的作用，导致政府监管失灵。第二，技术进步带来许多新的农产品质量安全风险，农产品中信任品范围不断扩大，即使建立可追溯体系，政府监管部门也可能面临信息不对称问题，难以提高违规发现概率。第三，违规行为在现实执法过程中面临高诉讼成本与低诉讼率的困境（Buzby & Frenzen，1999；汪晓辉和史晋川，2015）。尤其是农产品质量安全领域，较高的信息要求以及交易成本会抑制受害者起诉，政府监管不能通过违规成本内部化促使问题农产品生产经营者提供质量安全的农产品。第四，由于农产品生产经营者众多，市场集中度低，难以实现重复博弈的均衡结果即建立声誉，声誉机制失灵导致惩罚无法抑制违法行为。第五，在无法大幅度提高违规发现概率的情况下，高惩罚力度可能导致监管执行的困难，反而不能产生足够的威慑作用。

▶ 7.2　信任机制构建

要实现农产品质量安全追溯功能，既要求普通农产品与追溯农产品能够被有效区分，也需要信息真实的追溯农产品与信息欺诈的追溯农产品被有效识别。而这两个条件的满足，需要构建农产品质量安全追溯中的信任产生机制和信任保障机制。

7.2.1 信任产生机制

共享信息是形成追溯农产品与普通农产品差异化所需支付的成本，也是追溯农产品的溢价来源。而为了解决两种农产品难以有效分离的信息识别和保障问题，首先需要制定保障共享信息真实、完整、准确和可靠的法律制度，提高消费者对生产经营者供给能力和政府机构监管能力的预期，建立有助于共享信息信任的信任产生机制。

构建基于法律和制度的信任产生机制。信任是行为个体为了追求利益最大化，利用已有信息进行风险预测的理性选择结果（张维迎和柯荣住，2002；陈燕和李晏墅，2009）。信任的建立是基于法律和制度的约束（Zucker，1986；Ali & Birley，1998）。清晰明确的外部制度通过稳定个体的预期、确定个体的效用函数，来促使信任的形成。因此，农产品质量安全追溯中信任的产生首先需要通过信息和追溯相关法律制度的制定和完善，规范信息质量以及信息供给和使用行为，增加投机者的机会主义行为成本，增强各主体之间的行为预期，从而建立起相互信任关系。具体而言，一是建立信息来源主体管理制度。针对信息采集和主体责任制定法律法规，健全从生产到消费整个农产品供应链的信息记录和采集，同时最大程度上保障信息的真实性、准确性和可靠性。二是建立信息共享管理制度。制定信息共享的内容、方式、追溯和保护机制的基本制度，规范各主体责任，并保护其权利。例如，加快修订《消费者权益保护法》，增补消费者对农产品质量安全信息的知情权、追溯权和问责权，并引入消费者公平贸易责任。力图最大范围采集信息、实现信息追溯完整性的同时，对生产经营者的敏感信息不进行披露，保护生产经营者权利。明确监管机构、检测机构和执法机构进行追溯管理的法定职责。三是制定追溯管理技术标准。规范追溯信息格式、编码、精确度、追溯流程、数据管理等，推进不同信息架构和追溯系统整合，扩大追溯的来源与范围，保障追溯的完整性和精确性。四是在信息追溯平台的基础上构建消费者信息反馈系统。消费者利用信息追溯平台进行信息查询和消费决策的同时，能够利用信息反馈系统进行维权行动，还可以与生产经营者和不同消费者进行信息交流，降低信息不确定性和复杂性。

构建追溯信息交流系统，形成能力信任产生机制。能力信任产生机制强调被信任方的能力对信任形成的重要作用（Sako，1992；Doney & Cannon，1997）。该机制认为，信任方根据被信任方的能力，对其履行交易合同能力的预期和评价。在农产品质量安全追溯建设过程中，基于信息追溯平台进行信息披露的同时，构建信息交流系统，促进生产经营者与消费者之间、政府与消费者之间以及消费者之间的信息沟通交流。利用信息交流平台，生产经营者加强与消费者信息沟通交流，既可以了解消费者的需求，为消费者解答复杂专业信息问题，还可以及时处理反馈意见，提高消费者对生产经营者能力的预期，形成能力信任。政府通过信息交流系统，公布农产品质量安全召回和预警等信息，进一步提高信息透明度，增加机会主义行为的投机成本，提高消费者对政府监管能力的预期，形成政府能力信任。消费者对专业信息的认知能力不同，通过信息交流平台提供专业知识和经验，作为生产经营者和普通消费者的沟通媒介，意见领袖的知识贡献能够帮助生产经营者获得普通消费者的能力认同和信任（Faraj et al.，2015；吴瑶等，2017）。

7.2.2　信任保障机制

机会主义行为是导致农产品质量安全追溯中信息欺诈的主要原因，也是破坏已形成信任关系的重要因素。因此，建立生产经营者的信用制度和体系，结合农产品质量安全追溯体系形成供应链各生产经营主体的声誉体系，构建基于声誉的信任保障机制。

声誉被认为是一种可以相信的承诺，影响行为主体的选择和市场均衡结果（Kreps & Wilson，1982；Kandori，1992；高杰英，2013）。基于声誉的信任保障机制，主要通过声誉对行为主体追求长期利益的激励约束作用，决定信任方对被信任方的认识和看法，这些认识能够稳定信任方的预期形成信任（Sako，1992；Lewicki & Bunker，1995）。农产品质量安全追溯通过信息披露虽然能够对农产品生产经营者的投机行为具有威慑作用，但其提供信息的真实性问题影响了可信性威胁的程度（谢康等，2015）。构建农产品生产经营者的社会信用体系，将生产经营者与消费者之间单个独立的经济关系扩大为生产经营者与社会的关系，诚实守信的生产经营者具有良好的社会信用，因此可以获得更多的经济交易机会，而失信者将付出更大的代价，失去更多的交易机会和经济利益，真正实现对追溯农产品生产经营者的激励约束，降低机会主义行为，保障信任关系（朱峰和赵晓飞，2011）。而且针对农产品市场集中度低，难以形成有效发挥声誉机制作用的重复博弈的特点，通过建立生产经营者信用档案，将信用信息纳入追溯体系，信用机制可以在市场主体不固定的重复博弈中实现生产经营者在之前农产品交易中诚实或欺诈的子博弈信息在不同消费者之间共享（陈雪，2015），从而激励市场主体注重长远利益，进而降低农产品质量欺诈行为，实现保障信任关系的目的。

▶ 7.3 本章小结

农产品质量安全追溯能够传递信息，但在信息真实性难以识别和保障的情况下，农产品质量安全追溯共享信息以及基于信息共享的责任追溯功能失效，从而对农产品质量安全追溯中的信任机制构建提出迫切需求。本章通过简化的农产品生产经营者质量行为决策模型，分别分析农产品质量安全追溯中信任产生机制和保障机制的形成条件及其存在问题，并在此基础上，进一步探讨了信任产生机制和保障机制的具体构建。研究结果表明，第一，根据农产品生产经营者的质量安全行为决策模型，分析农产品生产经营者选择生产普通追溯农产品的条件可知，信息溢价是信任产生机制建立的关键。追溯农产品生产经营者选择生产优质追溯农产品的条件则包括差异化质量安全溢价、信息欺诈行为的发现概率及其惩罚力度，这也是建立农产品质量安全追溯中信任保障机制的要求。第二，制定保障共享信息真实、完整、准确和可靠的法律制度，建立信息交流系统，提高消费者对信息质量、生产经营者供给能力和政府机构监管能力的预期，构建基于法律制度和能力的信任产生机制，有助于解决普通农产品和追溯农产品难以有效分离的信息识别和保障问题。第三，建立生产经营者信用制度和体系，与农产品质量安全追溯体系协同配合，加大机会主义行为的经济成本和社会成本，解决农产品市场分散导致声誉信息难以传递共享的问题，提高违规发现概率，构建基于声誉的信任保障机制，有利于实现信息与实物一致的农产品与信息欺诈农产品的有效分离。

第8章

研究结论、政策启示
与研究展望

农产品质量安全追溯被认为是农产品质量安全共同治理的基础。通过信息供给和传递，农产品质量安全追溯不仅能够缓解质量安全信息不对称问题，而且有利于责任追溯，降低监管成本。作为农产品供应链终端，我国消费者关注农产品质量安全问题，但对农产品质量安全追溯的认知和利用率较低，对其建设实施后农产品质量安全状况的信心和满意度不高。因此，从消费者角度，研究其存在问题及解决方式成为农产品质量安全追溯建设和发展亟待解决的重要问题。本书首先在宏观层面，围绕农产品质量安全追溯信息透明和责任可追溯功能的可获得性，通过剖析农产品质量安全追溯系统和追溯体系的构成要素，分析了我国苹果质量安全追溯体系的发展现状和问题，其次从微观层面，研究了消费者对质量安全信息属性的价值评估及其影响因素，以及消费者对农产品的追溯行为及其影响因素，然后讨论了农产品质量安全追溯中信任产生机制和保障机制的构建，并由此提出政策建议。根据上述研究结论，本章将进行归纳总结，提出相应的政策建议，并进一步探讨未来可能的研究问题。

8.1 研究结论

8.1.1 追溯系统和体系存在的问题制约信息查询和责任追溯功能

根据系统和体系概念的界定，明晰追溯系统建立的目标、原则、要素、结构和功能，以及体系的构成要素，结合我国目前农产品质量安全追溯建设的法律法规和制度文件，对我国苹果质量安全追溯建设中存在的问题进行分析，主要研究结论包括三个方面。

第一，为实现安全问题共治和质量价值共创，农产品质量安全追溯系统由追溯单元、追溯信息、追溯关键技术和参与主体构成。系统应遵循科学系统性、兼容共享性、安全可靠性、开放延展性和操作方便性原则，具备信息查询、信息管理和信息服务等功能。

第二，我国农产品质量安全追溯体系正在建设发展过程，在法律法规体系、追溯管理制度体系、组织和监管机构体系、标准体系以及追溯平台方面存在明显不足。由于缺少涵盖农产品供应链各环节质量安全追溯相关的法律法规，无法为追溯体系运行提供基本保障。追溯相关的试行制度对信息主体、信息采集、信息化追溯平台、风险信息预警、追溯凭证和包装标识等进行管理，但目前我国追溯管理制度体系的架构还不明确，没有对各信息主体违规责任做出明确的制度规定，信息质量无法有效保障。农产品质量安全追溯的管理、实施运行机构和监管机构基本明确，但由于缺少第三方监管和认证机构，降低了信息可信度。追溯标准的体系和内容还不够完善，质量安全认证标准的国际化程度有待提高。已建立的农产品质量安全追溯平台缺乏专业化的统一标准。

第三，苹果质量安全追溯体系取得一定进展，但仍存在一些问题。除了农产品质量安全追溯体系存在的共性问题，苹果质量安全追溯体系还存在参与主体覆盖不全，追溯信息缺乏完整性、准确性和时效性，以及追溯标准不统一，跨地区追溯平台建设发展不均衡等问题。农产品质量安全追溯体系存在的问题，会制约农产品质量安全追溯发挥信息可查询和责任可追溯功能。

8.1.2　较低的认知水平和信任程度导致较低的信息价值感知

基于兰开斯特（Lancaster）消费者理论、消费者行为中的学习理论和质量感知模型，利用北京、上海、广州、西安、济南和哈尔滨六个城市2092个消费者调查实验数据，了解消费者对追溯农产品的认知和信息信任情况，以及购买经历情况，探讨三者对可追溯信息、认证信息和原产地信息价值感知的影响，主要研究结论包括两点。

第一，消费者对追溯农产品的认知水平、信息信任程度和追溯信息感知价值不高。虽然六个样本城市是省级或国家级食品追溯试点城市，但其中表示不了解追溯农产品的样本消费者比例超过50%，而表示信任农产品追溯信息的样本消费者不足15%。消费者对农产品质量安全追溯信息的感知价值包括预测价值和信心价值。有超过50%的样本消费者表示有信心识别可追溯信息和原产地信息，以及不到50%的样本消费者认为可追溯信息、认证信息和原产地信息能够预测农产品质量安全。

第二，追溯农产品的认知水平和信息信任程度是导致追溯信息感知价值较低的主要原因。认知水平较低，不仅降低了消费者对可追溯信息、认证信息和原产地信息三种信息预测农产品质量安全的感知程度，且对增加消费者不认可信息预测价值的作用大于降低消费者认可信息预测价值的作用，同时也降低了消费者识别使用三种信息的信心。信息信任程度较低，同样降低了消费者对可追溯信息和认证信息预测价值的感知程度，且作用程度远大于认知水平对信息预测价值的影响。

8.1.3　信息价值感知对信息价值评估的作用具有群体差异性

消费者对农产品质量安全追溯信息偏好异质性具有群体特征，信息价值感知差异有助于解释消费者偏好群体异质性。根据消费者对农产品质量安全追溯信息偏好和信息感知价值的特点，消费者可以分为四类：价格敏感型、认证偏好型、原产地偏好型和信息怀疑型。价格敏感型消费者的类别概率最高，受价格强烈影响，价格敏感型消费者最偏好三种质量安全追溯信息组合的农产品，但愿意支付的溢价水平不高。与价格敏感型消费者相比，认证偏好型消费者感知认证信息和原产地信息的信心价值更高，对两种信息的支付意愿最高。认为原产地信息具有最高信心价值的消费者属于原产地偏好型消费者的概率更大，愿意为原产地信息支付更高溢价。怀疑可追溯信息和认证信息功能性的消费者更可能成为信息怀疑型消费者。

8.1.4　信息价值感知和政府监管认可度较低抑制追溯行为

基于计划行为理论，分别构建信息查询行为和投诉索赔行为模型，利用北京、上海、广州、西安、济南和哈尔滨六个城市 2092 个消费者调查数据，实证分析消费者农产品追溯行为的主要影响因素，并进一步考察消费者追溯经历对农产品可追溯信息支付意愿的影响。主要结论包括三点。

第一，消费者采取农产品质量安全追溯行为的比例较低。消费者采取查询信息行为的比例为 33.56%，而在发现农产品质量安全问题后，会进行投诉索赔的消费者占比不足三分之一，仅为 30.02%。而且消费者对政府监管的认可度较低，近一半消费者认为政府监管不到位，而认为政府监管到位的消费者占比不足 10%。

第二，消费者对政府监管的认可程度普遍较低是抑制消费者追溯行为的重要原因。消费者对政府监管的认可度较低，不仅造成消费者查询信息的概率不高，还导致消费者在发现问题农产品后，不会采取投诉索赔行为。此外，可追溯信息的预测价值和信心价值也是影响消费者查询信息的重要因素。

第三，与认证信息和原产地信息相比，可追溯信息的偏好和支付意愿不高，消费者查询信息和投诉索赔有助于提高各层次可追溯信息偏好和支付意愿。其中，查询信息的消费者愿意为高层次可追溯信息多支付 0.774 元/500 克，采取投诉索赔的消费者愿意为高层次可追溯信息多支付 0.420 元/500 克。

8.1.5 购买经历影响信息价值和追溯行为

第一，购买经历影响追溯信息预测价值和信心价值，但不同购买经历作用方向不同。整体而言，购买过打蜡苹果（体验品属性的质量安全问题导致的不佳购买经历）的经历对可追溯信息预测价值感知程度有正向影响，而购买过假冒认证苹果（质量安全信息问题导致的不佳购买经历）的经历对可追溯信息预测价值感知程度具有负向影响。购买过农药残留苹果（信任品属性的质量安全问题导致的不佳购买经历）的经历对可追溯信息预测价值感知程度没有显著影响。而且购买经历对认证信息和原产地信息预测价值没有显著影响，但对两种信息预测价值不同感知程度的影响具有显著异质性。三种购买经历显著影响原产地信息的信心价值，其中，打蜡苹果和假冒认证苹果购买经历对可追溯信息信心价值具有正向影响，假冒认证苹果购买经历对认证信息的信心价值也具有正向影响，而农药残留苹果购买经历对认证信息的信心价值具有负向影响。

第二，购买经历影响追溯信息偏好和价值评估。购买过打蜡苹果的经历会正向影响消费者对政府认证富士苹果的偏好，而负向影响原产地山东和陕西的富士苹果。有过农药残留苹果购买经历会提高原产地山东和陕西富士苹果的支付意愿，而降低对政府认证和国内第三方认证富士苹果的支付意愿。购买过假冒认证苹果的经历会正向影响低层次可追溯信息富士苹果的价值评估。对于三种购买经历持不确定态度会降低其对追溯信息属性偏好。

第三，假冒认证苹果购买经历显著正向影响消费者信息查询行为。购买过假冒认证苹果（质量安全信息问题导致的不佳购买经历）的经历，会促使消费者查询农产品追溯信息。而购买过打蜡苹果和农药残留苹果的经历（质量安全问题导致的不佳购买经历），不会对消费者信息查询行为产生显著影响。

8.2　政策启示

农产品质量安全追溯体系是通过信息收集、传递和管理进行农产品质量安全管理的重要工具。农产品质量安全追溯体系建设发展是一个系统工程，涵盖农产品种植养殖、运输贮存、加工销售等各个环节，涉及政府、生产经营者、消费者等多个主体，包括法律标准、管理制度、技术应用等多个层面。为保障农产品质量安全追溯功能有效发挥，不仅需要完善追溯相关法规制度，明确追溯目标、采取相应实现方式，还需要构建信息共享机制、质量安全有效协同机制和主体信任机制。结合本书结论，为推进农产品质量安全追溯体系良好运作，真正实现农产品质量安全监督管理功能，提出以下政策建议。

8.2.1　构建层次清晰结构健全的追溯法律体系

丰富农产品质量安全追溯法律层次，健全追溯法律体系。修订完善《农产品质量安全法》，将农产品质量安全追溯纳入法律调整范畴，为我国农产品质量安全追溯提供基本法律依据。在基本法指导下，针对不同种类农产品，制定出台相关的管理办法和实施条例，明确和规范相应农产品种养、运输贮存和加工销售等供应链全过程各环节信息追溯的实施细则，形成具体措施和要求。同时，将追溯主体责任、监督管理、处罚措施、市场准入等纳入法律调整范围，实现农产品质量安全追溯管理法治化，落实各主体责任，为我国农产品质量安全追溯运行管理提供基本法律保障。对于农产品生产经营者的违法行为，协调相应法律法规的制定、实施和执行加大惩罚力度。对于监管部门，建立惩处监管渎职的法律法规，加强对监管渎职行为的查处力度。

8.2.2　建立规范有效的追溯信息管理制度

建立追溯信息管理制度，提高追溯精确性和效率。信息管理是实现追溯质量和效率的基础。在信息采集过程中，为了保证信息真实、准确和可靠，除了采用合同约定和法律规定生产经营者采集和上传信息的责任及处罚情形以外，可以参考检测机构的检测信息和消费者反馈信息作为发放追溯补贴的标准，激励生产者及时准确上传农产品相关信息。除了企业提供的产品信息，农产品质量安全相关的扩展信息也应该纳入信息追溯系统，例如，认证机关提供的农产品质量安全认证信息、检测机构提供的检验检测信息、风险评估预警信息，以及专业化指标的解读信息，降低消费者对不同信息的查询成本，在增加追溯信息可靠性的同时为追溯信息增值。在信息传递过程中，利用信息技术，例如，区块链技术，实现信息透明、共享和不可篡改。构建易操作的农产品质量安全信息查询和追溯平台，规范简化信息显示形式和追溯流程。整合国家和地方政府构建的农产品追溯信息系统和平台，保证农产品跨区域流通过程中信息和追溯的完整性，同时，降低不同追溯系统和平台带给消费者信息查询和追溯的识别和搜寻成本。

8.2.3　根据追溯规制目标采用相应的实现方式

根据规制目标的差异性，农产品质量安全追溯应采用不同的制度和措施。实施农产品质量安全追溯作为市场准入条件，必须构建政府质量安全控制体系，包括制定和执行农产品质量安全追溯法律法规、强制性可追溯农产品安全标准等，明确政府、基层部门和供应链各环节农产品生产经营者在农产品质量安全方面的责任。除了强制性法律法规和标准制定，政府主导构建农产品质量安全追溯系统，还需要通过补贴政策，由政府支付追溯系统建设的成本费用。实施农产品质量安全追溯作为价值增值手段，实现差异化战略，赢得市场竞争优势。采取私人部门主导的农产品质量安全追溯，制定和遵守农产品质量安全为基础的各类私人标准，例如，良好农业规范，实现农产品的差异化和多样性。为了保证信息真实性，除了政府认证，还可以通过第三方认证，通过政府和第三方认证机构自身信誉为私人标准的执行和合格评估提供担保，确保农产品质量安全标准评定的可信度。不同品种农产品质量安全风险程度和追溯建设实施阶段，是确立不同的追溯规制目标的依据。

8.2.4 建立保障农产品质量安全追溯正常运行的机制

8.2.4.1 建立信息共享机制

共享信息是形成追溯农产品与普通农产品差异化所需支付的成本，也是追溯农产品的溢价来源。而为了解决两种农产品难以有效分离的信息识别和保障问题，需要制定保障共享信息真实、完整、准确和可靠的法律制度，提高消费者对生产经营者供给能力和政府机构监管能力的预期，建立有助于信息共享的机制。

针对信息采集和主体责任制定法律法规，健全从生产到消费整个农产品供应链的信息记录和采集，同时最大程度上保障信息的真实性、准确性和可靠性。其次，建立信息共享管理制度。制定信息共享的内容、方式、追溯和保护机制的基本制度，规范各主体责任，并保护其权利。例如，加快修订《消费者权益保护法》，增补消费者对农产品质量安全信息的知情权、追溯权和问责权，并引入消费者公平贸易责任。力图最大范围采集信息、实现信息追溯完整性的同时，对生产经营者的敏感信息不进行披露，保护生产经营者权利。明确监管机构、检测机构和执法机构进行追溯管理的法定职责。然后，制定追溯管理技术标准。规范追溯信息格式、编码、精确度、追溯流程、数据管理等，推进不同信息架构和追溯系统整合，扩大追溯的来源与范围，保障追溯的完整性和精确性。最后，在信息追溯平台的基础上构建消费者信息反馈系统。消费者利用信息追溯平台进行信息查询和消费决策的同时，能够利用信息反馈系统进行维权行动，还可以与生产经营者和不同消费者进行信息交流，降低信息不确定性和复杂性。同时，政府应将各项追溯管理工作公开化和透明化，加强与消费者的风险交流，在当前的风险社会背景下，承认和保护消费者对食品安全权利的同时，合理控制社会公众对监管效果的预期。

8.2.4.2　形成质量安全有效协同机制

通过其他农产品质量安全规制的配合和协同，形成农产品质量安全追溯与其他规制安排之间的优势互补，实现农产品质量安全治理目标。将农产品质量安全认证纳入追溯体系，整合质量安全信息资源，提高两者实施运行效率。农产品质量安全第三方专业机构认证不仅能够保障农产品质量安全，还有利于杜绝信息造假，保证追溯信息准确性和可靠性，而追溯体系有助于明晰认证机构和生产经营主体责任，降低机会主义行为，充分发挥两者的优势，有效弥补各自的劣势。此外，良好农业规范（GAP）、危害分析关键控制点（HACCP）、食品质量管理体系（ISO）等农产品质量安全体系认证，以及绿色食品和有机认证等农产品认证，已经运行多年，有一定基础，将已有农产品质量安全认证与追溯两者进行整合，为消费者提供质量安全信息价值增值的同时有利于农产品质量安全追溯体系的实施和推进。

通过农产品生产经营者信用体系与追溯体系协同，降低供应链各主体的机会主义行为，有效保障农产品质量安全信息真实性。推进农产品质量安全追溯体系建设的同时，加快农产品生产经营者信用体系建设。建立基于农产品生产经营者身份证号码的信用档案和查询系统，将生产经营者信用档案纳入农产品质量安全追溯体系，消费者通过了解所购买农产品的各生产经营者的信用程度，降低处理大量追溯信息的成本的同时，提高对可查询质量安全信息的信任。并且信用档案提高了生产经营者机会主义行为的发现概率，有助于增加责任追溯的威慑效力。同时，将追溯体系收集的农产品生产经营者的生产经营资格、产品检测数据、认证信息、处罚情况以及消费者反馈信息等计入信用档案，可以降低信用信息收集成本，增加信用评级的准确性和有效性。农产品追溯体系与农产品生产经营者信用体系相互配合，可以因此提高信息真实性和准确性，真正有助于实现农产品质量安全信息透明。

8.2.4.3 构建主体信任机制

农产品质量安全共享信息的有用性和可用性影响消费者的购买意愿，其全面、真实、可靠则有助于提高消费者对政府监管的认可度，影响消费者是否采取追溯行为。因此，为了提高消费者购买意愿，对问题农产品采取追溯行为，需要按照信息的有用性和可用性，以及全面、真实和可靠的原则，建立信息共享机制。

通过可追溯系统实现农产品质量安全的共建共治，需要从信息获取、信息监管和信息支持三个方面，构建信息共享机制。首先，满足消费者对农产品安全的基本需求和质量的多样化需求，信息获取应该多元化，保障共享信息全面性和有用性。消费者既考虑农产品与人类生存和健康相关的安全属性，同时也考虑安全以外的质量特征。所以，既需要供应链各环节主体提供从生产资料来源、生产、加工、流通和销售全流程安全信息，也可以考虑消费者对农产品质量信息的异质性需求，提供多样性的品质信息。满足不同消费者全面性的信息需求。其次，明确监管机构、检测机构和执法机构进行追溯管理的法定职责，最大程度上保障信息的真实性、准确性和可靠性。针对信息采集和主体责任制定法律法规，健全从生产到消费整个农产品供应链的信息记录和采集，通过构建统一追溯平台，明晰各部门职能归属，实现信息实时互联互通，以便高效推动食品安全监管与服务。最后，整合专业化的社会力量，获取信息支持，提高信息的有用性和可用性。个体消费者很难对农产品安全法律法规、消费者合法权益、农产品安全隐患、农产品质量安全指标、农产品安全科技成果、农产品健康知识等有全面认知和了解，需要消费者组织、食品行业协会、新闻媒体、科研院所和医疗机构等共同发挥专业优势，对农产品安全信息提供解构支持（尹相荣等，2020），提高共享信息的可用性和有用性。

8.3　研究展望

农产品质量安全追溯体系是一项系统工程。其建立和有效运行不仅需要关注消费者对追溯信息价值的评估和追溯行为，还需要了解生产者、经营者和监管者等供应链各主体的信息共享意愿、模式和激励机制，以及整个体系运行的动力机制等问题。从追溯体系的整体研究来讲，本书仅从消费者视角对农产品质量安全追溯体系的建设和运行中存在的问题进行了较为系统的基础分析。未来可以基于其他视角继续开展研究。而随着追溯体系的实施和推进，未来可以就以下方面继续从消费者视角对农产品质量安全追溯的拓展研究。

第一，除了追溯信息深度，追溯信息的精度和宽度也是影响信息价值消费者感知和评估的重要因素。本书以苹果为例，主要针对可追溯信息的深度、信息真实性认证和原产地信息进行消费者价值感知和评估研究。而对于不同农产品追溯信息应共享的内容和精度，还需要从消费者视角进一步研究。

第二，我国农产品具有不同的追溯信息形式，消费者对我国农产品的追溯信息价值评估和追溯行为选择可以进一步考虑追溯信息形式的作用。基于我国农产品分散生产经营的特点，为了能够将小农户和农贸市场都纳入追溯体系，扩大农产品追溯覆盖面，目前我国农产品追溯考虑采取不同形式。除了电子追溯以外，这些形式包括包装说明、标签标识、合格证明、自我承诺等纸质信息追溯载体。那么，哪种追溯形式更有利于信息传递和责任追溯、受到市场认可，需要进行实验调查和研究。

参考文献

［1］安凡所. 非对称信息下农产品的"质量安全"问题与治理模式选择［J］. 南方经济, 2005（6）: 46 - 48.

［2］白宝光, 胡丽娜, 薛阳. 政府主导下的食品质量安全可追溯体系机理研究［J］. 前沿, 2017（1）: 48 - 52.

［3］陈红华, 邓柏林, 刘泉. 中国政府主导型可追溯系统和企业主导型可追溯系统对比研究——以北京和山东企业调研为例［J］. 世界农业, 2017（2）: 9 - 14.

［4］陈红华, 田志宏. 企业农产品可追溯系统的成本及定价策略——基于 A 企业调研数据的分析［J］. 中国农业大学学报（社会科学版）, 2016, 33（4）: 116 - 121.

［5］陈红华, 田志宏, 周洁. 基于 Shapley 值法的蔬菜可追溯系统利益分配研究: 以北京市 T 公司为例［J］. 农业技术经济, 2011（2）: 56 - 65.

［6］陈锡文, 邓楠. 中国食品安全战略研究［M］. 北京: 化学工业出版社, 2004.

［7］陈秀娟, 秦沙沙, 尹世久, 等. 基于消费者对产地信息属性偏好的可追溯猪肉供给侧改革研究［J］. 中国人口·资源与环境, 2016, 26（9）: 92 - 100.

［8］陈雪. 农产品质量欺诈规制之信用途径［J］. 法学论坛, 2015, 30（6）: 134 - 140.

［9］陈彦丽. 食品安全社会共治机制研究［J］. 学术交流, 2014（9）: 122 - 126.

［10］陈燕，李晏墅. 信任的生成：理论综述与启示［J］. 经济学动态，2009（7）：82 - 85.

［11］崔彬. 农产品安全属性叠加对城市消费者感知及额外支付意愿的影响——以猪肉为例［J］. 农业技术经济，2013（11）：32 - 39.

［12］崔春晓，王凯，邹松岐. 食品安全可追溯体系的研究评述［J］. 世界农业，2013（5）：27 - 32.

［13］邓刚宏. 构建食品安全社会共治模式的法治逻辑与路径［J］. 南京社会科学，2015（2）：97 - 102.

［14］丁永军. 汉信码引擎构建及在水产品质量追溯系统中的应用［D］. 兰州：兰州大学，2009.

［15］董银果，邱荷叶. 基于追溯、透明和保证体系的中国猪肉竞争力分析［J］. 农业经济问题，2014，35（2）：17 - 25.

［16］段文婷，江光荣. 计划行为理论述评［J］. 心理科学进展，2008（2）：315 - 320.

［17］樊红平. 中国农产品质量安全认证体系与运行机制研究［D］. 北京：中国农业科学院，2007.

［18］费威. 供应链生产、流通和消费利益博弈及其农产品质量安全［J］. 改革，2013（10）：94 - 101.

［19］冯杰，张全生，鲁兴容，等. 浅谈国内外农产品质量安全可追溯体系现状［J］. 农产品加工（学刊），2014（18）：64 - 65.

［20］弗兰西斯·福山（Francis Fukuyama）. 信任：社会道德与繁荣的创造［M］. 李宛蓉，译. 呼和浩特：远方出版社，1998.

［21］高红阳. 不对称信息经济学研究现状述评［J］. 当代经济研究，2005（10）：25 - 30.

［22］高杰英. 信任研究的经济学视角：一个文献综述［J］. 经济学家，2013（4）：100 - 104.

［23］龚强，陈丰. 供应链可追溯性对食品安全和上下游企业利润的影响［J］. 南开经济研究，2012（6）：30 - 48.

［24］何坪华，凌远云，刘华楠. 消费者对食品质量信号的利用及其

影响因素分析——来自9市、县消费者的调查 ［J］. 中国农村观察，2008（4）：41－52.

［25］胡迪. GS1 国际标准在食品可追溯中的应用 ［J］. 食品安全导刊，2016（28）：69－72.

［26］胡庆龙，王爱民. 农产品质量安全及溯源机制的经济学分析 ［J］. 农村经济，2009（7）：98－101.

［27］黄少安，李业梅. 新媒体环境下食品溯源体系建设中主体角色演化机制研究 ［J］. 经济纵横，2020（6）：26－36.

［28］黄永霞. 基于 Ecode 的冷链物流单品追溯系统的应用研究 ［J］. 条码与信息系统，2017（2）：30－34.

［29］康莹莹. 厦门市食品安全溯源系统应用现状与建议 ［J］. 食品安全导刊，2016（33）：25.

［30］李丹，周宏，周力. 品牌溢价与农产品质量安全—来自江苏水稻种植的例证 ［J］. 财经研究，2021，47（2）：34－48.

［31］李功奎，应瑞瑶. "柠檬市场"与制度安排——一个关于农产品质量安全保障的分析框架 ［J］. 农业技术经济，2004（3）：15－20.

［32］李海飞，聂继云，徐国锋，等. 套袋与不套袋对苹果食用安全性的影响 ［J］. 中国果树，2019（4）：76－78.

［33］李松涛，杨一帆，任芝. 基于二维码和云端技术的水果身份识别技术 ［J］. 农业技术与装备，2019（12）：111－113.

［34］刘飞，孙中伟. 食品安全社会共治：何以可能与何以可为 ［J］. 江海学刊，2015（3）：227－233.

［35］刘莲，余伟. 基于区块链的高级水果质量追溯系统的构建 ［J］. 电子商务，2019（4）：27－28.

［36］陆杉. 农产品质量安全研究新进展 ［J］. 经济学动态，2012（4）：133－137.

［37］南关前. 监管码乱象 ［J］. 南风窗，2011（18）：60－63.

［38］聂文静，李太平，华树春. 消费者对生鲜农产品质量属性的偏好及影响因素分析：苹果的案例 ［J］. 农业技术经济，2016（9）：60－71.

[39] 庞荣丽，王书言，王瑞萍，等．同位素技术在水果及制品产地溯源中的应用研究进展 [J]．果树学报，2018，35（6）：747-759.

[40] 全世文．选择实验方法研究进展 [J]．经济学动态，2016（1）：127-141.

[41] 全世文，于晓华，曾寅初．我国消费者对奶粉产地偏好研究—基于选择实验和显示偏好数据的对比分析 [J]．农业技术经济，2017（1）：52-66.

[42] 全世文，曾寅初．食品安全：消费者的标识选择与自我保护行为 [J]．中国人口·资源与环境，2014，24（4）：77-85.

[43] 宋宝娥．食品供应链质量安全可追溯系统构建研究 [J]．物流工程与管理，2017，39（3）：57-61.

[44] 孙佳佳，霍学喜．进口苹果消费行为及其影响因素—基于结构方程模型的实证分析 [J]．中国农村经济，2013（3）：58-69.

[45] 孙旭东，章海亮，欧阳爱国，等．柑桔质量安全可追溯信息系统实现方法 [J]．农机化研究，2009，31（12）：162-164.

[46] 孙旭．基于 NFC 技术的生鲜农产品供应链可追溯系统设计及应用研究 [D]．长春：吉林大学，2016.

[47] 孙致陆，肖海峰．农户参加猪肉可追溯系统的意愿及其影响因素 [J]．华南农业大学学报（社会科学版），2011，10（3）：51-58.

[48] 汪鸿昌，肖静华，谢康，等．食品安全治理—基于信息技术与制度安排相结合的研究 [J]．中国工业经济，2013（3）：98-110.

[49] 汪晓辉，史晋川．标准规制、产品责任制与声誉——产品质量安全治理研究综述 [J]．浙江社会科学，2015（5）：50-59，156-157.

[50] 王东亭，饶秀勤，应义斌．世界主要农业发达地区农产品追溯体系发展现状 [J]．农业工程学报，2014，30（8）：236-250.

[51] 王二朋，卢凌霄．农产品的原产国效应与调节机制：文献综述与国际经验 [J]．世界农业，2018（11）：17-21.

[52] 王锋，张小栓，穆维松，等．消费者对可追溯农产品的认知和支付意愿分析 [J]．中国农村经济，2009（3）：68-74.

［53］王慧敏，乔娟．农户参与食品质量安全追溯体系的行为与效益分析：以北京市蔬菜种植农户为例［J］．农业经济问题，2011（2）：45－51.

［54］王力坚，孙成明，陈瑛瑛，等．我国农产品质量可追溯系统的应用研究进展［J］．食品科学，2015，36（11）：267－271.

［55］王鹏，庄贵军，董维维．品牌原产地困惑和购买经历对品牌形象的影响［J］．预测，2011，30（4）：8－13.

［56］王姗姗．批次混合特征下农林产品加工追溯模型研究［D］．北京：北京林业大学，2019.

［57］王晓莉，李清光，冯蔚蔚，等．政府食品安全监管策略的选择——结合全景敞视主义规训效应的思考［J］．财贸研究，2016，27（4）：76－84.

［58］王晓玉，晁钢令，万广胜．宏观层面信任水平在消费者对产品危机感知中的作用［J］．管理评论，2017，29（2）：208－220.

［59］王永钦，刘思远，杜巨澜．信任品市场的竞争效应与传染效应：理论和基于中国食品行业的事件研究［J］．经济研究，2014，49（2）：141－154.

［60］文晓巍，李慧良．消费者对可追溯食品的购买与监督意愿分析——以肉鸡为例［J］．中国农村经济，2012（5）：41－52.

［61］文晓巍，杨朝慧，陈一康，等．改革开放四十周年：我国食品安全问题关注重点变迁及内在逻辑［J］．农业经济问题，2018（10）：14－23.

［62］吴林海，龚晓茹，陈秀娟，等．具有事前质量保证与事后追溯功能的可追溯信息属性的消费偏好研究［J］．中国人口·资源与环境，2018，28（8）：148－160.

［63］吴林海，秦沙沙，朱淀，等．可追溯猪肉原产地属性与可追溯信息属性的消费者偏好分析［J］．中国农村经济，2015（6）：47－62.

［64］吴林海，王红纱，刘晓琳．可追溯猪肉：信息组合与消费者支付意愿［J］．中国人口·资源与环境，2014ᵃ，24（4）：35－45.

［65］吴林海，王淑娴，Wuyang Hu．消费者对可追溯食品属性的偏好和支付意愿：猪肉的案例［J］．中国农村经济，2014ᵇ（8）：58－75.

［66］吴林海，朱淀，徐玲玲．果蔬业生产企业可追溯食品的生产意愿研究［J］．农业技术经济，2012（10）：120－127.

［67］吴秀敏，严莉．食用农产品企业建立可追溯系统经济效益影响因素实证分析：以四川、河南两省 80 家企业为例［J］．广东农业科学，2012（11）：219－223．

［68］吴瑶，肖静华，谢康，等．从价值提供到价值共创的营销转型——企业与消费者协同演化视角的双案例研究［J］．管理世界，2017（4）：138－157．

［69］吴元元．信息基础、声誉机制与执法优化—食品安全治理的新视野［J］．中国社会科学，2012（6）：115－133．

［70］谢康，肖静华，杨楠堃，等．社会震慑信号与价值重构——食品安全社会共治的制度分析［J］．经济学动态，2015（10）：4－16．

［71］修文彦，任爱胜．国外农产品质量安全追溯制度的发展与启示［J］．农业经济问题，2008（1）：206－210．

［72］杨君，刘后伟，袁利鹏，等．新鲜水果安全生产管理及质量追溯系统的建立［J］．食品工业科技，2011，32（5）：344－347．

［73］尹敬东．消费者有关商品质量选择的最优行为分析［J］．预测，1999（1）：67－68．

［74］尹世久，王一琴，李凯．事前认证还是事后追溯？——食品安全信息标识的消费者偏好及其交互关系研究［J］．中国农村观察，2019（5）：127－144．

［75］尹世久，徐迎军，徐玲玲，等．食品安全认证如何影响消费者偏好？——基于山东省 821 个样本的选择实验［J］．中国农村经济，2015（11）：40－53．

［76］尹相荣，洪岚，王珍．网络平台交易情境下的食品安全监管——基于协同监管和信息共享的新型模式［J］．当代经济管理，2020，42（9）：46－52．

［77］应瑞瑶，侯博，陈秀娟，等．消费者对可追溯食品信息属性的支付意愿分析：猪肉的案例［J］．中国农村经济，2016（11）：44－56．

［78］于辉，安玉发．在食品供应链中实施可追溯体系的理论探讨［J］．农业质量标准，2005（3）：39－41．

［79］于亢亢．农产品供应链信息整合与质量认证的关系：纵向一体化的中介作用和环境不确定性的调节作用［J］．南开管理评论，2020，23（1）：87－97．

［80］张蓓，林家宝．质量安全背景下可追溯亚热带水果消费行为范式：购买经历的调节作用［J］．管理评论，2015，27（8）：176－189．

［81］张彩萍，白军飞，蒋竞．认证对消费者支付意愿的影响：以可追溯牛奶为例［J］．中国农村经济，2014（8）：76－85．

［82］张蒙，苏昕，刘希玉．信息视角下我国食品质量安全均衡演化路径研究［J］．宏观经济研究，2017（9）：152－163．

［83］张强强，霍学喜，刘军弟，等．世界苹果产销格局及市场动态预测分析［J］．世界农业，2016（7）：147－152．

［84］张士前，蒋平安，邹鹏．基于 RFID 与 WebGIS 的阿克苏苹果质量安全溯源系统［J］．新疆农业科学，2012，49（8）：1519－1524．

［85］张维迎，柯荣住．信任及其解释：来自中国的跨省调查分析［J］．经济研究，2002（10）：59－70，96．

［86］张一林，雷丽衡，龚强．信任危机、监管负荷与食品安全［J］．世界经济文汇，2017（6）：56－71．

［87］赵岩，王强，吴莉宇，等．蔬菜质量安全追溯编码的研究［J］．食品科学，2010，31（17）：51－54．

［88］赵智晶，吴秀敏．消费者追溯猪肉信息的行为研究—基于成都市 395 名消费者的实证分析［J］．农业技术经济，2013（6）：73－82．

［89］郑风田，曾起艳，徐一宁，等．杭州市农产品质量安全可追溯体系建设［J］．现代管理科学，2015（8）：9－11．

［90］郑叶剑．食品溯源系统中的追溯单元标识技术研究［D］．武汉：华中科技大学，2017．

［91］钟真，陈淑芬．生产成本、规模经济与农产品质量安全——基于生鲜乳质量安全的规模经济分析［J］．中国农村经济，2014（1）：49－61．

［92］钟真，雷丰善，刘同山．质量经济学的一般性框架构建——兼论食品质量安全的基本内涵［J］．软科学，2013，27（1）：69－73．

［93］周洁红，姜励卿. 农产品质量安全追溯体系中的农户行为分析——以蔬菜种植户为例［J］. 浙江大学学报（人文社会科学版），2007（2）：118－127.

［94］周洁红，金宇，王煜，等. 质量信息公示、信号传递与农产品认证——基于肉类与蔬菜产业的比较分析［J］. 农业经济问题，2020（9）：76－87.

［95］周洁红，李凯. 农产品可追溯体系建设中农户生产档案记录行为的实证分析［J］. 中国农村经济，2013（5）：58－67.

［96］周应恒，王晓晴，耿献辉. 消费者对加贴信息可追溯标签牛肉的购买行为分析——基于上海市家乐福超市的调查［J］. 中国农村经济，2008（5）：22－32.

［97］朱淀，浦徐进，高宁. 消费者对不同安全信息可追溯猪肉偏好的研究［J］. 中国人口·资源与环境，2015，25（8）：162－169.

［98］朱峰，赵晓飞. 中国农产品渠道联盟信任机制构建［J］. 农业经济问题，2011，32（8）：88－94.

［99］Abad E，Palacio F，Nuin M，et al. RFID smart tag for traceability and cold chain monitoring of foods：Demonstration in an intercontinental fresh fish logistic chain［J］. *Journal of Food Engineering*，2009，93（4）：394－399.

［100］Ajzen I. From intentions to actions：A theory of planned behavior［M］//Kuhl J，Beckman J（Eds.）. Action Control：From Cognition to Behavior. Heidelberg，Germany：Springer，1985：11－39.

［101］Albersmeier F，Schulze H，Spiller A. System dynamics in food quality certifications：Development of an audit integrity system［J］. *International Journal on Food System Dynamics*，2010，1（1）：1－13.

［102］Alfnes F，Rickertsen K. European consumers' willingness to pay for U. S. beef in experimental auction markets［J］. *American Journal of Agricultural Economics*，2003，85（2）：396－405.

［103］Ali H，Birley S. The role of trust in the marketing activities of entrepreneurs establishing new ventures［J］. *Journal of Marketing Management*，

1998, 14 (7): 749 – 763.

[104] Antle J M. Economic analysis of food safety [J]. *Handbook of Agricultural Economics*, 2001 (1): 1083 – 1136.

[105] Bai J F, Zhang C P, Jiang J. The role of certificate issuer on consumers' willingness-to-pay for milk traceability in China [J]. *Agricultural Economics*, 2013 (44): 537 – 544.

[106] Bailey D V, Robb J, Checketts L. Perspectives on traceability and BSE testing in the U. S. beef industry [J]. *Choices: The Magazine of Food, Farm, and Resource Issues*, 2005, 20 (4): 293 – 297.

[107] Bazzani C, Caputo V, Nayga JR R M, et al. Revisiting consumers' valuation for local versus organic food using a non-hypothetical choice experiment: does personality matter? [J]. *Food Quality and Preference*, 2017 (62): 144 – 154.

[108] Becker T. Consumer perception of fresh meat quality: A framework for analysis [J]. *British Food Journal*, 2000, 102 (3): 158 – 176.

[109] Bettman J R, Park C W. Effects of prior knowledge and experience and phase of the choice process on consumer decision processes: A protocol analysis [J]. *Journal of Consumer Research*, 1980 (7): 234 – 248.

[110] Bhattacharya R, Devinney T M, Pillutla M M. A formal model of trust based on outcomes [J]. *Academy of Management Review*, 1998, 23 (3): 459 – 472.

[111] Blamey R K, Bennett J W, Louviere J J, et al. Attribute causality in environmental choice modelling [J]. *Environmental and Resource Economics*, 2002, 23 (2): 167 – 186.

[112] Bond C A, Thilmany D, Bond J K. Understanding consumer interest in product and process-based attributes for fresh produce [J]. *Agribusiness*, 2008, 24 (2): 231 – 252.

[113] Boxall P C, Adamowicz W L. Understanding heterogeneous preferences in random utility models: A latent class approach [J]. *Environmental and*

Resource Economics, 2002, 23 (4): 421 – 446.

[114] Broughton E I, Walker D G. Policies and practices for agriculture food safety in China [J]. *Food Policy*, 2010, 35 (5): 471 – 478.

[115] Burnkrant R, Page T, Unnava H. The effect of experience on attitude structure [J]. *Advances in Consumer Research*, 1991 (18): 28 – 29.

[116] Burton M, Rigby D. The self-selection of complexity in choice experiments [J]. *American Journal of Agricultural Economics*, 2012, 94 (3): 786 – 800.

[117] Buzby J C, Frenzen P. Food safety and product liability [J]. *Food Policy*, 1999 (24): 637 – 651.

[118] Carlsson F, Frykblom P, Lagerkvist C J. Consumer preferences for food product quality attributes from Swedish agriculture [J]. *AMBIO*, 2005, 34 (4 – 5): 366 – 370.

[119] Caswell J A, Bredahl M, Hooker N. How quality management metasystems are affecting the food industry [J]. *Applied Economic Perspectives and Policy*, 1998, 20 (2): 547 – 557.

[120] Caswell J A. How labeling of safety and process attributes affects markets for food [J]. *Agricultural and Resource Economics Review*, 1998 (10): 151 – 158.

[121] Caswell J A, Mojduszka E M. Using informational labeling to influence the market for quality in food products [J]. *American Journal of Agricultural Economics*, 1996, 78 (5): 1248 – 1253.

[122] Charlebois S, Sterling B, Haratifar S, et al. Comparison of global food traceability regulations and requirements [J]. *Comprehensive Reviews in Food Science and Food Safety*, 2014, 13 (5): 1104 – 1123.

[123] Choe Y C, Park J, Chung M, et al. Effect of the food traceability system for building trust: Price premium and buying behavior [J]. *Information Systems Frontiers*, 2009, 11 (2): 167 – 179.

[124] Chryssochoidis G M, Kehagia O C, Chrysochou P E. Traceability:

European consumers' perceptions regarding its definition, expectations and differences by product types and importance of label schemes [R]. 98th European Association of Agricultural Economists Seminar, Chania, Crete, Greece, June-July, 2006.

[125] Cicia G, Colantuoni F. WTP for traceable meat attributes: A meta-analysis [R]. International European Forum on System Dynamics and Innovation in Food Networks, Innsbruck-Igls, Austria, February, 2010.

[126] Costanigro M, McFadden D T, Kroll S, et al. An in-store valuation of local and organic apples: The role of social desirability [J]. *Agribusiness*, 2011, 27 (4): 465 –477.

[127] Court A T. Hedonic price indexes with automotive examples-In the dynamics of automobile demand [M]. New York: General Motors, 1939.

[128] Cox D F. The measurement of information value: A study in consumer decision making [M] //Decker W S (Eds.), Emerging Concepts in Marketing. Chicago: American Marketing Association, 1962: 413 –421.

[129] Crespi J M, Marette S. How should food safety certification be financed? [J]. *American Journal of Agricultural Economics*, 2001, 83 (4): 852 –861.

[130] Cummings R G, Taylor L O. Unbiased value estimates for environmental goods: A cheap talk design for the contingent valuation method [J]. *American Economic Review*, 1999, 89 (3): 649 –665.

[131] Czajkowski M, LaRiviere J, Hanley N. The effects of experience on preferences: Theory and empirics for environmental public goods [J]. *American Journal of Agricultural Economics*, 2014 (91): 333 –351.

[132] Darby K, Batte M T, Ernst S, et al. Decomposing local: A conjoint analysis of locally produced food [J]. *American Journal of Agricultural Economics*, 2008, 90 (2): 476 –486.

[133] Darby M R, Karni E. Free competition and the optimal amount of fraud [J]. *The Journal of Law and Economics*, 1973, 16 (1): 67 –88.

［134］ Deaton B J. A theoretical framework for examining the role of third-party certifiers ［J］. *Food Control*, 2004, 15 (8): 615 – 619.

［135］ Dickinson D L, Bailey D V. Experimental evidence on willingness to pay for red meat traceability in the United States, Canada, the United Kingdom, and Japan ［J］. *Journal of Agricultural and Applied Economics*, 2005, 37 (3): 537 – 548.

［136］ Dickinson D L, Bailey D V. Meat traceability: Are US consumers willing to pay for it? ［J］. *Journal of Agricultural and Resource Economics*, 2002 (27): 348 – 364.

［137］ Dickinson D L, Hobbs J E, Bailey D V. A comparison of U. S. and Canadian consumers' willingness to pay for red-meat traceability ［R］. American Agricultural Economics Association 2003 Annual meeting, Montreal, Canada 22060, July 27 – 30, 2003.

［138］ Ding Z, Abdulai A, Jiang Y. What can we learn from experience? An impact analysis of experience on households' preferences for microfinance ［J］. *China Agricultural Economic Review*, 2020, 12 (2): 215 – 239.

［139］ Dodds W B, Monroe K B. The effect of brand and price information on subjective product evaluations ［J］. *Advances in Consumer Research*, 1985, 12 (3): 85 – 90.

［140］ Doney P M, Cannon J P. An examination of the nature of trust in buyer-seller relationships ［J］. *Journal of Marketing*, 1997, 61 (2): 35 – 51.

［141］ Edwards W. Probability learning in 1000 trials ［J］. *Journal of Experimental Psychology*, 1961 (62): 385 – 394.

［142］ El Benni N, Stolz H, Home R, et al. Product attributes and consumer attitudes affecting the preferences for infant milk formula in China – A latent class approach ［J］. *Food Quality and Preference*, 2019 (71): 25 – 33.

［143］ Faraj S, Kudaravalli S, Wasko M. Leading collaboration in online communities ［J］. *MIS Quarterly*, 2015, 39 (2): 393 – 412.

［144］ Feigenbaum A V. Quality control: Principles, practice, and administration [M]. New York: McGraw-Hill, 1951.

[145] Fiebig D G, Keane M P, Louviere J J, et al. The generalized multinomial logit model: Accounting for scale and coefficient heterogeneity [J]. *Marketing Science*, 2010, 29 (3): 393 – 421.

[146] Fishbein M, Ajzen I. Belief, attitude, intention and behavior: An introduction to theory and research [M]. Reading, MA: Addison-Wesley, 1975.

[147] Fishbein M. An investigation of the relationships between beliefs about an object and the attitude toward that object [J]. *Human Relations*, 1963, 16 (3): 233 – 239.

[148] Fisman R, Khanna T. Is trust a historical residue? Information flows and trust levels [J]. *Journal of Economic Behavior and Organization*, 1999, 38 (1): 79 – 92.

[149] Gao Z F, House L, Bi X. Impact of satisficing behavior in online surveys on consumer preference and welfare estimates [J]. *Food Policy*, 2016 (64): 26 – 36.

[150] Gao Z F, Yu X H, Li C G, et al. The interaction between country of origin and genetically modified orange juice in urban China [J]. *Food Quality and Preference*, 2019 (71): 475 – 484.

[151] Gao Z, Schroeder T C. Effects of label information on consumer willingness-to-pay for food attributes [J]. *American Journal of Agricultural Economics*, 2009, 91 (3): 795 – 809.

[152] Garvin D A. What does "product quality" really mean [J]. *Sloan Management Review*, 1984: 25 – 43.

[153] Gellynck X, Verbeke W. Consumer perception of traceability in the meat chain [J]. *German Journal of Agricultural Economics*, 2001, 50 (6): 368 – 374.

[154] Gilani S J, Zzafar A, Imam S S, Ahmad J. Application of Finger-printing Techniques in Authentication and Traceability of Fruits and Vegetables

[M] //Siddiqi K S, Nollet L M L (Eds.). Fingerprinting Techniques in Food Authentication and Traceability. Boca Raton, FL: CRC Press, 2018: 333 – 362.

[155] Giraud G, Halawany R. Consumers' perception of food traceability in Europe [R]. 98th EAAE Seminar 'Marketing Dynamics within the Global Trading System: New Perspectives', Chania, Crete, Greece, June-July 2006.

[156] Golan E H, Krissoff B, Kuchler F, et al. Traceability in the U. S. food supply: Economic theory and industry studies [J]. *Economic Research Service*, 2004 (3): 1 – 48.

[157] Golan E H, Krissoff B, Kuchler F, et al. Traceability for food safety and quality assurance: Mandatory systems miss the mark [J]. *Current Agriculture, Food and Resource Issues, Canadian Agricultural Economics Society*, 2003 (4): 27 – 35.

[158] Gracia A, Zeballos G. Attitudes of retailers and consumers toward the EU traceability and labeling system for beef [J]. *Journal of Food Distribution Research*, 2005, 36 (3): 45 – 56.

[159] Grayson K, Johnson D, Chen D F R. Is firm trust essential in a trusted environment? How trust in the bus [J]. *Journal of Marketing Research*, 2008, 45 (2): 241 – 256.

[160] Grunert K G. Food quality and safety: Consumer perception and demand [J]. *European Review of Agricultural Economics*, 2005, 32 (3): 369 – 391.

[161] Haas R, Sterns J, Meixner O, et al. Consumers' perceive local and organic food differently? an analysis based on means-end chain analysisand word association [J]. *International Journal on Food System Dynamics*, 2013, 4 (3): 214 – 226.

[162] Halawany R, Bauer C, Giraud G. Consumers' acceptability and rejection of food traceability systems, a French-German cross-comparison [R]. 1st International European Forum on Innovation and System Dynamics in Food Networks Officially endorsed by the European Association of Agricultural Economists (EAAE), Innsbruck-Igls, Austria, February, 15 – 17, 2007.

［163］ Halawany R, Giraud G. How is modernity accepted by consumers with respect to traditional food products? The case of traceability ［R］. 12th International Congress of European Association of Agricultural Economists, Ghent, Belgium, August, 2008.

［164］ Hawkins D I, Best R J, Coney K A. Consumer behavior: Building marketing strategy ［M］. New York: McGraw-Hill, 2001.

［165］ Henson S, Traill B. The demand for food safety: Market imperfections and the role of government ［J］. *Food Policy*, 1993, 18 (2): 152 – 162.

［166］ Hobbs J E, Bailey D V, Dickinson D L, et al. Traceability in the Canadian red meat sector: Do consumers care? ［J］. *Canadian Journal of Agricultural Economics*, 2005 (53): 47 – 65.

［167］ Hobbs J E. Consumer demand for traceability ［R］. International Agricultural Trade and Research Consortium Annual Meeting, Monterey, California, December, 2002.

［168］ Hobbs J E. Information asymmetry and the role of traceability systems ［J］. *Agribusiness*, 2004, 20 (4): 397 – 415.

［169］ Hobbs J E, Sanderson K. Traceability and quality verification in the Canadian beef industry: Where to from here? ［J］. *Journal of Food Distribution Research*, 2007, 38 (1): 75 – 80.

［170］ Hooker N H, Caswell J A. Trends in food quality regulation: Implications for processed food trade and foreign direct investment ［J］. *Agribusiness*, 1995, 12 (5): 411 – 419.

［171］ Hotelling H. Stability in competition ［J］. *The Economic Journal*, 1929, 39 (153): 41 – 57.

［172］ Houthakker H S. Compensated changes in quantities and qualities consumed ［J］. *The Review of Economic Studies*, 1952, 19 (3): 155 – 164.

［173］ Huang E, Yang J C. The integration of seafood traceability systems for shrimp value chain systems ［J］. *International Journal of Computers*, 2009, 3 (2): 201 – 210.

［174］ Huber J, Zwerina K. The importance of efficient utility balance if efficient choice design ［J］. *Journal of Marketing Research*, 1996, 33 （3）: 307 – 317.

［175］ Hu D, Reardon T, Rozelle S, et al. The emergence of supermarkets with Chinese characteristics: challenges and opportunities for China's agricultural development ［J］. *Development Policy Review*, 2004, 22 （5）: 557 – 586.

［176］ Hu W, Batte M T, Woods T, et al. Consumer preferences for local production and other value-added label claims for a processed food product ［J］. *European Review of Agricultural Economics*, 2012, 39 （3）: 489 – 510.

［177］ Jacoby J, Olson J C, Haddock R A. Price, brand name, and product composition characteristics as determinants of perceived quality ［J］. *Journal of Applied Psychology*, 1971, 55 （6）: 570 – 579.

［178］ Janaranjana H, Blessing M. Traceability and agriculture supply chains in the United States: Understanding the context, future prospects and policy implications ［J］. *Journal of Agriculture Economics and Rural Development*, 2014, 2 （2）: 47 – 57.

［179］ Jedermann A R, Behrens B C, Westphal B D, et al. Applying autonomous sensor systems in logistics—Combining sensor networks, RFIDs and software agents ［J］. *Sensors and Actuators A: Physical*, 2006, 132 （1）: 370 – 375.

［180］ Jin S S, Zhang Y, Xu Y. Amount of information and the willingness of consumers to pay for food traceability in China ［J］. *Food Control*, 2017 （77）: 163 – 170.

［181］ Jin S S, Zhou L. Consumer interest in information provided by food traceability systems in Japan ［J］. *Food Quality and Preference*, 2014, 36 （1）: 144 – 152.

［182］ Kandori M. Social norms and community enforcement ［J］. *Review of Economic Studies*, 1992, 59 （1）: 63 – 80.

［183］ Katz L. Effects of differential monetary gain and loss on sequential two choice behavior [J]. *Journal of Experimental Psychology*, 1964 (68): 245 – 289.

[184] Kehagia O, Chrysochou P, Chryssochoidis G, et al. European consumers' perceptions, definitions and expectations of traceability and the importance of labels, and the differences in these perceptions by product type [J]. *Sociologia Ruralis*, 2007, 47 (4): 400 – 416.

[185] Kong H L, Li J H. Application review of the global identification system (EAN·UCC system) in the traceability of the food safety supply chain [J]. *Food Science*, 2004, 25 (6): 188 – 194.

[186] Kuehn A A, Day R L. Strategy of product quality [J]. *Harvard Business Review*, 1962, 40 (6): 100 – 110.

[187] Lancaster K J. A new approach to consumer theory [J]. *Journal of Political Economy*, 1966, 74 (2): 132 – 157.

[188] Lee J, Han D, Nayga JR R M, et al. Valuing traceability of imported beef in Korea: An experimental auction approach [J]. *Australian Journal of Agricultural and Resource Economics*, 2011 (55): 360 – 373.

[189] Lejarraga T, Gonzalez C. Effects of feedback and complexity on repeated decisions from description [J]. *Organizational Behavior and Human Decision Processes*, 2011 (116): 286 – 295.

[190] Lewicki R J, Bunker B B. Trust in relationships: A model of development and decline [M] //Bunker B B, Rubin J Z (Eds.). Conflict, Cooperation, and Justice. San Francisco: Jossey-Bass, 1995: 133 – 173.

[191] Lichtenberg L, Heidecke S J, Becker T C. Traceability of meat: Consumers' associations and their willingness-to-pay [R]. 12th Congress of European Association of Agricultural Economists, Ghent, Belgium, August, 2008.

[192] Liddell S, Bailey D V. Market opportunities and threats to the U. S. pork industry posed by traceability systems [J]. *The International Food and Agribusiness Management Review*, 2001, 4 (3): 287 – 302.

[193] Liu R, Gao Z, Snell H A, et al. Food safety concerns and con-

sumer preferences for food safety attributes：Evidence from China ［J］. *Food Control*，2020（112）：101157.

［194］ Loureiro M L，Umberger W J. A choice experiment model for beef：What US consumer responses tell us about relative preferences for food safety，country-of-origin labeling and traceability ［J］. *Food policy*，2007，32（4）：496－514.

［195］ Loureiro M L，Umberger W J. Assessing consumer preferences for country-of-origin labeling ［J］. *Journal of Agricultural and Applied Economics*，2005，37（1）：49－63.

［196］ Loureiro M L，Umberger W J. Estimating consumer willingness to pay for country-of-origin labeling ［J］. *Journal of Agricultural and Resource Economics*，2003，28（2）：287－301.

［197］ Louviere J J，Hensher D A，Swait J D. Stated choice methods analysis and applications ［M］. Cambridge：Cambridge University Press，2000.

［198］ Louviere J J，Meyer R J，Bunch D S，et al. Combining sources of preference data for modeling complex decision processes ［J］. *Marketing Letters*，1999，10（3）：205－217.

［199］ Lu J，Wu L H，Wang S X，et al. Consumer preference and demand for traceable food attributes：A choice-based conjoint analysis ［J］. *British Food Journal*，2016，118（9）：2140－2156.

［200］ Luomala H T. Exploring the role of food origin as a source of meanings for consumers and as a determinant of consumers' actual food choices ［J］. *Journal of Business Research*，2007，60（2）：122－129.

［201］ Lusk J L. Effects of cheap talk on consumer willingness-to-pay for golden rice ［J］. *American Journal of Agricultural Economics*，2003，85（4）：840－856.

［202］ Maltz A. Experience based dynamic choice：A revealed preference approach ［J］. *Journal of Economic Behavior & Organization*，2016（128）：1－13.

［203］ Maynes E S. The concept and measurement of product quality

[M] //Terleckyj N E (Eds.). Household Production and Consumption. Cambridge: NBER, 1976: 529 – 584.

[204] Mcfadden D. Conditional logit analysis of qualitative choice behavior [M] //Zarembka (Eds.). Frontiers in Econometrics. New York: Academic Press, 1974: 105 – 142.

[205] McFadden D. The choice theory approach to market research [J]. *Marketing Science*, 1986, 5 (4): 275 – 297.

[206] McFadden D, Train K. Mixed MNL models of discrete response [J]. *Journal of Applied Econometrics*, 2000, 15 (5): 447 – 470.

[207] Mcgoldrick P J. Trends in retailing and consumer behavior [M] // Davies R L, Rogers D S (Eds.). Store Location & Store Assessment Research. New York: John Wiley, 1984: 29 – 53.

[208] McKean R. Products liability: Trends and implications [J]. *University of Chicago Law Review*, 1970, 38 (1): 3 – 63.

[209] Meas T, Hu W, Batte M T, et al. Substitutes or complements? consumer preference for local and organic food attributes [J]. *American Journal of Agricultural Economics*, 2015, 97 (4): 1044 – 1071.

[210] Mennecke B, Townsend A, Hayes D J, et al. Study of the factors that influence consumer attitudes toward beef products using the conjoint market analysis tool [R]. Working Paper 06-WP 425, Center for Agricultural and Rural Development (CARD), 2006.

[211] Meuwissen M P M, Velthuis A G J, Hogeveen H, et al. Traceability and certification in meat supply chains [J]. *Journal of Agribusiness*, 2003, 21 (2): 167 – 182.

[212] Moe T. Perspectives on traceability in food manufacture [J]. *Trends in Food Science and Technology*, 1998, 9 (5): 211 – 214.

[213] Monroe K B. Buyers' subjective perceptions of price [J]. *Journal of marketing research*, 1973, 10 (1): 70 – 80.

[214] Mora C, Menozzi D, Faioli G, et al. Traceability perception of

beef: A comparison between Spanish and Italian consumers [R]. 98th European Association of Agricultural Economists Seminar, Chania, Crete, Greece, June-July, 2006.

[215] Moussa S, Touzani M. The perceived credibility of quality labels: A scale validation with refinement [J]. *International Journal of Consumer Studies*, 2008, 32 (5): 526 –533.

[216] Mowen J C, Minor M. Consumer behavior, 5th edition [M]. New Jersey: Prentice Hall, 1998.

[217] Mutz D C. Social trust and E-commerce: Experimental evidence for the effects of social trust on individuals' economic behavior [J]. *Public Opinion Quarterly*, 2005, 69 (3): 393 –416.

[218] Myers J L, Sadler E. Effects of range of payoffs as a variable in risk taking [J]. *Journal of Experimental Psychology*, 1960 (60): 306 – 309.

[219] Nelson P. Information and consumer behavior [J]. *Journal of Political Economy*, 1970, 78 (2): 311 –329.

[220] Neuman T, Neuman E, Neuman S. Explorations of the effect of experience on preferences for a health-care service [J]. *The Journal of Socio-Economics*, 2010 (39): 407 –419.

[221] Olson J C. Cue utilization in the quality perception process: A cognitive model and an empirical test [D]. Unpublished Doctoral Dissertation, Purdue University, 1972.

[222] Olson J C, Jacoby J. Cue utilization in the Quality Perception Process [C] //Venkatesan M (ed). Proceedings of the Third Annual Conference Association for Consumer Research, 1972: 167 – 179.

[223] Onozaka Y, Nurse G, McFadden D T. Local food consumers: How motivations and perceptions translate to buying behavior [J]. *Choices*, 2010, 25 (1): 1 –6.

[224] Opara L U, Mazaud F. Food traceability from field to plate [J]. *Outlook on Agriculture*, 2001, 30 (4): 239 –247.

［225］ Ortega D L, Wang H H, Olynk N J, et al. Chinese consumers' demand for food safety attributes: A push for government and industry regulations ［J］. *American Journal of Agricultural Economics*, 2011, 94 (2): 489 –495.

［226］ Ostrom E. Governing the commons: The evolution of institutions for collective action ［M］. Cambridge: Cambridge University Press, 1990.

［227］ Parasuraman A, Zeithaml V A, Berry L L. Servqual: A multiple-item scale for measuring consumer perceptions of service quality ［J］. *Journal of Retailing*, 1988, 64 (1): 12 –40.

［228］ Pouliot S. Market evidence of packer willingness to pay for traceability ［J］. *American Journal of Agricultural Economics*, 2011, 93 (3): 735 –751.

［229］ Pouliot S, Sumner D A. Traceability, liability, and incentives for food safety and quality ［J］. *American Journal of Agricultural Economics*, 2008, 90 (1): 15 –27.

［230］ Qian J P, Yang X T, Wu X M, et al. A traceability system incorporating 2d barcode and RFID technology for wheat flour mills ［J］. *Computers & Electronics in Agriculture*, 2012 (89): 76 –85.

［231］ Qiao G, Guo T, Klein K K. Melamine and other food safety and health scares in China: Comparing households with and without young children ［J］. *Food Control*, 2012 (26): 378 –386.

［232］ Rao A S. The quality of price as a quality cue ［J］. *Journal of Marketing Research*, 2005, 42 (4): 401 –405.

［233］ Regattieri A, Gamberi M, Manzini R. Traceability of food products: General framework and experimental evidence ［J］. *Journal of Food Engineering*, 2007, 81 (2): 347 –356.

［234］ Reich B J, Beck J T, Price J. Food as ideology: Measurement and validation of locavorism ［J］. *The Journal of Consumer Research*, 2018, 45 (4): 849 –868.

［235］ Richardson P S, Alan S D, Arun K J. Extrinsic and intrinsic cue effects on perceptions of store brand quality ［J］. *Journal of Marketing*, 1994,

58（4）：28 – 36.

［236］Roeder K，Lynch K G，Nagin D S. Modeling uncertainty in latent class membership：A case study in criminology［J］. *Journal of the American Statistical Association*，1999，94（447）：766 – 776.

［237］Sako M. Prices，quality，and trust［M］. Cambridge：Cambridge University Press，1992.

［238］Salaün Y，Flores K. Information quality：Meeting the needs of the consumer［J］. *International Journal of Information Management*，2001，21（1）：21 – 37.

［239］Savage S J，Waldman D M. Learning and fatigue during choice experiments：A comparison of online and mail survey modes［J］. *Journal of Applied Economics*，2008（23）：351 – 371.

［240］Skuras D，Vakrou A. Consumers' willingness to pay for origin labelled wine：A greek case study［J］. *British Food Journal*，2002，104（11）：898 – 912.

［241］Smith G，Belk K，Scanga J，et al. Economic implications of improved color stability in beef［M］//Decker E A，Faustman C，Clemente J，Lopez-Bote（Eds.）. Antioxidants in Muscle Foods. New York：Wiley Interscience，2000：397 – 426.

［242］Solomon M R. Consumer behaviour：Buying，having and being，10th global edition［M］. New Jersey：Prentice-Hall，2013.

［243］Souza-Monteiro D M，Caswell J A. The economics of implementing traceability in beef supply chains：Trends in major producing and trading countries［R］. Working Paper Series 14521，University of Massachusetts，Amherst，Department of Resource Economics，2004.

［244］Souza-Monteiro D M. Theoretical and empirical analysis of the economics of traceability adoption in food supply chains［D］. US：Graduate School of the University of Massachusetts Amherst，2007.

［245］Spence M. Job market signaling［J］. *The Quarterly Journal of Eco-*

nomics, 1973, 87 (3): 355 – 374.

[246] Steenkamp J B E M. Conceptual model of the quality perception process [J]. *Journal of Business Research*, 1990, 21 (4): 309 – 333.

[247] Stiglitz J E. Information and the change in the paradigm in economics [J]. *American Economic Review*, 2002, 92 (3): 460 – 501.

[248] Stranieri S, Banterle A. Fresh meat and traceability labelling: Who cares? [R]. International European Forum, Austria, February, 2009.

[249] Swait J, Adamowicz W. Choice environment, market complexity, and consumer behavior: A theoretical and empirical approach for incorporating decision complexity into models of consumer choice [J]. *Organizational Behavior and Human Decision Processes*, 2001, 86 (2): 141 – 167.

[250] Theil H. Qualities, prices and budget enquiries [J]. *Review of Economic Studies*, 1992, 19 (3): 129 – 147.

[251] Train K E. Discrete choice methods with simulation [M]. Cambridge: Cambridge University Press, 2003.

[252] Ubilava D, Foster K. Quality certification vs. product traceability: Consumer preferences for informational attributes of pork in Georgia [J]. *Food Policy*, 2009, 34 (3): 305 – 310.

[253] Van Loo E J, Grebitus C, Roosen J. Explaining attention and choice for origin labeled cheese by means of consumer ethnocentrism [J]. *Food Quality and Preference*, 2019 (78): 103716.

[254] Van Rijswijk W, Frewer L J. How consumers link traceability to food quality and safety: An international investigation [R]. 98th Seminar European Association of Agricultural Economists, Greece, June 29-July 2, 2006.

[255] Verbeke W. Beliefs, attitude and behaviour towards fresh meat revisited after the Belgian dioxin crisis [J]. *Food Quality and Preference*, 2001, 12 (8): 489 – 498.

[256] Verbeke W, Roosen J. Market differentiation Potential of country-of-origin, quality and traceability labeling [J]. *Estey Centre Journal of Internation-*

al Law and Trade Policy，2009，10（1）：20 – 35.

［257］Verbeke W，Ward R W. Consumer interest in information cues denoting quality，traceability and origin：An application of ordered probit models to beef labels［J］. *Food Quality and Preference*，2006，17（6）：453 – 467.

［258］Verlegh P W J，Steenkamp J B E M. A review and meta-analysis of country-of-origin research［J］. *Journal of Economic Psychology*，1999，20（5）：521 – 546.

［259］Viscusi W K，Moore M J. Product liability，research and development，and innovation［J］. *Journal of Political Economy*，1993，101（1）：161 – 184.

［260］Viscusi W K. Toward a diminished role for tort liability：Social insurance，government regulation，and contemporary risks to health and safety［J］. *Yale Journal on Regulation*，1989，6（1）：65 – 107.

［261］Walaszczyk A，Barbara Galińska. Food origin traceability from a consumer's perspective［J］. *Sustainability*，2020，12（5）：1872.

［262］Wanihsuksombat C，Hongtrakul V，Suppakul P. Development and characterization of a prototype of a lactic acid-based time temperature indicator for monitoring food product quality［J］. *Journal of Food Engineering*，2010，100（3）：427 – 434.

［263］Ward R A，Bailey D V，Jensen R T. An American BSE crisis：Has it affected the value of traceability and country-of-origin certifications for US and Canadian beef？［J］. *International Food & Agribusiness Management Review*，2005，8（2）：92 – 114.

［264］Waugh F V. Quality factors influencing vegetable prices［J］. *Journal of Farm Economics*，1928，10（2）：185 – 196.

［265］Wedel M，Wagner K. Market segmentation：Conceptual and methodological foundations 2nd Edition［M］. Boston：Kluwer Academic Publisher，2000.

［266］Wilcock A，Pun M，Khanona J，et al. Consumer attitudes，knowledge and behaviour：a review of food safety issues［J］. *Trends in Food*

Science & Technology, 2004, 15 (2): 56 – 66.

［267］ Wind Y. Issues and advances in segmentation research ［J］. *Journal of Marketing Research*, 1978, 15 (3): 317 – 337.

［268］ Wolfe R, Gould W. An approximate likelihood-ratio test for ordinal response models ［J］. *Stata Technical Bulletin*, 1998 (42): 24 – 27.

［269］ Wright A A, Lynch J G J. Communication effects of advertising versus direct experience when both search and experience attributes are present ［J］. *Journal of Consumer Research*, 1995 (21): 708 – 718.

［270］ Wu L H, Gong X R, Qin S, et al. Consumer preferences for pork attributes related to traceability, information certification, and origin labeling: Based on China's Jiangsu province ［J］. *Agribusiness*, 2017 (33): 424 – 442.

［271］ Wu L H, Liu P P, Chen X J, et al. Decoy effect in food appearance, traceability, and price: Case of consumer preference for pork hindquarters ［J］. *Journal of Behavioral and Experimental Economics*, 2020 (87): 1 – 8.

［272］ Wu L H, Wang H S, Zhu D. Analysis of consumer demand for traceable pork in China based on a real choice experiment ［J］. *China Agricultural Economic Review*, 2015, 7 (2): 303 – 321.

［273］ Wu L H, Wang H S, Zhu D, et al. Chinese consumers' willingness to pay for pork traceability information—the case of Wuxi ［J］. *Agricultural Economics*, 2016, 47 (1): 71 – 79.

［274］ Yin S J, Lv S S, Chen Y S, et al. Consumer preference for infant milk-based formula with select food safety information attributes: Evidence from a choice experiment in China ［J］. *Canadian Journal of Agricultural Economics*, 2018, 66 (4): 557 – 569.

［275］ Yuan C, Wang S, Yu X. The impact of food traceability system on consumer perceived value and purchase intention in China ［J］. *Industrial Management & Data Systems*, 2020, 120 (4): 810 – 824.

［276］ Zeithaml V A, Parasuraman A, Berry L L. Delivering quality service ［M］. New York: Free Press, 1990.

［277］ Zhang J, Nie J, Kuang L, et al. Geographical origin of Chinese apples based on multiple element analysis ［J］. *Journal of the Science of Food and Agriculture*, 2019, 99 (14): 6182 – 6190.

［278］ Zhang T, Grunert K G, Zhou Y. A values-beliefs-attitude model of local food consumption: An empirical study in China and Denmark ［J］. *Food Quality and Preference*, 2020 (83): 103916.

［279］ Zheng S, Xu P, Wang Z, et al. Willingness to pay for traceable pork: Evidence from Beijing, China ［J］. *China Agricultural Economic Review*, 2012, 4 (2): 200 – 215.

［280］ Zucker L G. Production of trust institutional sources of economic structure ［J］. *Research in Organizational Behavior*, 1986 (8): 53 – 111.

附录　消费者调查问卷

消费者可追溯食品质量安全属性偏好与支付意愿调查问卷

调查地点：_____；调查员：_____；调查日期：_____；

问卷编号：_____

A. 消费者基本特征

A01 性别：1. 男；2. 女	**A02 年龄**：_____岁	**A03 婚姻状况**：1. 已婚；2. 未婚/单身
A04 文化程度：1. 小学及以下；2. 初中；3. 高中/中专；4. 大专；5. 本科；6. 硕士及以上		
A05 个人月收入：1. 无；2. 2000 元以下；3. 2000~3999 元；4. 4000~5999 元； 5. 6000~7999 元；6. 8000~9999 元；7. 10000~11999 元；8. 12000~13999 元； 9. 14000 元以上		
A06 职业：1. 工人；2. 服务人员；3. 职员；4. 公务员；5. 专业技术人员；6. 企事业负责人； 7. 私有及个体企业经营；8. 军警政法人员；9. 离退休人员；10. 学生；11. 其他_____		
A07 您是否有机动车驾照：1. 是；2. 否		**A08 家中是否有机动车**：1. 是；2. 否
A09 家中是否有电动车/自行车：1. 是；2. 否		**A10 您的户籍是否在本市**：1. 是；2. 否
A11 您居住在：1. 市区；2. 近郊区；3. 远郊区		**A12 您居住该城市年数**：_____年
A13 您家庭人口数：_____人		**A14 您在家中角色**：1. 家长；2. 长辈；3. 晚辈
A15 家中是否有 18 周岁以下孩子：1. 是；2. 否		**A16 是否有 60 周岁以上老年人**：1. 是；2. 否
A17 您是否每周去餐馆就餐：1. 是；2. 否		**A18 您每周去餐馆就餐次数**：_____次
A19 家庭月收入：1. 无；2. 2000 元以下；3. 2000~4999 元；4. 5000~7999 元； 5. 8000~10999 元；6. 11000~13999 元；7. 14000~16999 元；8. 17000~19999 元； 9. 20000 元以上		

B. 消费者苹果购买认知与行为

B01 您对食品质量安全问题关注吗？1. 不关注；2. 一般；3. 很关注

B02 您认为所在地区的食品质量安全情况如何？
1. 非常不安全；2. 不安全；3. 一般；4. 比较安全；5. 非常安全

B03 您对以下七种食品安全信息的关心程度（请选出最重要的前三个）
1. 农药等化学残留；2. 重金属污染；3. 防腐剂、色素等添加剂使用；4. 是否使用转基因生物技术；5. 盐、糖、脂肪等含量；6. 产地、厂商及经销商；7. 生产日期及保质期

B03－1 中国食品质量安全存在的问题，您认为谁应负主要责任？（选3个）
1. 政府部门；2. 生产者；3. 加工环节；4. 流通环节；5. 新闻媒体；6. 消费者

B04 您经常购买苹果的地点是：1. 超市；2. 集贸市场；3. 专卖店；4. 流动摊贩；5. 网上

B05 您所用的交通工具是：1. 汽车；2. 的士；3. 地铁；4. 公交汽车；5. 电动车；6. 自行车；7. 步行

B06 您购买苹果的频次是：1. 每天1次；2. 每周2～3次；3. 每周1次；4. 两周1次；5. 每月1次；6. 两月1次；7. 三个月1次

B07 您每次购买苹果的数量是：1. 1～2斤；2. 3～4斤；3. 4～5斤；4. 5斤以上

B08 您家庭每周苹果的消费量是：1. 5斤以下；2. 5～10斤；3. 10斤以上

B08－1 您购买苹果的目的是：1. 自家吃；2. 送礼；3. 其他

B08－2 您觉得小时候吃的苹果与现在的味道一样吗？1. 一样；2. 变差；3. 变好

B08－3 您觉得味道为什么不一样？1. 化肥农药使用；2. 品种改变；3. 多被催熟；4. 生产环境变化

B08－4 您这几年吃苹果的偏好是否有变化？1. 是；2. 否

B08－5 您为什么有偏好改变？1. 收入变化；2. 可选择苹果种类变化；3. 年龄变化；4. 认知提高

B09 您购买苹果时，下列因素对您的影响程度为：（1为无关紧要，5为非常重要）

1. 包装　1　2　3　4　5	6. 形状　1　2　3　4　5
2. 价格　1　2　3　4　5	7. 大小　1　2　3　4　5
3. 品牌　1　2　3　4　5	8. 色泽　1　2　3　4　5
4. 新鲜　1　2　3　4　5	9. 口感　1　2　3　4　5
5. 原产地　1　2　3　4　5	10. 品种　1　2　3　4　5

B10 根据您的经验判断，您是否购买过"打蜡/染色剂（催红素增色）苹果"？1. 是；2. 否；3. 不知道

B11 若购买过"打蜡/染色剂 苹果"，对您以后的消费有没有影响？
1. 毫无影响；2. 基本没有影响；3. 一般；4. 比较有影响；5. 非常有影响

B12 根据您的经验判断，您是否购买过"农药残留苹果"？1. 是；2. 否；3. 不知道

B13 若购买过"农药残留苹果"，对您以后的消费有没有影响？
1. 毫无影响；2. 基本没有影响；3. 一般；4. 比较有影响；5. 非常有影响

B14 为获取更多产品信息（如产地、种植方式、农药使用等），您是否会去种植基地购买苹果？
1. 距离不远，会去；2. 距离较远，但品质更好，会去；3. 不会

C. 可追溯信息说明

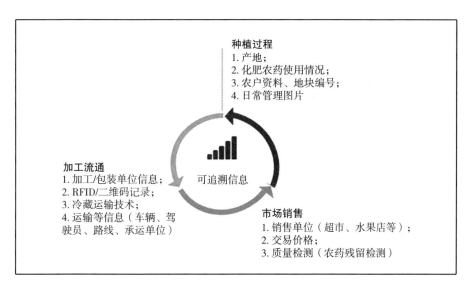

D. 消费者对可追溯信息的认知

D01 您以前了解可追溯信息与可追溯食品吗？
1. 不了解；2. 听说过，但不明白；3. 比较了解；4. 非常了解

D02 通过上述说明，您认为可追溯信息能增强食品质量安全吗？ 1. 不会；2. 不确定；3. 会

D03 您相信包装上加贴的可追溯码或二维码提供的信息吗？ 1. 不会；2. 不一定；3. 肯定会

D04 您认为可追溯信息中哪一种信息最重要（如上图）？
1. 种植信息；2. 加工流通信息；3. 市场销售信息

D05 您是否购买过可追溯食品？ 1. 是；2. 否；3. 不知道

D06 若没购买过，为什么没有购买？ 1. 不了解；2. 价格高；3. 假货多，名不符实；4. 与普通食品区别不大；5. 周围没人买过；6. 没在市场上见过；7. 其他

D07 您是否见过以下政府相关机构认证标志？ 1. 是；2. 否
D07–1 您见过哪些认证标志？

无公害认证	绿色食品认证	有机认证	地理标志认证
1	2	3	4

D08 您相信以上所选的认证标签吗？ 1. 不会；2. 不一定；3. 肯定会

D09 您是否见过以下国内第三方认证机构的标志？ 1. 是；2. 否

D09 - 1 您见过哪些认证标志？

北京五岳华夏管理	北京中绿华夏有	南京国环有机	北京五洲恒通
技术中心	机食品认证中心	产品认证中心	认证有限公司
1	2	3	4

D10 您相信以上所选的认证标签吗？ 1. 不会；2. 不一定；3. 肯定会

D11 您是否见过以下国际第三方认证机构的标志？ 1. 是；2. 否

D11 - 1 您见过哪些认证标志？

欧盟委员会	德国 BIO 有机	美国农业部	国际有机农业
有机食品认证	认证	标准	运动联盟
1	2	3	4

D12 您相信以上所选的认证标签吗？ 1. 不会；2. 不一定；3. 肯定会

D13 通过简单的方法，您可以鉴别购买的认证苹果的真实性吗？ 1. 能；2. 不能

D14 您是否对贴标签产品进行过真伪信息检测？（如扫描二维码） 1. 是；2. 否

D15 若发现有假，您将：1. 不买；2. 投诉；3. 购买后投诉要求赔偿

D16 您是否购买过假冒的已认证苹果？ 1. 买过；2. 没有；3. 不知道

D17 若买过假冒的，对您以后的消费有没有影响？

1. 毫无影响；2. 基本没有影响；3. 一般；4. 比较有影响；5. 非常有影响

D18 您是否认为加贴质量认证信息标签，能够有效地防控食品质量安全问题：

1. 不会；2. 不一定；3. 肯定会

D19 您认为政府在食品质量安全方面的监管程度如何？

1. 根本不到位；2. 不是很到位；3. 一般；4. 相当到位；5. 非常到位

E. 任务选择

任务1：下面选项您喜欢哪一个？（请在下面打√）

可追溯信息包括： 种植 + 流通 + 销售	可追溯信息包括： 无追溯信息	
政府认证	无认证	我不打算买
新疆	无原产地	
价格：10 元/0.5 千克	价格：8 元/0.5 千克	

◎ ◎ ◎

任务2：下面选项您喜欢哪一个？（请在下面打√）

可追溯显示： 种植	可追溯显示： 种植 + 流通 + 销售	
国内第三方认证	国际第三方认证	我不打算买
陕西	山东	
价格：12 元/0.5 千克	价格：14 元/0.5 千克	

◎ ◎ ◎

任务3：下面选项您喜欢哪一个？（请在下面打√）

可追溯显示： 种植 + 流通	可追溯显示： 种植	
国内第三方认证	政府认证	我不打算买
新疆	山东	
价格：8 元/0.5 千克	价格：10 元/0.5 千克	

◎ ◎ ◎

任务4：下面选项您喜欢哪一个？（请在下面打√）

可追溯显示： 无追溯信息	可追溯显示： 种植 + 流通	
国际第三方认证	无认证	我不打算买
陕西	无原产地	
价格：14 元/0.5 千克	价格：12 元/0.5 千克	

◎ ◎ ◎

任务5：下面选项您喜欢哪一个？（请在下面打√）

可追溯显示： 无追溯信息 国内第三方认证 无原产地 价格：10 元/0.5 千克	可追溯显示： 种植 无认证 新疆 价格：14 元/0.5 千克	我不打算买
◎	◎	◎

任务6：下面选项您喜欢哪一个？（请在下面打√）

可追溯显示： 种植＋流通＋销售 政府认证 山东 价格：12 元/0.5 千克	可追溯显示： 种植＋流通＋销售 国际第三方认证 陕西 价格：8 元/0.5 千克	我不打算买
◎	◎	◎

任务7：下面选项您喜欢哪一个？（请在下面打√）

可追溯显示： 种植＋流通 政府认证 陕西 价格：14 元/0.5 千克	可追溯显示： 无追溯信息 国内第三方认证 山东 价格：8 元/0.5 千克	我不打算买
◎	◎	◎

任务8：下面选项您喜欢哪一个？（请在下面打√）

可追溯显示： 种植 国际第三方认证 新疆 价格：8 元/0.5 千克	可追溯显示： 种植＋流通 无认证 山东 价格：10 元/0.5 千克	我不打算买
◎	◎	◎

任务 9：下面选项您喜欢哪一个？（请在下面打√）

可追溯显示：种植 + 流通 + 销售	可追溯显示：种植	
无认证	政府认证	我不打算买
陕西	无原产地	
价格：10 元/0.5 千克	价格：12 元/0.5 千克	

　　◎　　　　　　◎　　　　　　◎

任务 10：下面选项您喜欢哪一个？（请在下面打√）

可追溯显示：种植 + 流通	可追溯显示：种植 + 流通	
国际第三方认证	国内第三方认证	我不打算买
新疆	山东	
价格：12 元/0.5 千克	价格：14 元/0.5 千克	

　　◎　　　　　　◎　　　　　　◎

任务 11：下面选项您喜欢哪一个？（请在下面打√）

可追溯显示：种植	可追溯显示：无追溯信息	
国内第三方认证	国际第三方认证	我不打算买
无原产地	新疆	
价格：14 元/0.5 千克	价格：10 元/0.5 千克	

　　◎　　　　　　◎　　　　　　◎

任务 12：下面选项您喜欢哪一个？（请在下面打√）

可追溯显示：无追溯信息	可追溯显示：种植 + 流通 + 销售	
政府认证	无认证	我不打算买
无原产地	陕西	
价格：8 元/0.5 千克	价格：12 元/0.5 千克	

　　◎　　　　　　◎　　　　　　◎